DUMONT
REISE-TASCHENBÜCHER

Kos

Nissyros • Kalymnos • Patmos • Leros
Lipsi • Astypalea

In der vorderen Umschlagklappe: Übersichtskarte Kos und Nachbarinseln

In der hinteren Umschlagklappe: Übersichtkarte Kos

Klaus Bötig

Kos

Nissyros • Kalymnos • Patmos • Leros
Lipsi • Astypalea

DUMONT

Titelbild: Moní ton Ágion Pándon, Kálymnos
Vordere Umschlaginnenklappe: Prozession zu Mariä Entschlafung am 15. August, Pátmos
Hintere Umschlaginnenklappe: Windsurfer bei Ágios Stéfanos, Kos
Umschlagrückseite oben: Schwammhandlung auf Kálymnos
Umschlagrückseite unten: Blick auf Chóra, Astypálea
Abbildung S. 2/3: Johanneskloster, Pátmos
Vignette: Haus auf Lípsi

Über den Autor: Klaus Bötig, geboren 1948, ist Reisejournalist und bereist die griechischen Inseln seit mehr als 20 Jahren. Bei DuMont erschienen von ihm »Richtig reisen: Zypern« (Neuauflage 1995), die Reise-Taschenbücher »Korfu« und »Samos, Chios, Lesbos« sowie Beiträge in »Richtig reisen: Griechische Inseln« und »Richtig wandern: Kykladen«.

Fremde Kulturen kennenlernen und gastfreundlichen Menschen begegnen – wie sehr genießen wir das auf Reisen. Zu Hause bei uns jedoch wird mancher Ausländer von einer kleinen Minderheit beschimpft, bedroht und sogar mißhandelt. Alle, die in fremden Ländern Gastrecht genossen haben, tragen hier besondere Verantwortung. Deshalb: Lassen Sie es nicht zu, daß Ausländer diffamiert und angegriffen werden. Lassen Sie uns gemeinsam für die Würde des Menschen einstehen.
Verlagsleitung und Mitarbeiter des DuMont Buchverlages

© DuMont Buchverlag, Köln
2. Auflage, Redaktionsschluß September 1995
Alle Rechte vorbehalten
Satz und Druck: Rasch, Bramsche
Buchbinderische Verarbeitung: Bramscher Buchbinder Betriebe

Printed in Germany ISBN 3-7701-3391-9

Inhalt

Land und Leute

Die Inseln im Überblick

Gesellschaft und Kultur

Insel für Insel

Kos – Greece for beginners

Níssyros – der ägäische Bilderbuchvulkan

Inhalt

Astypálea – Bindeglied zu den Kykladen

Kálymnos – Insel der Schwämme

Léros – besser als sein Ruf

Pátmos – Heilige Insel im Wandel

Inhalt

Lípsi, Arkí und Agathoníssi – Inseln am Rande

Tips und Adressen

Hinweis zur griechischen Aussprache: Das griechische *Thita* (Θ/θ) wird wie das englische th ausgesprochen, *Delta* (Δ/δ) als weiches englisches th, *Ypsilon* (Υ/υ) als kurzes i und die Buchstabengruppe *OY/ου*, in Umschrift als u. Der Akzent hebt die betonte Silbe hervor. Weitere Hinweise zu Umschrift und Aussprache s. S. 230.

Land
und Leute

»Griechenland ist der Triumph der
Gegenwärtigkeit. Die griechische
Zeit hat eine andere Anatomie. Sie
scheidet nicht die Perioden der
Vergangenheit, Gegenwart und
Zukunft, sondern läßt ihre Grenzen
übergangslos verfließen.«
                    Johannes Gaitanides

Die Inseln im Überblick

Kleinasien ist nah –
Geographie

Sonnenschein fast
garantiert – Klima

Viel Flora, wenig Fauna

Tourismus und sonst nichts? –
Wirtschaft

Alles Rousfétti –
Politik und sozialer Alltag

Daten zur Geschichte

Blick von Kos-Stadt gen Kleinasien

Das Ägäische Meer trennt Europa von Asien. Die griechischen Inseln liegen darin wie Sprungsteine von Kontinent zu Kontinent. Jede trägt ihren ganz eigenen Charakter. Kos ist ein idealer Ausgangspunkt, um binnen kurzer Zeit gleich mehrere von ihnen kennenzulernen.

Kleinasien ist nah – Geographie

Kos und die in diesem Band vorgestellten Nachbarinseln gehören zur Inselgruppe des Dodekanes, dessen Hauptinsel Rhodos ist. Bis auf Astypálea liegen alle diese Inseln in Sichtweite der kleinasiatischen Küste. Kos trennen an der engsten Stelle nur 14 km von der Türkei.

Auch Nachbarinseln sind immer in Sicht. Manchmal scheinen sie zum Greifen nah, ein anderes Mal tauchen sie wie schwebend aus dem Dunst zwischen Himmel und Wasser auf. Von der koischen Südküste aus ist Níssyros zu sehen, von der koischen Nordküste aus sind es Psérimos und Kálymnos. Für Léros sind Kálymnos, Pátmos und Lípsi die Fixpunkte am Horizont. Nur Astypálea bildet wieder eine Ausnahme, liegt wie kaum eine zweite griechische Insel einsam zwischen Dodekanes und Kykladen.

Die Ägäis ist kein wüstes Meer, sondern eine amphibische Gebirgslandschaft. Auf Kreta steigen die Inselberge über 2000 m hoch aus der See auf; auf Rhodos, Náxos,

Sámos, Samothráki und Euböa sind sie immer noch über 1000 m hoch. Auch auf Kos und den Nachbarinseln erklimmen sie, nur wenige Kilometer von den Küsten entfernt, Höhen, die die Niveauunterschiede in den deutschen Mittelgebirgen übertreffen: Der Gipfel des Díkeos auf Kos liegt 846 m über dem Meeresspiegel, der des Diavátis auf Níssyros 698 m und der des Profítis Ilías auf Kálymnos 678 m. Kos und Níssyros sind weitgehend grüne, liebliche Inseln. Ihre Nachbarn jedoch sind überwiegend kahl und steinig wie die meisten anderen Eilande in der Ägäis. Wälder und Felder, Weiden und Olivenhaine sind darin eingestreut wie Oasen: Livádi auf Astypálea zum Beispiel oder das Mandarinental von Vathý auf Kálymnos. Land und Meer, Steinwüste und Oase – das sind die Gegensätze, die das Bild Griechenlands bestimmen.

Obwohl Platz genug wäre, drängen sich die Häuser in den traditionellen Dörfern der Ägäis eng an schmalen Gassen zusammen – oft zu Füßen einer mittelalterlichen Burg. Diese Bauweise bot Schutz vor den Überfällen der Türken und

›Steckbrief‹
Griechenland und die Inseln

● **Landesstruktur:** Die Griechische Republik *(Ellinikí Dimokratía)* ist mit einer Fläche von 131 944 km^2 gut halb so groß wie die alten Bundesländer. Zu Griechenland gehören etwa 90 ständig bewohnte Inseln. Der Größe nach steht Kos mit 290 km^2 an 15. Stelle. Hauptstadt Griechenlands ist Athen, wo mit über 4 Mio. Einwohnern etwa 40 % der griechischen Bevölkerung lebt.

● **Verwaltungsstruktur:** Griechenland ist in 52 Regierungsbezirke *(Nómoi)* unterteilt. Kos gehört zum Regierungsbezirk des Dodekanes. Die Inselgruppe des Dodekanes besteht aus 19 ständig bewohnten Inseln; Hauptstadt ist Rhodos. Der Nómos ist wiederum in vier Landkreise *(Eparchíes)* unterteilt: Rhodos, Kárpathos, Kos und Kálymnos. Níssyros gehört zum Landkreis Kos, die übrigen in diesem Band vorgestellten Inseln zählen zum Landkreis Kálymnos.

● **Regierung:** Griechenland ist eine parlamentarische Demokratie; die Monarchie wurde im Dezember 1974 per Volksabstimmung abgeschafft. Regierungspartei ist seit den Wahlen vom Herbst 1993 die Panhellenische Sozialistische Bewegung (PASOK) mit Andreas Papandréou als Regierungschef; stärkste Oppositionspartei ist die konservative Néa Dimokratía (ND).

● **Bevölkerung:** Griechenland hat ca. 10,3 Mio. Einwohner, weitere 3 Mio. Griechen leben im Ausland. Ethnische Minderheiten sind offiziell nicht erfaßt, auf Rhodos leben jedoch noch etwa 2000, auf Kos noch etwa 300 moslemische Griechen türkischer Herkunft.

● **Wirtschaft:** Ohne Hilfe aus der Europäischen Union wäre der griechische Staat dem Bankrott nahe. Allein 1994–1999 überweist Brüssel mindestens 990 Mio. ECU (über 2 Trillionen Drachmen). Die griechische Landwirtschaft exportiert weniger Lebensmittel, als das Land importiert (1992: Exporte für 431 Mrd. Drs., Importe für 537 Mrd. Drs.). Die Produktion der einheimischen Industrie deckt nicht einmal die Inlandsnachfrage ab. Die Staatsverschuldung liegt etwa 150 % über dem Bruttoinlandsprodukt, die Staatsausgaben lagen 1993 um 325 Billionen Drs. über dem Haushaltsansatz. Wichtigste Einnahmequellen des Landes sind Schiffahrt und Tourismus. Mit 5,77 % des Staatsbudgets zählen Griechenlands Militärausgaben der Relation nach zu den höchsten der Europäischen Union.

Piraten und half, möglichst viel des kostbaren, fruchtbaren Bodens für die Landwirtschaft zu erhalten. Im Gegensatz dazu steht eine das Landschaftsbild zerstörende Bebauung, die im vorigen Jahrhundert mit den Landsitzen und Villen reicher Griechen oder Ausländer begann und mit der touristischen Zersiedelung der Landschaft seit dem letzten Jahrzehnt eine unerfreuliche Fortsetzung findet.

Sonnenschein fast garantiert – Klima

Wasserarmut, Trockenheit und Hitze sind die Probleme, mit denen die Inselgriechen schon immer zu kämpfen hatten. Heute sind Trockenheit und Hitze ihr Kapital: Ihretwegen kommen die meisten Touristen. Zwischen Mai und Oktober sind die Inseln sonnensicher, die Wassertemperatur ist ideal. Zwar braucht man auch in dieser Zeit noch eine leichte Regenjacke für eventuelle Gewitterschauer und einen warmen Pulli für die Abende, die selbst im Hochsommer durch kühle Winde erträglicher werden, doch auf Kälte und verregnete Tage braucht man sich nicht einzustellen. Zwischen November und Ende April sieht das anders aus. Wenn in dieser Zeit die Sonne scheint, kann man tagsüber durchaus kurzärmelig gehen. Nachts und bei bewölktem Himmel jedoch können die

Temperaturen bis auf 10° Celsius absinken, können Wolkenbrüche Straßen in Sturzbäche verwandeln. Ein Winterreiseziel sind die griechischen Inseln bestenfalls für hartgesottene Studienreisende und Wanderer, die ihren Aufenthalt in den Inselhauptorten nehmen. Anderswo sind außerhalb der Saison fast alle Tavernen, Hotels und Souvenirgeschäfte geschlossen, Hochburgen sommerlicher Freuden werden zu menschenleeren Geisterstädten.

Viel Flora, wenig Fauna – Pflanzen- und Tierwelt

Für Naturliebhaber ist sicherlich das Frühjahr die beste Reisezeit. Zwischen Februar und April stehen die Inseln in voller Blüte. Aber auch der Mai und die erste Junihälfte sind noch exzellente Reisemonate: Die Felder sind dann noch nicht abgeerntet, zugleich ist das Wasser aber schon warm genug zum Baden. Berauschend schön sind die Blütenteppiche aus wilden Tulpen, Anemonen, Klatschmohn und Kalla, die im März und April die Wiesen und Weiden bedecken. Bis in den Juni hinein säumt gelbblühender Ginster viele Straßen oder bedeckt ganze Hänge. In den Trockenbachbetten blüht noch bis in den August hinein der Oleander; in Dörfern und Städten schmücken Hibiskus und Bougainvillea, Mag-

Granatäpfel

nolien und Glyzinien Mauern und Häuser. An Quellen und Brunnen und auf den meisten Dorfplätzen spenden Platanen wohltuenden Schatten, viele Straßen werden von Akazien und Eukalyptusbäumen gesäumt. Als Kulturlandschaft sind die griechischen Inseln traditionell von Ölbäumen geprägt, während in den wenigen Wäldern Kiefern und Steineichen überwiegen. In der Macchia-ähnlichen Phrygána, die viele Berghänge bedeckt, überwiegen duftende Kräuter wie Thymian und Oregano, zwischen denen bis in den Mai hinein weiße, rosafarbene und violette Zistrosen blühen.

Um die **Tierwelt** ist es auf den Inseln wie in Griechenland insgesamt schlecht bestellt. Wie die in der Landschaft verstreuten, auch in 100 Jahren noch nicht verrotteten Plastikpatronen dokumentieren, sind viel zu viele Griechen leidenschaftliche Jäger, die den Begriff ›Hege‹ noch nie hörten. Sie zielen auf alles, was sich bewegt; ihnen geht es nicht um die Beute, sondern nur um das Töten. Da es außer Kaninchen und Hasen sowie einigen Wildziegen auf unbewohnten Inseln kaum noch freilebende Säugetiere gibt, sind Vögel ihre Hauptopfer. Das Lied der Nachtigall wird auf den Inseln bald nicht mehr zu hören sein, große Greifvögel wie Adler und Geier sind hier längst ausgerottet. Tiere, die der Wanderer zu Gesicht bekommt, sind bestenfalls Eidechsen und Schlangen, Mäuse, Ratten, Möwen und Kormorane. Auch das Meer ist weitgehend leergefischt – ein Grund für die hohen Fischpreise in den Tavernen. Nur Oktopus ist reichlich vorhanden. Vor Haien braucht niemand Angst zu haben, auf Delphine freilich auch keiner mehr zu hoffen. Seeleute sehen sie vielleicht einmal im Jahr.

Heilpflanzen und Kräutertees

Heutzutage vertrauen die meisten griechischen Ärzte lieber auf ›chemische Keulen‹ als auf Naturheilmittel. Schon bei leichten Halsentzündungen werden oft Antibiotika verschrieben; als vermeintliches Allheilmittel hat die Aspirintablette längst Kräutertees und Heilpflanzen ersetzt. Nur einige Alte in den Dörfern und die letzten Kräuterhändler wissen um die Wirkung der ›Apotheke Gottes‹. In Kaffeehäusern bekommt man bestenfalls noch Salbeitee; wo Kamillentee angeboten wird, hängt zumeist ein Teebeutel im lauwarmen Wasser. Wer Kräuter mit nach Hause nehmen will, sammelt sie am besten entweder selbst oder ersteht sie im Bergdorf Zía auf Kos bzw. beim fliegenden Kräuterhändler Geórgios auf Léros. Dabei ist Kos eigentlich die Geburtsstätte der wissenschaftlichen Naturheilkunde.

Der Koer Hippokrates, bedeutendster Arzt der Antike, kannte und nutzte die heilende Wirkung von Kräutern und Pflanzen, obgleich von

ihm keine pharmakologischen Schriften überliefert sind (s. S. 68). Als besonders vielseitig galt schon in der Antike der Salbei. Er wurde gegen Fieber und Erkältungen, Halsentzündungen und Rheuma eingesetzt, diente zur Anregung der Magentätigkeit, aber auch zum Schwarzfärben der Haare. Noch vielseitiger war die Pfingstrose als Arzneipflanze. Die schwarzen Körner ihrer Frucht halfen bei Alpdrükken und Frauenbeschwerden, die roten Fruchtkörner beseitigten Magenleiden und stillten Blut. Die getrocknete Wurzel der Pfingstrose half bei Nieren-, Magen- und Blasenbeschwerden und bekämpfte die Gelbsucht.

Die Zubereitung der Arzneimittel oblag in der Antike wie im Mittelalter vor allem den Ärzten, die ihrerseits die Rohstoffe von Kräuterhändlern bezogen. Doch schon bei Pausanias, dem griechischen Reiseschriftsteller aus dem 2. Jh., findet sich die Beschreibung einer Apotheke bei Chaironia in Böotien: »Hier kocht man Salben aus Blumen von Lilien und Rosen und Narzissen und Schwertlilien; sie dienen für die Menschen als schmerzstillende Mittel.«

Tourismus und sonst nichts? – Wirtschaft

Seitdem die Touristen in großer Zahl auf die Inseln kommen, können die Insulaner zu Hause bleiben. Noch vor 15 Jahren fuhren viele Männer zur See, lebten zahlreiche Familien in Deutschland, Südafrika, Nordamerika und Australien. Jetzt finden sie ihr Auskommen in ihrer Heimat. Die Männer sind wieder bei ihren Frauen und Kindern, die Alten freuen sich über die Nähe ihrer Söhne, Töchter und Enkel.

Der Tourismus schafft nicht nur Arbeitsplätze im Gastgewerbe, sondern auch im Bau- und Transportwesen, im öffentlichen Dienst und im Handel. Staatsbedienstete und Bankangestellte, Flughafenarbeiter und Lastwagenfahrer verdienen sich mit der Zimmervermietung ein Zubrot.

Obwohl die Urlauber nur zwischen April und Oktober kommen, sorgen sie auch im Winter für Beschäftigung. Tavernenwirte, die im Sommerhalbjahr sieben Tage in der Woche im eigenen Betrieb schuften, renovieren im Winter als Maler und Anstreicher Hotelzimmer, Pensionsbesitzer bauen mit eigenen Händen weitere Räume an. Zudem ist der Winter die Zeit für die Oliven- und Zitrusfruchternte. Und natürlich gibt es immer auch einige, die während der Saison genug eingenommen haben, um in den kalten Monaten Urlaubsbe-

Touristenankunft auf Pátmos

kanntschaften im Ausland zu besuchen oder ganz einfach dem liebsten Hobby der Griechen zu frönen: dem Fischen.

Die **Landwirtschaft** leidet freilich unter dem Tourismus. Immer mehr junge Leute ziehen einen Job im Fremdenverkehrsgewerbe der harten körperlichen Arbeit des Bauern und Hirten vor; verwildernde Terrassen und Felder zeugen auf allen Inseln davon. Erwerbsmöglichkeiten außerhalb von Tourismus, Handel, Bauwesen und Staat gibt es kaum. Größter ›Einzelbetrieb‹ auf den Inseln ist die Psychiatrische Klinik von Léros mit über 800 Arbeitsplätzen (s. S. 168); nennenswert ist ansonsten nur noch der Bimssteinabbau auf der Níssyros vorgelagerten Insel Gyalí. Das Bergbauunternehmen beschäftigt nicht nur mehrere Dutzend Arbeiter, sondern zahlt der Gemeinde Níssyros jährlich auch fast 1 Mio. DM für die Schürfrechte. Außer für Infrastrukturmaßnahmen wird dies Geld z. B. auch für die Vergabe von Stipendien an Schüler der Insel genutzt. Die Fischerei spielt nur noch auf Kálymnos eine Rolle, Kleinbetriebe der Nahrungsmittelindustrie gibt es auf Kos, wo Limonaden, Wein und Tomatenmark produziert werden.

Alles Rousfétti – Politik und sozialer Alltag

Das politische Leben Griechenlands wird seit dem Zusammenbruch der Militärdiktatur (s. S. 31) von zwei 1974 neugegründeten Parteien beherrscht: der konservativen *Néa Dimokratía* (ND) und der Panhellenischen Sozialistischen Partei (PASOK). Als kleine Parteien sind im Athener Parlament, das aus 300 Abgeordneten besteht, außerdem der konservative Politische Frühling *(Politikí Ánixi)*, die Kommunistische Partei (KKE) und der *Synaspismós* vertreten, ein Zusammenschluß von linken Gruppen.

Die beiden großen Parteien haben zwar eine demokratische Satzung, werden de facto jedoch von oben nach unten regiert. Ein kleiner, elitärer Zirkel um den jeweiligen Vorsitzenden beeinflußt die Entscheidungen bis in jeden einzelnen Wahlkreis hinein. Er redet selbst bei der Aufstellung der Kandidaten für die Parlamentswahlen ein entscheidendes Wort mit. Die letztlich aufgestellten Kandidaten führen ihren Wahlkampf nicht nur mit politischen Parolen, sondern vor allem auch mit ganz persönlichen Versprechungen für den Fall ihres Sieges. Da werden eigentlich unzulässige Baugenehmigungen oder Konzessionen in Aussicht gestellt und vor allem Einstellungen in den Staatsdienst. Dieses System des politischen Kuhhandels, auf griechisch *rousfétti* genannt, hat die griechische Bürokratie in den letzten 20 Jahren zu einem Wasserkopf anschwellen lassen. Mit jedem Machtwechsel waren zahllose Neuaufnahmen in den Staatsdienst verbunden, ohne daß schon eingestellte Beamte entlassen werden konnten. Effektiver ist die griechische Bürokratie durch die Mehrfachbesetzung von Stellen nicht geworden, nur teurer.

Jeder Abgeordnete pflegt seine Klientel und versucht, ein Netz persönlicher Beziehungen und Abhängigkeiten aufzubauen. Deswegen springen Politiker auch gern als Taufpaten ein. Sie dürfen erwarten, daß ihnen in Zukunft die gesamte Großfamilie des Täuflings ihre Stimme geben wird. Im Gegenzug wird von dem ›Paten‹ erwartet, daß er sich um das Wohlergehen seiner Klientel kümmert.

Bis vor kurzem waren Großfamilie und Klientelismus für viele Grie-

Kleiner Griechenland-Knigge

Griechenland ist ein unkompliziertes Reiseland, in dem nur wenige Regeln zu beachten sind:

● Für den Griechen spielt das *philótimo*, mit ›Ehre‹ nur unzureichend zu übersetzen, eine besondere Rolle. Es schließt auch die Familie, den Heimatort und die ganze Nation mit ein. Wer auf Kos behauptet, Níssyros sei schöner, wird bei den Einheimischen keine Zustimmung finden; wer gar verkündet, Bodrum in der Türkei sei attraktiver als ein griechischer Urlaubsort, macht sich auf Anhieb unbeliebt.

● »Macedonia is Greek«, liest man überall in Hellas, seit die ehemalige jugoslawische Teilrepublik Mazedonien Anspruch auf diesen Namen erhebt und ein Symbol (›Stern von Vergina‹) des makedonischen Königs Philipp II. in der Flagge führt. Als deutlichster Beweis dafür, daß Makedonien schon immer griechisch war, gilt insbesondere die Tatsache, daß Alexander der Große Griechisch sprach. Wer ihn nicht als bedeutenden König, sondern als großen Völkerschlächter bezeichnet, findet in Hellas kein Verständnis. Ein griechischer Student, der das 1993 auf einem Flugblatt behauptete, wurde zu einer Gefängnisstrafe verurteilt.

● Das *philótimo* verhindert auch, daß Griechen Fehler zugeben. Wer sich beispielsweise im Hotel oder Restaurant lautstark über einen offensichtlichen Mißstand beschwert, darf nicht auf Hilfe hoffen. Wer statt dessen um Hilfe bittet und sein Vertrauen in die Fähigkeit seines Gegenübers ausdrückt, das Problem lösen zu können, wird es meist schnell behoben sehen.

● Die Gastfreundschaft, auf griechisch *philoxenía*, ist außerhalb der Touristenzentren immer noch groß. Ursprünglich war sie eine Lebensnotwendigkeit. Da sie als ungeschriebenes Gesetz galt, konnte man sich auch auf Reisen und in Notzeiten auf sie verlassen. Schlechte Erfahrungen im Ausland und mit Ausländern haben jedoch dazu geführt, daß sie Fremden gegenüber nicht mehr so häufig und so herzlich entgegengebracht wird wie noch vor 20 Jahren. Aber auch heute wird man in ländlichen Gegenden noch manchmal zu einem Kaffee oder einem Oúzo eingeladen. Abzulehnen wäre ebenso unhöflich, wie sich umgehend zu revanchieren: Einladen darf nur, wer im Ort zu Hause ist. Ein zu schneller Aufbruch ist beleidigend: Man geht erst, wenn die Kaffeetasse erkaltet ist.

● Die Griechen sind ein geselliges Volk. Trotzdem setzt man sich in Kaffeehäusern und Tavernen nicht unaufgefordert an einen schon besetzten Tisch.
● Die Mittagsruhe ist den Griechen heilig. Privatpersonen ruft man zwischen 13 und 17 Uhr nicht an.
● In Kirchen und Klöstern gelten nicht nur in bezug auf die Kleidung besondere Regeln. Knie und Schultern sollten bedeckt sein. Wenn man unmittelbar vor einer Ikone steht, dreht man ihr nicht den Rücken zu und hält die Hände nicht auf dem Rücken. Nimmt man in einer Kirche Platz, darf man die Beine nicht übereinanderschlagen.

chen die wichtigsten Garanten sozialer Sicherheit. Vor allem in den Städten beginnen sie sich aufzulösen. Doch die staatliche Sozialversicherung bietet nur einen unvollkommenen Ersatz. Die Renten sind so niedrig, daß sie gerade zum Überleben reichen, wenn man keine Miete zu zahlen hat. Ein Rentenanspruch tritt allerdings nicht erst mit Erreichen einer bestimmten Altersgrenze ein, sondern schon nach 35 Versicherungsjahren, so daß bereits viele Fünfzigjährige in den Genuß ihrer Rente kommen und so die Möglichkeit haben, sich ein zweites Berufsleben aufzubauen.

Die gesetzliche Krankenversicherung ist in Griechenland ein Quell ständiger Unzufriedenheit. Sie stellt zwar die medizinische Grundversorgung sicher, ist aber weder für Patienten noch für Ärzte akzeptabel. So gewährt sie keine freie Arztwahl. Kassenpatienten müssen die wenigen Kassenärzte aufsuchen, vor deren Praxen sich oft lange Warteschlangen bilden.

Meist darf nur der, der dem Krankenschein Drachmenscheine beilegt, auf die Aufmerksamkeit des Doktors hoffen. Wer es sich irgend leisten kann, zahlt daher lieber privat und reist bei komplizierteren Fällen zur Arztkonsultation oder gar Operation ins Ausland.

Die wichtigste Form sozialer Absicherung liegt für viele Griechen noch immer im Besitz von Grundstücken und Immobilien. Obwohl die sozialistische Regierung in den 80er Jahren die gesetzliche Verpflichtung der Brauteltern abschaffte, ihrer Tochter eine Mitgift (*príkka*) mit in die Ehe zu geben, bemühen sich die meisten immer noch, jeder Tochter ein Haus zu bauen oder eine Wohnung zu kaufen. Zugleich gelten Immobilien auch als bester Schutz vor den in der Vergangenheit oft zweistelligen Inflationsraten. Deswegen werden so viele Fremdenzimmer und Apartments gebaut. Die Mieteinnahmen sind zweitrangig, der sichere Besitz zählt.

Daten zur Geschichte

Prähistorische Zeit (bis ca. 700 v. Chr.)

2000–	Vorherrschaft der minoischen Kreter in der Ägäis (auf
1450 v. Chr.	Kos ist davon nichts überliefert).
1500–	Mykenische Vorherrschaft auf der Peloponnes und den
1100 v. Chr.	griechischen Inseln; auch auf Kos und den Nachbarinseln sind mykenische Siedlungsspuren zu finden.
um 1200 v. Chr.	Trojanischer Krieg. Kos und die Nachbarinseln entsenden 30 Schiffe nach Troja.
um 1100 v. Chr.	Dorische Griechen von der Peloponnes besiedeln die Inseln.

Antike (bis 395 n. Chr.)

700 v. Chr.	Während die meisten Städte an der kleinasiatischen Küste von ionischen Griechen bewohnt sind, gründen die dorischen Städte Kos, Halikarnássos und Knídos sowie die drei Städte von Rhodos (Líndos, Rhodos und Kámiros) den Kultverband der dorischen Hexápolis, der aber nie politische Bedeutung erlangt. Halikarnássos wird schon bald ausgeschlossen, als einer seiner Bürger gegen Bundesgesetze verstößt, indem er einen bei einem Wettkampf gewonnenen Dreifuß nicht dem Gott Apollon stiftet.
490 v. Chr.	Schlacht von Marathon zwischen Persien und Athen sowie deren Verbündeten.
480 v. Chr.	In der Seeschlacht von Salamis müssen die Inseln auf Seiten der Perser gegen Athen und seine Verbündeten kämpfen. Nach dem Sieg der Griechen in der Landschlacht von Platää 479 und der Vernichtung der persischen Restflotte im gleichen Jahr zwischen Sámos und dem kleinasiatischen Kap Mykale werden die Inseln vom persischen Joch befreit. Sie müssen sich dafür aber dem von Athen dominierten Attisch-Delischen Seebund anschließen und Tributzahlungen leisten, die von den Athenern nach eigenem Ermessen ausgegeben werden (so z. B. für die neuen Tempelbauten auf der Akropolis).

Ruinen des
Gymnasions in
Kos-Stadt

460 v. Chr.   Auf Kos wird Hippokrates, der berühmteste Arzt der Antike, geboren.

431–404 v. Chr. Peloponnesischer Krieg zwischen Athen und Sparta mit
jeweils wechselnden Bündnispartnern.

366 v. Chr.   Die alten Städte auf der Insel Kos beschließen die Gründung einer neuen Inselhauptstadt an der Stelle der heu-
tigen Stadt Kos. Kurz darauf wird auch mit dem Bau des
Asklípion-Heiligtums begonnen.

336–323 v. Chr. Herrschaft Alexanders des Großen, die den Inseln die
endgültige Befreiung von der Perserherrschaft und die
Eingliederung ins Makedonische Reich bringt.

323–146 v. Chr. Zeitalter des Hellenismus.

308 v. Chr.   Auf Kos wird Ptolemäos II. Philadelphos geboren, der
später König des von Alexandria aus regierten Ptolemäi-
schen Reiches wird, zu dem auch Kos und die Nachbarinseln gehören. Während seiner Regierungszeit entfaltet
sich auf Kos eine besonders reiche Bautätigkeit.

24

Als Hippokrates den Eid ablegte

Alltag in der Antike

Als Hippokrates, der berühmteste Arzt der Antike, um 460 v. Chr. auf Kos geboren wurde, gab es die Stadt Kos noch nicht. Hauptstadt der Insel war ein Ort namens *Astypálea* auf der Halbinsel Kéfalos. Die Insel Kos war zu jener Zeit ein Agrarstaat mit einer kleinen Zahl reicher Großgrundbesitzer und einer Vielzahl armer Bauern, die von der Hand in den Mund lebten. Hinzu kamen Fischer und Kaufleute, die eigene Handelsschiffe besaßen, Schiffbauer, Tagelöhner und Beamte. Die Polis und reiche Bürger besaßen Sklaven, die auf Kriegszügen erbeutet oder auf dem Markt gekauft wurden. Die Regierungsgewalt lag in den Händen der Volksversammlung, die freilich von wenigen einflußreichen Bürgern dirigiert wurde.

Frauen besaßen kaum mehr politische und persönliche Rechte als Sklaven. Wer es sich leisten konnte, hielt seine Frau und seine Töchter vom öffentlichen Leben fern. Mußte die Frau ausgehen, um Besorgungen zu machen, wurde sie von einer Freundin oder Sklavin begleitet. In den ärmeren Bevölkerungsschichten sah das natürlich anders aus: Da gingen sie auch als Händlerinnen auf den Markt und arbeiteten wahrscheinlich sogar auf den Feldern mit. Wie in Griechenland bis vor kurzem noch üblich, wählte der Vater oder ein älterer Bruder für die Tochter oder Schwester den Mann aus.

Große Bedeutung wurde der Erziehung der männlichen Kinder von Vollbürgern beigemessen. Sie lernten lesen, schreiben und rechnen. Die Zahlen wurden, wie auf Ikonen heute noch oft üblich, mit Hilfe der um drei Spezialzeichen erweiterten Buchstaben des Alphabets geschrieben. Die Zahl Null war noch unbekannt. Viel Zeit wurde für die musikalische und sportliche Ausbildung aufgewendet, denn bei den entsprechenden Wettkämpfen, die nicht nur in Olympia, sondern auch an vielen anderen Orten der griechischen Welt stattfanden, konnte man hohe Ehren für sich selbst wie für die ganze Heimatgemeinde erringen. Zugleich war das sportliche Training natürlich auch eine Art paramilitärische Ausbildung; daß es auf Kos eine Wehrpflicht für junge Bürger gab, ist anzunehmen.

Der Speisezettel der Griechen las sich schon vor fast 2500 Jahren recht bescheiden. Das Hauptnahrungsmittel waren Gersten- und Weizenbrot, zu dem man vor allem Hülsenfrüchte und Zwiebeln, Oliven und Käse aß. Fisch war preiswert; Fleisch konnten sich nur Wohlhabende leisten. Nur bei großen Tempelfesten konnte der einfache Mann mit einem ordentlichen Fleischstück von den geschlachteten Opfertieren rechnen. Gegessen wurde mit den Händen; Besteck gab es noch nicht.

Man trank Wasser, Milch und Wein, der manchmal mit Salzwasser, Honig oder Kräutern versetzt war und fast nur mit Wasser vermischt getrunken wurde. Wein bewahrte man nicht in Fässern, sondern in Schläuchen aus Ziegen- und Schweinehaut auf, in ausgehöhlten Kürbissen nahm man ihn gar mit aufs Feld. Daß diese Sitte die Jahrhunderte überdauerte, legt die Tatsache nahe, daß man solche Kürbisse noch heute mancherorts als Dekoration in Tavernen antrifft.

146 v. Chr.	Griechenland wird römischer Provinzialverwaltung unterstellt, Kos und Nachbarinseln bleiben noch frei.
82 v. Chr.	Kos und die anderen Inseln werden Teil der römischen Provinz Asia.
49–54 n. Chr.	Der Apostel Paulus unternimmt Missionsreisen durch Griechenland und predigt auch auf Kos.
95/96 n. Chr.	Einem gewissen Johannes, nach orthodoxer Überzeugung identisch mit dem Evangelisten, wird auf Pátmos die Apokalypse offenbart.
313	Toleranzedikt Kaiser Konstantins, das die Christen vor weiteren Verfolgungen schützt.
391	Verbot der heidnischen Kulte durch Kaiser Theodosius.

Oströmisch-Byzantinische Zeit (395–1204)

395	Teilung des Römischen Reiches. Griechenland wird Teil des Oströmischen Reiches, das im Byzantinischen Reich seine Fortsetzung findet.
554	Ein schweres Erdbeben verwüstet die Insel Kos.
1088	Der Mönch Christódoulos gründet das Johanneskloster auf Pátmos.

Kreuzritterzeit (1204–1523)

1204	Aus ökonomischen Interessen lenken die Venezianer den 4. Kreuzzug nach Konstantinopel um, plündern die Stadt und teilen das Reich in zahlreiche kleine Fürstentümer auf. Kálymnos, Léros und Pátmos verbleiben im byzantinischen Restreich, das von Nicäa aus regiert wird, Kos und die übrigen Inseln werden venezianisch.
1262	Der byzantinische Kaiser Michail Paleologos erobert die Inseln zurück.
1269	Astypálea wird wieder byzantinisch.
1307	Da der byzantinische Kaiser die Genueser um Unterstützung in seinem Kampf gegen Venedig und die fränkischen Ritter gebeten hatte, muß er ihnen zahlreiche Inseln abtreten, darunter auch Kos.
1309	Die aus dem Heiligen Land vertriebenen Johanniterritter erobern Rhodos. Der genuesische Besitzer von Kos verkauft ihnen seine Insel. In den folgenden Jahren nehmen die Ritter auch alle übrigen Inseln des Dodekanes mit Ausnahme von Pátmos in Besitz (s. S. 94).
1310	Astypálea wird wieder venezianisch.
1457	Die Türken plündern Kos und versklaven große Teile der Bevölkerung.

Das Wappen
der Quirini
am Kástro
von Astypálea

Osmanische Zeit (1523–1912)

1523   Nach sechsmonatiger Belagerung durch die Truppen Sultan Süleymans verlassen die Johanniterritter am 1. Januar 1523 die Insel Rhodos und ziehen sich auch von den übrigen Inseln des Dodekanes zurück. Auf Rhodos und Kos werden zahlreiche Türken angesiedelt; die übrigen Inseln behalten ein großes Maß an innerer Autonomie.

1537   Die Türken erobern als letzte Insel des Dodekanes auch Astypálea, das bislang zum Herzogtum der Kykladen gehörte.

Hadji-Hassan-Moschee und Reinigungsbrunnen in Kos-Stadt

1603	Die Johanniterritter unternehmen einen vergeblichen Versuch, Kos zurückzuerobern. Sie plündern die Insel und verschleppen zahlreiche Griechen in die Sklaverei.
1669	Die Türken erobern als letzte ägäische Insel das bis dahin venezianische Kreta.
1821–1829	Griechenland erhebt sich gegen die türkische Herrschaft und erkämpft für die Peloponnes, Attika und Mittelgriechenland sowie für die Kykladen die Unabhängigkeit. Die Inseln des Dodekanes verbleiben im Osmanischen Reich.
1832	König Otto I. aus dem Hause Wittelsbach wird erster neugriechischer König. Seine Gattin Amalia stammt aus Oldenburg.

20. Jahrhundert

1912–1943   **Italienische Fremdherrschaft**
Seit 1911 führt Italien einen Krieg mit der Türkei um Tripolis und die Kyrenaika (heutiges Libyen). Im Verlauf der Kämpfe landen die Italiener am 4. Mai 1912 auf Rhodos und erobern bis zum 13. Mai den gesamten Dodekanes (s. S. 205). Die 1200 türkischen Soldaten auf Rhodos werden niedergekämpft; auf den anderen Inseln ergeben sie sich kampflos (auf Léros waren z. B. nur 32 türkische Soldaten stationiert). De jure bleiben die Inseln zunächst noch türkischer Besitz, der von Italien nur verwaltet wird.

Deswegen werden die Inseln des Dodekanes auch weitgehend von den Folgen der ›kleinasiatischen Katastrophe‹ verschont, die den 1922 gescheiterten Versuch Griechenlands, Kleinasien zu erobern, besiegelt. Der Dodekanes muß weder griechische Flüchtlinge aus der Türkei aufnehmen, noch werden die Muselmanen, die auf Rhodos oder Kos leben, aus ihren Dörfern vertrieben.

Mit dem Vertrag von Lausanne werden die Inseln am 24. 7. 1923 Teil Italiens, das seit Ende Oktober 1922 von Benito Mussolini regiert wird. Sie gelten anders als die italienischen Eroberungen in Afrika nicht als Kolonie, sondern als »italienische Besitzungen in der Ägäis« *(Possedimenti Italiani dell'Egeo)*. Ihre Bewohner werden

Hafengebäude aus der italienischen Besatzungszeit in Lákki (Léros)

Italiener ohne volle Bürgerrechte: Sie unterliegen nicht der Wehrpflicht, entsenden aber auch keine Vertreter ins römische Scheinparlament. Rhodos wird zur Touristeninsel entwickelt; man läßt zahlreiche Werbeprospekte drucken, darunter auch in Fremdsprachen wie Hebräisch. Léros wird zum bedeutendsten Flottenstützpunkt der Italiener im östlichen Mittelmeer ausgebaut.

Am 23. April 1933, morgens um 8 Uhr zerstört ein schweres Erdbeben mit der Stärke 8,5 auf der Richter-Skala binnen 27 Sekunden den größten Teil der Stadt Kos. 170 Koer verlieren dabei ihr Leben.

Am 28. Oktober 1940 erklärt Italien Griechenland den Krieg. Auf den Inseln des Dodekanes kommt es zu keinerlei Kampfhandlungen, bis Italien unter Marschall Pietro Badoglio am 3. September 1943 den Waffenstillstand mit den Alliierten unterzeichnet und Deutschland am 13. Oktober 1943 den Krieg erklärt.

1943–1945   **Deutsche Besatzung**

Nach der italienischen Kapitulation wird Léros seiner strategischen Bedeutung wegen umgehend von britischen Soldaten besetzt. Daraufhin beginnt die deutsche Luftwaffe am 26. September 1943, Léros zu bombardieren. Am 12. November landen deutsche Fallschirmjäger und Landungstruppen von See her auf Léros; für

den 16. November vermeldet der Wehrmachtsbericht:
»Den tapferen Landungstruppen ergaben sich 200 englische Offiziere und 3000 Mann... und 350 Offiziere und
5000 Mann italienischer Badogliotruppen... 16 schwere
Flak, 20 2-cm-Flak, etwa 120 Geschütze bis zum Kaliber
von 15 cm und 80 Flugabwehrmaschinengewehre wurden erbeutet.« Zahlen über die Opfer auf beiden Seiten
sowie unter der Zivilbevölkerung gibt die Deutsche
Wehrmacht natürlich nicht bekannt...

Die anderen Inseln werden schon früher und schneller erobert. Für Astypálea heißt es z. B. im Wehrmachtsbericht vom 24. Oktober 1943 lapidar: »Am 22. Oktober landeten Verbände der Luftwaffe, verstärkt durch
Heerestruppen, auf der von Briten und Badogliotruppen
besetzten Insel Stampalia. Sie zerschlugen den feind-
lichen Widerstand und besetzten die Insel. Es wurden
Gefangene und Beute eingebracht.«

Vermeintliche griechische Widerstandskämpfer werden von den Deutschen auf den Inseln ebenso hinge-
richtet wie italienische Soldaten, die sich weigern, mit
den Deutschen zusammenzuarbeiten. Die Juden von
Kos werden in deutsche Konzentrationslager abtranspor-
tiert. Landwirtschaft und Viehzucht kommen zum Erlie-
gen, die Insulaner leiden bis Kriegsende Hunger.

Seit 1945

Der Dodekanes wird griechisch

Nach Kriegsende besetzen britische Truppen den Dodekanes. Am 31. Dezember 1947 entlassen sie die Inseln
ins griechische Mutterland, das noch bis 1949 von
einem Bürgerkrieg erschüttert wird, der Hellas mehr Tote
kostet als der gesamte Zweite Weltkrieg. Danach erst
kann mit dem Wiederaufbau auf den Inseln begonnen
werden. Während der Zeit der Militärherrschaft
(1967–1974) dient Léros als Gefangeneninsel, auf der
mehr als 3000 politische Gegner der Junta unter erbärm-
lichen Umständen eingesperrt sind (s. S. 161).

Seit 1974

Nach dem Rücktritt der Junta nimmt Griechenland eine
demokratische Entwicklung, die durch die Vollmitglied-
schaft des Landes in der Europäischen Gemeinschaft im
Jahre 1981 stabilisiert wird. Aus Brüssel fließen zahlreiche Gelder auf die Inseln, mit deren Hilfe die Infrastruk-
tur verbessert werden kann. Kos entwickelt sich zu einem bedeutenden Charterflugziel.

Gesellschaft und Kultur

Der Himmel auf Erden –
Religion

Schnellkurs in
Kunstgeschichte

Wenn Zorbas tanzt –
Volkskultur

Die Paréa zählt –
Essen und Trinken

Im Asklípion auf Kos

Innerhalb der Europäischen Union nimmt Griechenland eine Sonderstellung ein. Man hat nicht nur eine andere Schrift und einen anderen Glauben als die übrigen Partnerländer, sondern auch eine von ganz anderen Faktoren beeinflußte Kultur. Byzanz und das Osmanische Reich haben die Gesellschaft geprägt, Renaissance und Aufklärung sind an Hellas weitgehend spurlos vorübergegangen. Zugleich lebt man aber auch im Bewußtsein, daß die Ursprünge Europas im antiken Griechenland liegen.

Der Himmel auf Erden – Religion

98 % aller Griechen sind griechisch-orthodox getauft. Für sie sind alle anderen Christen Häretiker, also Abweichler vom wahren Glauben. Diese hängen ihrer Meinung nach entweder wie Kopten und Armenier Irrlehren an, die schon von den ersten sieben ökumenischen Konzilien verdammt wurden, oder haben nach dem 2. Nicäischen Konzil im Jahr 787 neue Dogmen verkündet, die für die Orthodoxie nicht gelten: Dogmen nämlich können nur von ökumenischen Konzilien verkündet werden – und das letzte trat nach orthodoxem Verständnis eben 787 zusammen.

Zur offiziellen **Kirchenspaltung**, dem Schisma, kam es im Jahr 1054. Äußerer Anlaß war die theologische Streitfrage, ob der Heilige Geist nur von Gottvater ausgeht oder, wie es nun die römischen Ka-

tholiken behaupteten, auch von Gottsohn (Filioque-Streit). Machtpolitische Fragen spielten dabei sicherlich eine wichtige Rolle: Papst Leo III. hatte ja bereits im Jahr 800 Karl den Großen in Rom zum Kaiser gekrönt, und dies, obwohl sich der byzantinische Kaiser als einzig legitimer Nachfolger auf dem römischen Kaiserthron betrachtete. Damit war der Grundstein zu einem Konflikt gelegt, der im Jahr 1204 in der Eroberung Konstantinopels und in der Zerschlagung des Byzantinischen Reichs durch Venedig und durch römisch-katholische Kreuzritter gipfelte.

Orthodoxe Christen erkennen weder die päpstliche Autorität in Dogmenfragen noch seinen Unfehlbarkeitsanspruch an. So ist für sie auch die unbefleckte Empfängnis Mariens ebensowenig ein Dogma wie die leibliche Himmelfahrt der Gottesmutter. Die Orthodoxie glaubt nicht an das Fegefeuer. Orthodoxe Priester dürfen vor der

Priesterweihe heiraten; des weiteren sind orthodoxen Christen Ehescheidungen und bis zu zwei Wiederverheiratungen erlaubt. Die Taufe wird in der orthodoxen Kirche durch ein vollständiges Untertauchen des Täuflings vollzogen, die Firmung findet unmittelbar anschließend statt. Von diesem Moment an können Kinder auch schon am Heiligen Abendmahl teilnehmen.

Ein orthodoxer Christ versucht nicht, den Glauben zu rationalisieren. Er braucht keinen Gottesbeweis. Er weiß um die Existenz einer anderen, mystischen Welt, in der irdische Gesetzmäßigkeiten wie

Auch Touristen können im Johanneskloster Kerzen entzünden

Schwerkraft und Zeit nicht gelten. Er braucht sie nicht zu verstehen, aber er kann an ihr schon zu Lebzeiten Anteil haben: durch den Gang in die Kirche, durch die Heiligenverehrung und vor allem durch die Teilnahme am Heiligen Abendmahl (s. S. 36).

So gesehen sind **orthodoxe Kirchen** ›Konsulate des Himmels auf Erden‹. Wer sie betritt, verläßt unsere Welt. Er will keine Predigt hören, sondern im Lobpreis Gottes Teil einer Gemeinde sein, die alle orthodoxen Christen und alle himmlischen Wesen umfaßt. In Ikonen und Wandmalereien sind die Heiligen, die Engel und Christus selbst präsent, in den Darstellungen alt- und neutestamentarischer Ereignisse werden diese zum Ausdruck immerwährender geistiger Wahrheiten. In vollständig aus-

Klopfen an die Höllentür

Die orthodoxe Osterliturgie

Wenn der Priester am Ostersonntag kurz nach Mitternacht an die Höllenpforte klopft, zählen Raum und Zeit nicht mehr. In diesem Augenblick steht der auferstandene Christus vor der Tür zum Totenreich, um »denen in den Gräbern das Leben« zu schenken (Oster-Troparion). Der Ungläubige mag in diesem zentralen Akt der Osterliturgie eine Art mittelalterliches Mysterienspiel oder Kultusdrama sehen – für den Gläubigen vollzieht sich jedoch vor Augen und Ohren, vor allem aber im Herzen das Unfaßbare der Auferstehung und Erlösung als tatsächliches Geschehen.

Am späten Abend des Ostersamstags geht nahezu jeder Grieche zur Kirche. Man hat sich gut angezogen, zumindest die Kinder tragen häufig neue Kleidung. Jeder bringt eine Kerze mit. Gegen 23 Uhr beginnt der Ostergottesdienst. Er wird über Lautsprecher auf den Kirchplatz übertragen, denn zum einen fassen die meisten Kirchen gar nicht alle Besucher, zum anderen gibt es immer einige (vor allem Männer), die lieber draußen stehen (wo sie noch rauchen dürfen). Vereinzelt explodieren schon Feuerwerkskörper, denn wie bei uns zu Silvester mögen in Hellas zu Ostern die Kinder mit dem Lärmen nicht bis Mitternacht warten.

In der seit dem Morgen von Lorbeer und Myrte erfüllten Kirche wird unterdessen von Priester und Chor das Osterlied der orthodoxen Kirche, der Goldene Kanon des 750 v. Chr. gestorbenen Johannes von Damaskus, angestimmt. Das Licht ist gedämpft, die mittlere Tür in der Ikonostase, die sogenannte »Schöne Pforte«, ist verschlossen. Kurz vor Mitternacht erlischt das Licht völlig, für einen Augenblick tritt absolu-

gemalten Kirchen, ob alt oder neu, ist über dem Altartisch, auf dem ja die mystische Verwandlung von Brot und Wein in Leib und Blut Jesu geschieht, häufig die Apostelkommunion dargestellt. Bei ihr teilt Christus im Himmel Brot und Wein an die Zwölf aus. So weiß der Kirchgänger, daß er Anteil hat an einem Mysterium, das sich auch in der anderen Welt immerdar vollzieht. Unter der Apostelkommunion findet man fast immer eine Darstellung der Kirchenväter, erkenntlich an den schwarzen Kreuzen auf ihren Stolen und Gewändern. Sie sind die Schöpfer der liturgischen Gesänge, die während

te Stille ein. Dann tritt der Priester mit einer brennenden Kerze in der Hand aus dem Altarraum durch die Schöne Pforte vor die Gemeinde und ruft: »Eilt herbei, nehmt das Licht vom Licht, für das es keinen Abend gibt, und ehrt Christus, der von den Toten auferstanden ist.«

Der erste Gläubige entzündet seine mitgebrachte Kerze an der des Priesters, schnell breitet sich das Kerzenlicht in der ganzen Kirche und auf den Kirchhof hinaus aus. Der Priester verkündet: »Christus ist auferstanden von den Toten *(Christós anésti)*, den Tod mit dem Tode zertretend, und denen in den Gräbern das Leben schenkend.« Die Gläubigen antworten: »Wahrhaftig, er ist auferstanden *(Alithós anésti)*.« Mittlerweile haben Priester und Gläubige die Kirche verlassen. Die Kirchenpforte wird verschlossen. Dann tritt der Priester an die Tür, klopft dreimal dagegen und begehrt mit den Worten »Hebt hoch eure Tore« Einlaß, wie Christus einst Einlaß in die Unterwelt, in den Hades, begehrte. Eine Stimme aus dem Innern fragt dreimal, wer da sei, bevor die Höllenpforte (symbolisch) aufgebrochen wird. An diese Handlung schließen sich noch einige liturgische Texte an, für die die meisten Kirchenbesucher aber schon kein Ohr mehr haben. Das Versprechen des ewigen Lebens ist wieder einmal gegeben, jetzt zieht es sie nach Hause. Dort werden rote Ostereier aneinandergeschlagen: Das Rot symbolisiert das Blutopfer Christi, das Ei das ewige Leben, das durch Christi Tod am Kreuz und seine Auferstehung dem Menschen verheißen ist.

Die Geschichte von der Hadesfahrt Christi steht nicht im Neuen Testament. Dort wird nur kurz auf einen Abstieg Christi in die Unterwelt Bezug genommen. Ganz ausführlich von Augenzeugen geschildert wird sie jedoch im apokryphen Nikodemus-Evangelium aus dem 4. Jh., das in frühchristlicher Zeit weit verbreitet war und gern gelesen wurde. Seine Schilderungen haben auch Eingang in die Osterliturgie und damit auch in den orthodoxen Glauben gefunden. Das Nikodemus-Evangelium selbst hingegen ist kaum noch bekannt.

des Gottesdienstes angestimmt werden. Der Gläubige weiß sich durch die Präsenz der Kirchenväter eins mit den Urhebern der Worte, die er hört.

Freilich ist die Kirche in Griechenland nicht nur für die andere Welt zuständig, sondern greift auch ins Alltagsleben der Menschen und in die Politik ein. Ihr geht es dabei aber mehr um die Erhaltung von Machtpositionen als um moralische Einflußnahme. Die Zivilehe, 1982 von der sozialistischen Regierung zugelassen, ist ihr ein Dorn im Auge. Abtreibungen, ebenfalls durch die Sozialisten 1986 mit einer Fristenlösung akzeptiert und

Neue Fresken im Evangelismós-Kloster auf Pátmos

von griechischen Frauen eifrig praktiziert, nimmt sie aber stillschweigend hin, ohne Betroffenen mit Sanktionen zu drohen. Die Bergpredigt ist für die Hellenen nur ein Bibeltext unter vielen, Kirche und Militär haben noch immer ein ungebrochenes Verhältnis zueinander. Noch heute sind viele Bischöfe in Amt und Würden, die während der Junta-Zeit (s. S. 31) auf Wunsch der Obristen eingesetzt wurden. Mission betreibt die orthodoxe Kirche kaum, karitative Einrichtungen unterhält sie nur vereinzelt. Dorfpriester haben auf ihre Gemeinde nicht kraft ihres Amtes Einfluß, sondern höchstens dank

ihrer Persönlichkeit. Viel wichtiger sind für den Gläubigen die Heiligen, die durch ihre Ikonen in den Kirchen anwesend sind. An sie kann man sich auch mit Alltagsproblemen wenden: Sie sind die anerkannten Mittler zwischen Himmel und Erde.

Schnellkurs in Kunstgeschichte

Griechische Tempel faszinieren durch ihre harmonische Einbettung in die Landschaft. Im Unterschied zu den ägyptischen Tempeln liegt ihre Funktion nicht darin, das Haus des Gottes gegen die Umwelt abzuschirmen, sondern darin einen Einklang zwischen Gott, Natur und

Mensch herzustellen. Die kultischen Handlungen am Opferaltar werden vor dem Tempel im Freien vollzogen; dem Innenraum widmet der Architekt bis etwa 430 v. Chr. keine besondere Aufmerksamkeit. Zu anderen Bauten steht der Tempel zunächst ohne Bezug; erst hellenistische und römische Architektur nehmen sich des umbauten Raums und der Schaffung von architektonischen Kunstlandschaften an: Am Asklípion von Kos läßt sich dies sehr gut nachvollziehen.

Der ohne Mörtel errichtete Tempel ist klar gegliedert; jedes Bauglied wird in eine wohlproportionierte Beziehung zum Ganzen gesetzt. Der Aufbau ist hierarchisch: Die Krepis steht für die Erde, die Säulen für die Menschen. Im Fries finden meist Reliefdarstellungen von Heroen Platz, während im Tympanon in der Regel vollplastische Götterfiguren zu sehen sind. Vom 5. Jh. v. Chr. an werden die beim Tempel entwickelten Formen auch auf Profanbauten wie Tore, Brunnenhäuser und Theater übertragen.

Die **hellenistische Architektur** übernimmt die Bauformen der griechischen Klassik, wendet sich aber vom Detail ab und mehr der Gesamtgestaltung zu. Typische Entwicklungen dieser Epoche sind die große Freitreppe und der von Säulenhallen umgebene Platz. Theater, in klassischer Zeit meist noch einfache Erdwälle, erhalten jetzt ihre steinernen Ränge.

In der **römischen Architektur** gilt dem Innenraum erhöhte Aufmerksamkeit. Säulen werden zur Dekoration; Bögen, Gewölbe und Kuppeln treten als prägende Bauelemente auf. Die Entwicklung von Gußmörtel und der Übergang zur Backsteinbauweise ermöglichen ein schnelles und billiges Bauen, das sich in einer starken Vermehrung prächtiger Profanbauten niederschlägt. Beispiel dafür sind Aquädukte, große Villen (wie z. B. die Casa Romana auf Kos) und zahllose Thermen.

Auf den Entwicklungen der römischen Architektur baut dann auch die **frühchristliche Kunst** auf, die als Kirchentypus die Basilika und als Dekoration das Mosaik schätzt. Nach den dunklen Jahrhunderten der Araberüberfälle (9./10. Jh.) knüpft die **byzantinische Architektur** dann mit notwendiger Bescheidenheit an antike Kuppelbauten an.

Griechische Architekturordnungen: Im 7. Jh. v. Chr. haben sich die grundlegenden Ordnungen der griechischen Baukunst entwickelt: die strengere **dorische** und die verspieltere **ionische Ordnung.** Die Formensprache verrät deutlich, daß die frühen Tempel aus Holz erbaut waren. Später ahmte man Balken, Sparrenenden und Nagelköpfe in Stein nach.

Die **korinthische Ordnung** entspricht in vielem der ionischen; unterschiedlich ist vor allem die Kapitellform, welche die ionischen Voluten nun mit Akanthus-Blättern verbindet. Korinthische Säulen werden seit 430 v. Chr. in Innenräumen verwendet; ab dem 4. Jh. v. Chr. erscheinen sie auch in der äußeren Säulenordnung.

In römischer Zeit kommen weitere Säulentypen hinzu. So verbindet das **Kompositkapitell** ionische und korinthische Elemente, und bei der der dorischen Säule ähnlichen tuskischen Säule fehlen häufig die Kanneluren. In byzantinischer Zeit werden neue Säulentypen entwickelt, die entweder ein trapezförmiges **Kämpferkapitell** oder ein korbförmiges **Korbkapitell** tragen.

Ein Merkmal griechischer Tempel, von dem heute nur wenige wissen, war ihre **Farbigkeit**. Stufen,

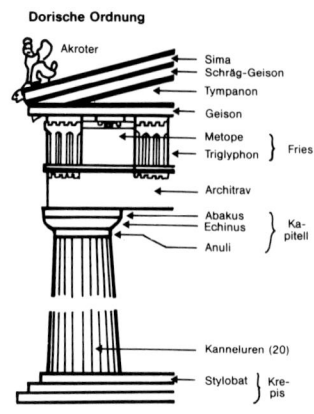

Dorische Ordnung

Akroter

Sima
Schräg-Geison
Tympanon

Geison

Metope
Triglyphon } Fries

Architrav

Abakus
Echinus } Kapitell
Anuli

Kanneluren (20)

Stylobat } Krepis

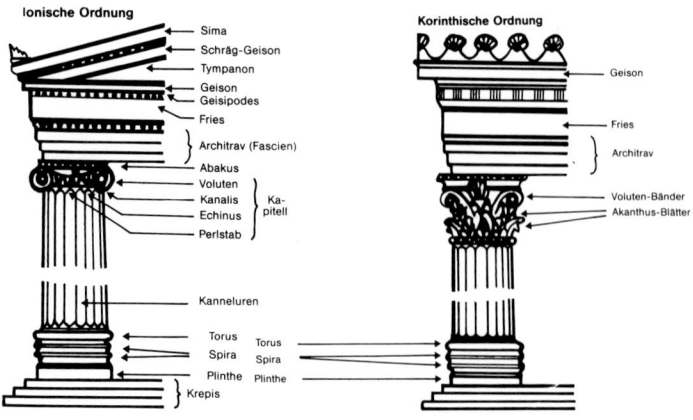

Ionische Ordnung

Sima
Schräg-Geison
Tympanon
Geison
Geisipodes
Fries

Architrav (Fascien)
Abakus
Voluten
Kanalis } Kapitell
Echinus
Perlstab

Kanneluren

Torus
Spira
Plinthe
} Krepis

Korinthische Ordnung

Geison

Fries

Architrav

Voluten-Bänder
Akanthus-Blätter

Torus
Spira
Plinthe

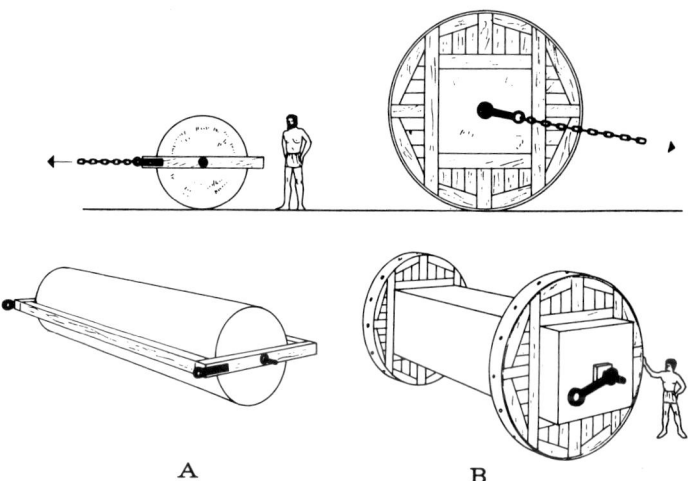

Transport von Säulentrommeln (A) und Architraven (B)

Säulen, Wände und Architrav blieben weiß, die Triglyphen und das Tympanon waren blau, Kerben und Ringe am Kapitell rot. Giebelfiguren konnten blau, rot, ocker oder goldfarben sein. Auch römische Tempel waren bemalt.

Wirtschaft und Transport: An antiken Bauten lassen sich auch Veränderungen im antiken Wirtschaftsleben ablesen. Bis ins 4. Jh. v. Chr. hinein wurden Arbeiter und Architekten pro Stunde entlohnt. Entsprechend sorgfältig und aufwendig vollzog sich die Bearbeitung jedes einzelnen Steins. Fugen von Stufen, Säulen und Wänden wurden so fein wie möglich aneinandergepaßt, Flächen plan geschliffen, poröser Stein mit hauchdünnem Stuck überzogen. Als ab dem 4. Jh. v. Chr. Festpreise für bestimmte Werkstücke üblich wurden, sank auch die Bauqualität.

Wie erfindungsreich die Baumeister z. B. die Transportprobleme schwerer Bauteile lösten, illustriert die Abbildung oben: Säulen und Architrave wurden so von Ochsen gezogen.

Römische Profanarchitektur: Die Römer erbrachten Höchstleistungen in der Profanarchitektur. Mietshäuser in Rom waren fast 30 m hoch, Wasserleitungen und -tunnel überbrückten große Entfernungen. Cicero beispielsweise hielt es für sinnvoller, Geld für Aquädukte, Häfen und Werften auszugeben als für Theater und Säulenhallen.

41

Das Heizsystem einer römischen Therme

Zu den größten Baukomplexen der römischen Antike gehörten die **Thermen**, die aus heutiger Sicht durchaus mit modernen Spaß- und Luxusbädern vergleichbar sind (s. S. 72). Hohlräume unter den von Ziegelsteinpfeilern getragenen Fußböden (L) und Tonröhren in den Wänden (P) sorgten für eine effiziente Beheizung der Räume über mehrere Stockwerke (H) hinweg.

Kirchenbau: In frühchristlicher Zeit löste die **Basilika** den Tempel als Kultbau ab. Der Typus war in römi-

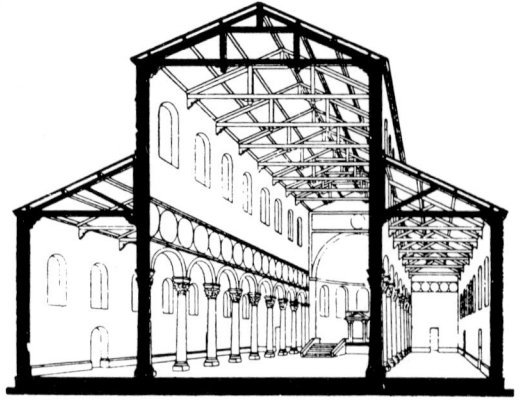

Querschnitt einer oströmischen Basilika mit Kämpferkapitellen und charakteristischer Arkadenfolge über den Säulen

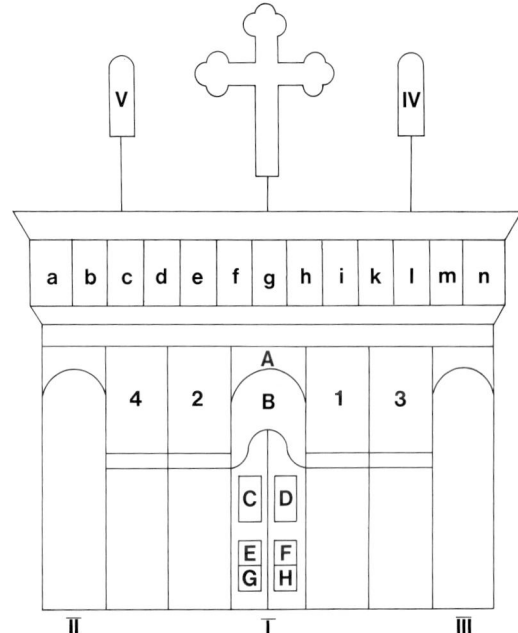

Aufbau einer Ikonostase:

I Königstür
II Nordtür
III Südtür
IV Johannes
V Maria
A Abendmahl
B Christus als Hohepriester
C Erzengel
D Maria
E– Evangelisten
H oder Kirchenväter
1 Christus
2 Maria
3 Johannes der Täufer
4 Patron(at)
a– Die 12 Kir-
n chenfeste

scher Zeit entstanden, in der er als Markthalle diente. Basiliken konnten drei-, fünf- oder siebenschiffig sein. Häufig war die Höhe der einzelnen Schiffe so gestaffelt, daß durch den Obergaden Licht einfiel. Die Wände des Obergadens ruhten auf Säulen, Pfeilern oder beidem. Seit dem 9. Jh. wurden dann im oströmischen Raum Kreuzkuppelkirchen gebaut, deren Grundriß ein griechisches Kreuz darstellt.

In jeder orthodoxen Kirche wird der Gemeinderaum vom Allerheiligsten durch eine meist hölzerne, manchmal auch steinerne **Bilderwand** (Ikonostase, griech.: *Templon*) getrennt. Ihr Aufbau ist, sofern es die Größe der Kirche zuläßt, weitgehend einheitlich (s. o.). Die mittlere Tür ist die bedeutendste, denn hinter ihr verbirgt sich das Allerheiligste, der Altar. An der Ikone neben der Marienikone läßt sich ablesen, welchem Heiligen oder welchem Kirchenfest die Kirche geweiht ist.

Wenn Zorbas tanzt – Volkskultur

Musik und Tanz gehören zu jedem griechischen Fest, gleich ob Hochzeit, Taufe, Namenstag, Nationalfeiertag oder Kirchweih. Die Jugend schätzt zwar auch angloamerikanische Popmusik, doch konnte diese ebensowenig wie früher Tango oder Walzer die griechische Volksmusik und die griechischen Volkstänze verdrängen. Sie liegen auch jungen Griechen noch immer im Blut, zumal sie Unterrichtsfach an den Schulen sind. Die zahllosen Rundfunksender in Hellas senden überwiegend griechische Klänge; wo griechisch getanzt wird, mischt sich Jung und Alt. Kenner der Materie haben über 150 verschiedene **Volkstänze** in Griechenland gezählt, von denen einige überall, andere nur in einigen Regionen bekannt sind. Ihre Ursprünge liegen ebenso wie die der griechischen Volksmusik in der Antike und in Byzanz; daneben machen sich aber auch zahlreiche andere Einflüsse bemerkbar. Dazu gehören die Jahre der Türkenherrschaft ebenso wie die Traditionen der griechischen Flüchtlinge, die 1923 zu Hunderttausenden aus Kleinasien ins Land strömten und die heute noch aus Rußland, Albanien und Istanbul heimkehren.

Die **Rhythmen** sind äußerst vielfältig, man unterscheidet zwischen $^2/_4$, $^3/_4$, $^4/_4$, $^5/_4$, $^7/_4$, $^9/_4$, $^3/_8$, $^5/_8$, $^7/_8$ und $^9/_8$ Takt. Oft sind Tanz und Musik asymmetrisch: So kann das Schlaginstrument den Tanzrhythmus spielen, während die übrigen Instrumente den Rhythmus des Gesangs oder des Soloinstruments begleiten. Für jeden Tanz gelten andere Schrittfolgen; es gibt sowohl Einzel- als auch Reihentänze. Die wichtigsten Instrumente der griechischen Volksmusik sind die Laute mit vier Doppelsaiten und die *bouzoúki*, eine Langhalslaute mit drei Doppelsaiten. Weite Verbreitung haben inzwischen auch die Gitarre und – leider – das Keyboard gefunden.

Weniger ausgeprägt als Volkstanz und Volksmusik ist in Griechenland das **Kunsthandwerk**. Fremdherrschaft und Armut haben seine Ausbildung verhindert. Allein Holzschnitzer waren gefragt, um für Kirchen Ikonostasen zu verzieren. Die Töpfer stellten jahrhundertelang nur Gebrauchskeramik her. Eine bedeutende Rolle kam aber den Frauen zu: Was sie webten, stickten und klöppelten, macht heute den Großteil der Ausstellungsobjekte in allen volkskundlichen Museen aus.

Die Paréa zählt – Essen…

Griechen gehen ungern allein oder zu zweit zum Essen aus. Eine gute, fröhliche Tischgemeinschaft ist ihnen wichtig: die *paréa*. Man nimmt

Wo die Teller fliegen

Zu Gast in einer Bouzoúkia

Der beste Ort, griechische Tänze ohne touristischen Touch zu erleben, ist die Bouzoúkia. Hier gehen Hellenen hin, wenn sie etwas feiern wollen – und sei es nur das Zusammensein mit Freunden und Verwandten. Vor 23 Uhr ist in solchen Lokalen noch gar nichts los. Aber auf den Tischen stehen schon Whiskyflaschen und Gläser; auf der Bühne beginnt das Orchester, seine Instrumente zu stimmen und die Verstärker aufzudrehen. Jetzt haben die Kellner noch Zeit, sich um die Sonderwünsche eines in eine Bouzoúkia verirrten Touristen zu kümmern, etwa den, statt einer Flasche Whisky nur ein Glas Campari zu trinken.

Irgendwann kommen dann meist auch die ersten einheimischen Gäste. Sie lassen sich nieder, bestellen Cola, Wasser und Platten mit frischem, häufig mit Zimt bestreuten Obst. Der Whisky kreist, die Musik beginnt zu spielen, Sänger und Sängerinnen treten auf. Oft sind sie landesweit bekannt, und bereits Tage vorher künden an allen Straßenecken Plakate von ihrem Auftritt. Pausen gibt es nicht, ein Solist gibt dem nächsten das Mikrophon in die Hand. Unterhaltungen am Tisch sind kaum noch möglich, da die Musiker meist nicht mit-, sondern gegeneinander spielen. Jeder versucht, lauter als seine Mitspieler zu sein. Daß vom Publikum kein Beifall kommt, liegt aber nicht daran, sondern ist normal: Applaudiert wird nur für außergewöhnliche Leistungen.

An guten Abenden hat sich der Saal bis Mitternacht halb gefüllt, später wird es vielleicht noch voller. Die ersten *paréas* (Tischgemeinschaften) kommen in Stimmung. Schließlich steht ein Mann auf, spricht mit den Musikern, bestellt ein Lied, das er hören will. Oft wechselt dabei auch ein Geldschein den Besitzer. Wird das Stück dann gespielt, hat nur die *paréa*, die den Wunsch geäußert hat, das Recht, auf der Bühne zu tanzen. Erst am frühen Morgen wird diese Regel durchbrochen sein.

Ist das Publikum gut in Stimmung, lösen sich die *paréas* auf der Tanzfläche ständig ab, werden den Musikern und Sängerinnen für das Wunschkonzert die Geldscheine nicht mehr unauffällig übergeben, sondern spektakulär an Revers und Dekolleté geheftet. Auch die Tanzenden werden von Mitgliedern ihrer *paréa* beschenkt. In Mitteleuropa würde man ihnen als Anerkennung vielleicht einen Drink ausgeben – hier in Griechenland opfert man ihnen. Früher war es üblich, eine Flasche Whisky oder Champagner zu bestellen und sie zu Ehren der Tanzenden auf der Tanzfläche zu zerbrechen oder die vor einem stehenden Porzellanteller auf den Boden zu werfen. Beides ist heute aus Sicherheitsgründen verboten. Statt dessen werden in der Bouzoúkia Blüten und speziell für diesen Zweck schwach gebrannte Gipsteller verkauft, die beim Zerbrechen zerbröseln, statt scharfkantig zu zersplittern. Nach jedem Tanz werden sie von einem Kellner zusammengekehrt. Gegen zwei oder drei Uhr ist dann Polizeistunde; man zieht nach Hause.

Ein Abend in der Bouzoúkia ist ein teures Vergnügen. 50 DM pro Person gibt man mindestens aus, es können auch 200 DM werden. Ein gelungener Abend ist nie garantiert. Er kann zum rauschenden Tanzfest geraten, kann aber auch absolut langweilig verlaufen. Als Ausländer sollte man sich auf jeden Fall im Hintergrund halten – Gelegenheit zum Mittanzen hat man ja bei Folkloreabenden in den Hotels oder in normalen Diskotheken. In der Regel sind Bouzoúkias ein sittsamer Ort, den man auch mit der eigenen Frau oder Freundin besucht. Es gibt aber Ausnahmen, wo Tischdamen zur Unterhaltung der männlichen Gäste (und manchmal auch zu mehr) bereitstehen. Heutzutage kommen sie meist aus den Ländern des ehemaligen Ostblocks. Es empfiehlt sich also, kurz die Atmosphäre zu schnuppern, bevor man sich hinsetzt und ein Getränk bestellt. Noch besser ist es, vor einem Bouzoúkia-Besuch einen verläßlichen Einheimischen um einen aktuellen Tip zu bitten – oder gar mit ihm zusammen in die Bouzoúkia zu gehen.

die Familie mit, lädt Freunde dazu und sitzt dann stundenlang bei Tisch. Nur schnell eine Kleinigkeit zu essen und dann noch etwas anderes zu unternehmen ist unüblich.

Eine *paréa* bestellt meist gemeinsam. Man fragt den Wirt nach seinen Empfehlungen und bestellt dann von allem viel mehr, als man essen kann. Zahlreiche Vorspeisen, Fisch und gegrilltes Fleisch werden in die Mitte des Tisches gestellt; jeder nimmt sich, was er möchte. Abgeräumt wird erst, wenn die Gäste gehen: Jeder soll ja sehen können, daß sie gut und vor allem viel gegessen haben. Die Rechnung übernimmt einer für alle. Oft wird ein Scheinstreit über die Frage ausgefochten, wer denn nun bezahlen darf, doch meist ist das im voraus klar. Man geht ja öfter zusammen essen, jeder ist mal an der Reihe. Zwar ist es gerade unter Schülern und Studenten auch üblich, sich die Rechnung zu teilen, doch für den Kellner ist das unerheblich: Er nimmt die Gesamtsumme aus einer Hand entgegen. Ein kleinliches Aufrechnen, wer denn nun was verspeist und getrunken hat, ist völlig unüblich – das tun nur Touristen.

Für Griechen zählt beim Essen vor allem die Frische der servierten Gerichte. Bevor man Fisch bestellt, schaut man ihn sich an und trifft selbst die Auswahl. Auf raffinierte Saucen oder kreative Würze legt man in der Regel keinen Wert. Die Temperatur der Speisen spielt keine Rolle; lauwarmes Essen ist für einen Griechen kein Grund zur Reklamation. Immer mehr Wirte lernen jedoch, daß ausländische Urlauber heiß serviertes Essen wünschen. Resultat: Sie schaffen Mikrowellen an und heizen den kalten Teller so kräftig auf, daß sich mancher Gast am Essen die Lippen und am Teller die Finger verbrennt.

Ein Eldorado für Feinschmecker sind die griechischen Inseln nicht. Die griechische Küche ist einfach und rustikal. Vom Olivenöl wird reichlich Gebrauch gemacht, auch das leichtere Baumwollöl erfreut sich wachsender Beliebtheit. Pommes frites begleiten fast alle Gerichte. Die Speisekarten weisen von Restaurant zu Restaurant kaum Unterschiede auf; nur in Luxusrestaurants werden internationale Einflüsse zunehmend spürbar. Die meisten Köche beherrschen jedoch

nur zwei Standardsaucen: meist eine Tomaten-, schon seltener eine Ei-Zitronensauce. Grillgerichte kommen fast immer à la nature auf den Tisch, wobei zwischen den einfachsten Sardinen und der teuersten Languste kein Unterschied gemacht wird.

Frischer **Fisch** wird fast immer nach Gewicht verkauft. Beim Abwiegen sollte man dabei sein, um späteren Mißverständnissen vorzubeugen. Im Gegensatz zu frischem wird tiefgefrorener Fisch in der Regel portionsweise angeboten. Tiefgefroren sind meist Schwertfisch und immer Kalamares. Der Gang in die Küche ist dem Gast nur noch in traditionellen Tavernen und Restaurants gestattet. Hier kann er selbst am Warmhaltetresen und in den Töpfen nachschauen, was der Wirt zu bieten hat. Griechische Gäste lassen den Kellner das aktuelle Tagesangebot aufzählen. Für ausländische Gäste gibt es überall Speisekarten: zumeist griechisch-englisch, manchmal auch in babylonischem Sprachengewirr. Moderne Wirte haben sich auf Analphabeten eingestellt und illustrieren ihre Karten mit Fotos.

Beim **Frühstück** entwickeln die griechischen Hoteliers nur wenig Phantasie. Die meisten Griechen nehmen morgens nur eine Tasse griechischen Kaffees und eine Zigarette zu sich. Sie können kaum nachvollziehen, welchen Wert Mitteleuropäer der ersten Mahlzeit des Tages beimessen. Dementsprechend dürftig fällt das Frühstück in

Ausgewählte Vorspeisen

Eljés – Oliven
Dolmadákja – Kalt servierte, gefüllte Weinblätter
Féta – Schafskäse
Gígantes – Pferdebohnen, meist mit Oregano bestreut
Melindsána Saláta – Auberginenpüree
Revithókeftedes – Eine Art zu Kugeln geformte Reibekuchen aus Kichererbsen und Zwiebeln
Tzatzíki – Joghurt mit Gurken und Knoblauch
Sanganáki – Gebackener Schafskäse
Skordaljá – Püree aus Kartoffeln und sehr viel Knoblauch
Táramo Saláta – Püree aus Fischrogen und Kartoffeln

Griechisches Gebäck

Baklavás – Süßer, mit Mandeln und/oder Walnüssen gefüllter, mit Zuckersirup getränkter Blätterteigkuchen
Galaktoboúreko – Relativ schwach gesüßter Blätterteigkuchen mit einer Vanillepudding ähnlichen Füllung, auch zum Frühstück bei Griechen sehr beliebt
Halvás – Süßspeise aus Mandeln und Grieß
Karidópitta – Walnußkuchen
Kataífi – Süße, mit Mandeln und/oder Haselnüssen gefüllte

und mit Zuckersirup getränkte
Blätterteigrolle
Loukoumádes – Heiß und
frisch ausgebacken servierte,
Schmalzkuchen ähnliche He-
feteigkugeln mit Honig und Pu-
derzucker
Revaní – Grießkuchen
Risógalo – Ein dünner Milch-
reis, der mit Zucker und Zimt
bestreut wird
(Ein ausführliches Speisenlexi-
kon finden Sie im Gelben Teil
auf Seite 228.)

Wie man Kaffee bestellt

Kafé skétto – griechischer Kaf-
fee ohne Zucker
Kafé métrio – … mit etwas
Zucker
Kafé glikó – … mit viel Zucker
Dipló – doppelte Portion (dann
meist in einem kleinen Glas
serviert)
Neskafé sestó – heißer Instant-
Kaffee
Frappé – eiskalter Instant-Kaf-
fee, schaumig geschüttelt
   Beim Frappé muß genauso
wie beim griechischen Kaffee
der gewünschte Süßegrad an-
gegeben werden. Beide Arten
von Instant-Kaffee gibt es mit
oder ohne Milch:
Me gála – mit Milch
Chorís gála – ohne Milch

49

vielen Hotels aus: einige Zwiebäcke, recht trockenes Weißbrot oder harter Toast, ein Stück Sandkuchen aus der Großbäckerei, ein Mini-Päckchen Butter und Marmelade sowie heißes Wasser und ein Portionsbeutel Nescafé sind die Regel. Manchmal kommt noch ein schlecht abgeschrecktes Ei dazu. Nur in sehr guten Strandhotels mit vielen ausländischen Gästen fällt das Frühstücksbuffet besser aus. Wer kann, mietet daher besser Zimmer ohne Frühstück und geht zum Frühstück in ein Café oder Restaurant. Da gibt es dann Omelett, Eier nach Wahl, Joghurt mit Früchten, Nüssen oder Honig und so manches mehr. Dort, wo viele Engländer Urlaub machen, liefern sich die Wirte sogar heftige Preiskämpfe für ein gutes englisches Frühstück.

Fast alle Griechen lieben hingegen süße **Backwaren**, von denen es viele so oder ähnlich auch in der Türkei und im Nahen Osten gibt. Man genießt sie im *sacharoplastíon*, der griechischen Variante der Zuckerbäckerei.

Annas Rezept für ein Moussaká

Moussaká ist das Leibgericht vieler Deutscher in Griechenland. In den Restaurants gerät es oft zur Enttäuschung – nach unserem Rezept aber schmeckt es garantiert so wie in griechischen Familien.

Zutaten für 6 Personen:
Je 2–3 Auberginen, Zucchini und Kartoffeln
500 g Hackfleisch vom Lamm oder halb und halb von Rind und Schwein
3 Eier
3 Glas Milch
Geriebener Parmesan oder Emmentaler Käse
2–3 feingehackte Zwiebeln
1 Tasse Tomatensaft
1 Tasse Wasser oder trockener Weißwein
2 Eßlöffel Brotbrösel
Olivenöl und Margarine
Salz, Pfeffer, Lorbeerblatt, Wacholder, Nelken, Zimt, Muskat
Viereckige Ofenform von mindestens 24 cm Durchmesser

…und Trinken

Für die meisten Griechen ist **Wasser** *(neró)* das wichtigste Getränk. Man trinkt es zum Essen, zu Kuchen und Süßspeisen ebenso wie zu Kaffee und Oúzo und manchmal sogar zu Bier, Brandy und Wein. Noch bis vor kurzem trank man überall bedenkenlos eisgekühltes Leitungs- oder Zisternenwasser; heute setzt sich zunehmend in Plastikflaschen abgefülltes Tafel- oder Mineralwasser durch.

Nationalgetränk ist der **griechische Kaffee** *(kafés ellinikós)*, der fast immer in kleinen weißen Mokkatassen serviert und zu jeder Tageszeit bei vielen Gelegenheiten getrunken wird. Da Kaffee, Zucker und Wasser gemeinsam aufgekocht werden, muß man schon bei der Bestellung angeben, wie man ihn wünscht. Auch Instant-Kaffee ist inzwischen in fast jedem Kaffeehaus und Privathaushalt zu finden. Bei der Bestellung muß auf jeden Fall gesagt werden, ob man ihn heiß oder kalt wünscht.

Zubereitung:

Hackfleisch und Zwiebeln werden mit etwas Wasser in einem Topf langsam gekocht, bis das Wasser verdunstet ist. Dann wird das Fleisch mit etwas Olivenöl angebraten; danach werden die Gewürze und der Tomatensaft hinzugegeben. Das ganze soll 15 Min. auf kleiner Flamme köcheln.

Inzwischen werden Auberginen geschält, Kartoffeln und Zucchini in dünne Scheiben geschnitten und kurz in etwas Olivenöl angebraten. Man bestreut die Ofenform mit Brotbröseln und legt schichtenweise die Hälfte der Gemüsescheiben hinein. Darauf kommt das Fleisch, und darüber wird der Rest des Gemüses geschichtet. Gemüse und Fleisch sollten zuvor gut abgetropft sein.

Zur Herstellung der Béchamel-Soße werden etwa 2 Eßlöffel Margarine und 4 Eßlöffel Mehl eingebrannt und dann ungefähr drei Glas Milch schnell und gut eingerührt, so daß eine dicke Soße entsteht. 3 Eier werden untergeschlagen, etwas geriebener Käse, Salz und Muskat darunter gemischt. Die Soße wird dann über die oberste Gemüseschicht in der Ofenform gegossen, das Ganze mit etwas geriebenem Käse bedeckt. Dann kommt die Form für ca. 40–45 Min. in den gut auf 180 °C vorgeheizten Backofen. Bevor man das Moussaká schließlich in Portionen schneidet, sollte man es etwas abkühlen lassen, damit Käse- und Soßenschicht nicht reißen.

Anna Pantidi

Zur Herstellung von **Tee** *(tsaï)* wird immer warmes (aber keineswegs kochendes) Wasser über Teebeutel geschüttet; entsprechend scheußlich schmeckt dann das Gebräu. Kräutertees gibt es nur selten, am ehesten noch *tsaï faskómilo* (Salbeitee) und *tsaï kamómila* (Kamillentee). Heiße Schokolade *(gála sokoláta)* ist nur selten erhältlich; in Kaffeehäusern wird sie zudem nur mit Wasser gekocht.

Frisch gepreßte **Säfte** werden weitaus seltener und viel teurer angeboten, als es der Obstreichtum Griechenlands erwarten läßt. Nur in den Touristenzentren findet man häufiger Orangensaft *(frésko chimó portokáliou)*. Bei den sonstigen Erfrischungsgetränken sind vor allem die internationalen Marken präsent. Frische Milch ist auf den Inseln kaum erhältlich, obwohl es insbesondere auf Kos viele Kühe gibt; man muß mit H-Milch vorliebnehmen. Milkshakes sind in den Touristenzentren weit verbreitet, aber relativ teuer.

In Griechenland werden mehrere **Biersorten** in örtlicher Lizenz selbst gebraut: *Amstel, Henninger, Löwenbräu* und *Tuborg.* Als importierte Flaschenbiere sind auch das amerikanische Reisbier *Bud* sowie *Budweiser, Beck's* und *Stella Artois* weit verbreitet. Faßbier *(bíra ápo to varéli)* wird fast nur im Sommer und fast nur in den Touristenzentren gezapft.

Wein *(krassí)* wächst auf allen Inseln, wird aber nur auf Kos auch in Flaschen abgefüllt (s. Stadtplan, S. 64). Auf den anderen Inseln sind die erzeugten Mengen so gering, daß er fast ausschließlich von den Erzeugern und deren Familien und Freunden selbst getrunken wird. So ist man in den Restaurants fast immer auf Flaschenweine aus anderen Regionen Griechenlands angewiesen. Wer in der Nähe bleiben will, trinkt Weine aus Rhodos oder Sámos; weit verbreitet sind auch Weine aus Kreta, Santorin und Kefalliniá sowie vom griechischen Festland. Überall erhältlich ist auch der berühmte geharzte Weißwein Retsína. Er stammt aus Attika, Makedonien, Kreta oder Sámos.

Unter den **Spirituosen** gilt der Anisschnaps Oúzo als Nationalgetränk. Auf Kos und den Nachbarinseln stammt er meist von Sámos; am berühmtesten für seinen Oúzo ist Lésbos. Man trinkt den Oúzo pur oder mit Eis oder mit Wasser vermischt. Das In-Getränk griechischer Disko- und Barbesucher sind Whiskys der international am meisten beworbenen Sorten.

Insel für Insel

»Griechenland ist ein herbes Land, es ist kahl, nackt. Es scheint nur Form, einmalige, elementare Form. Aber wie liegt es vor deinen Augen! Im Schlafe, noch nach Jahren und Jahrzehnten werden sie es halten, wenn sie es wirklich wahrgenommen haben . . .«
Rudolf Hagelstange

Chóra und Johanneskloster auf Pátmos

Kos – Greece for beginners

Kos-Stadt

Der Inselosten

Plataní und das Asklípion

Nach Andimáchia,
Mastichári und Kardámena

In die koischen Bergdörfer

Zur Halbinsel Kéfalos

Ein Tagesausflug nach
Bodrum/Türkei

Am Strand von Kardámena, Kos

Kos besitzt die schönsten und längsten Sandstrände aller griechischen Inseln. Die Inselhauptstadt gleicht einem äußerst lebendigen Freilichtmuseum, das nahe Asklípion ist eine der bedeutendsten archäologischen Stätten der Ägäis. Nur eins fehlt weitgehend: griechische Ursprünglichkeit.

Kos hat ungefähr ebenso viele Fremdenbetten wie Einwohner: ca. 25 000. Im August sind sie alle ausgebucht. Die Besucher kommen überwiegend der Strände wegen: Breite, endlos scheinende Sandbänder säumen die Nordküste zwischen Lámbi am Stadtrand von Kos bis weit über Mastichári hinaus und die Südküste entlang der weiten Bucht von Kéfalos. Sandstrände flankieren auch das Südküstenstädtchen Kardámena und die Buchten im äußersten Westen der Insel. Nur dort, wo in den 70er Jahren die touristische Entwicklung begann, sind sie schmal und häufig auch kieselig: östlich der Stadt Kos zwischen Paradísi und Ágios Fókas. An den Stränden findet jeder, was er sucht. Es gibt Abschnitte, an denen die Liegestühle so dicht beieinander stehen, daß man nur noch auf Umwegen ins Wasser gelangt, aber auch andere, an denen man Fußball spielen könnte, ohne jemanden zu stören. Surfer finden ihre Paradiese, gut organisierte Wassersportschulen bieten ihre Dienste an. Und bei Embrós Thermá kann man im Meer sogar ein Thermalbad nehmen.

Kos ist ein Massenurlaubsziel. Trotzdem unterscheidet es sich grundlegend von ähnlich stark frequentierten Küstenregionen in Spanien oder Italien. Es gibt keine Urbanisationen, keine Hotels, die als Wolkenkratzer in den Himmel ragen. Die wenigen Großhotels mit

Kos in Zahlen
(Inselkarte s. hintere Umschlagklappe)

Fläche: 290 km²
Höchster Berg: Díkeos (846 m)
Küstenlänge: 112 km
Einwohner: 25 000 (Volkszählung 1991: 24 353)
Telefonvorwahl: 02 42
Entfernungen von Kos-Stadt:
- Kálymnos 32 km
- Pátmos 72 km
- Rhodos 118 km
- Piräus 361 km
... zu anderen Orten der Insel:
- Ágios Fókas 8 km
- Pylí 17 km
- Andimáchia 23 km
- Kardámena 29 km
- Kéfalos 43 km

mehr als 1000 Betten bieten dem Auge zwar keinen ästhetischen Genuß, verlieren sich aber in der Landschaft. Neuere Hotels werden ohnehin der Umgebung angepaßt, wirken wie das musterhafte *Aegean Village* bei Kardámena eher wie ein gepflegtes Dorf. Ausländische Großinvestoren wie an der gegenüberliegenden türkischen Küste haben auf Kos kaum eine Chance: Hier baut der Grieche selbst, sobald er genug angespart hat, um ein paar Fremdenzimmer erstellen zu können. Private Pensionen und Apartmenthäuser prägen das Bild. Sie werden dort errichtet, wo der Bauherr Land besitzt. Das ist ein Grund für die lockere Bebauung und dafür, daß sich gerade die neueren Ferienorte wie Marmári und Mastichári tief ins Binnenland hinein- statt am Strand entlangziehen. Eins tritt bei dem Mangel an städtebaulicher Planung freilich zutage: Kommunikationszentren wie die Dorfplätze historisch gewachsener Orte fehlen, Tavernen und Geschäfte sind wie zufällig über die gesamten Siedlungen verstreut.

Da lohnt es sich, für die Urlaubsdauer ein Moped oder ein Fahrrad zu mieten. Auf keiner anderen griechischen Insel werden mehr Velos angeboten als auf Kos: Große Teile der Insel sind so flach, daß man sie bequem erradeln kann – und die Gemeindeverwaltung hat in der Umgebung der Stadt Kos sogar einige, für Griechenland einzigartige, Radwege anlegen lassen. Ohnehin ist man auf der Insel des

Hippokrates etwas umweltbewußter als anderswo: 1991 wurde hier mit Hilfe der Europäischen Union eine der ersten biologischen Kläranlagen in der Ägäis eingeweiht, die Errichtung einer der in Hellas noch seltenen Müllverbrennungsanlagen mit paralleler Energiegewinnung ist geplant, sobald die Finanzierung durch die EU bewilligt ist. Solange wird der Müll wie überall in Griechenland noch unter freiem Himmel verbrannt: Die Rauchsäule am Berghang hinter dem Asklípion markiert die Stelle weithin sichtbar.

Die Topographie der Insel mit ihren langen Stränden und der ausgedehnten Küstenebene im Norden hat jedoch auch ein Manko: Ursprüngliche Bergdörfer abseits des Tourismus gibt es – anders als auf den Urlauberinseln Kreta, Rhodos und Korfu – nicht mehr. Die wenigen Bergdörfer am Nordhang des 846 m hohen Díkeos liegen auf der zwar langgestreckten, aber schmalen Insel zu nah an den Stränden, um sich dem Fremdenverkehr entziehen zu können. Nur das tiefer gelegene Pylí ist aus unerfindlichen Gründen noch etwas weniger überlaufen. Eine gewisse Sonderstellung nimmt im Moment noch Kéfalos im äußersten Inselwesten ein. Dort konzentriert sich das Urlaubsgeschehen auf die Küstenebene unterhalb des Dorfes, während sich Kéfalos noch etwas Ursprünglichkeit bewahren konnte. Aber auch hier sind Tourismusplaner bereits dabei, die gesamte

Wasserpfeife und Muezzin

Moslems auf Kos

Während der Zeit der Türkenherrschaft erscholl der Ruf des Muezzins nur über Kos. In der fruchtbaren Küstenebene der Insel hatten sich zahlreiche Türken angesiedelt, das beste Land lag in den Händen türkischer Großgrundbesitzer. Auf den Nachbarinseln von Kos hingegen waren nur kleine türkische Garnisonen stationiert; der Boden blieb in griechischen Händen. Auf diesen Inseln regierten sich die Insulaner zum erstenmal seit der Zeit der Johanniterherrschaft wieder selbst.

Wie sie ihren Bürgermeister wählten, ist für die Insel Lípsi überliefert: Die Wahl fand auf dem Dorfplatz statt. Jeder Kandidat stellte sich in eine Ecke; wer für ihn stimmen wollte, gesellte sich hinzu. Dann wurde die jeweilige Anhängerschar gezählt. Der Bürgermeister regierte zusammen mit einem christlichen Ältestenrat; die übrigen kommunalen Ämter wurden in der Regel ebenfalls Christen übertragen. Auf Léros beispielsweise waren im 19. Jh. nur einer der beiden Gerichtssekretäre, einer der beiden Verwaltungssekretäre und der *Soumbassis* als Repräsentant des Sultans Türken. Die Inseln mußten nur geringe Steuern entrichten und durften für Waren, die aus anderen Ländern als der Türkei und Ägypten eingeführt wurden, sogar Zölle im eigenen Namen und auf eigene Rechnung erheben. Orthodoxe Gottesdienste und griechische Schulen waren zugelassen. Der Handel florierte, denn nach über 350 Jahren war die Ägäis endlich wieder zum Binnenmeer eines einheitlichen Reiches geworden.

Kleinasien bildete für die kleinen Inseln ein großes, nahes Hinterland; die Insulaner waren als Schiffbauer, Seeleute, Lotsen und Händler gefragt. Viele zog es auch in die Zentren des Osmanischen Reichs, wo sie in Smýrna, Istanbul, Alexandria und Kairo zu Wohlstand gelangten. Am besten erging es der heiligen Insel Pátmos, die nicht nur türkische Privilegien besaß, sondern zudem noch unter dem Schutz

Region für neue Hotels zu erschließen.

So ist Kos, insgesamt gesehen, keine Insel für jedermann. Wer für seinen Urlaub vor allem Wert auf gute Strände, gute Hotels, ein breites Sportangebot und viele Unterhaltungsmöglichkeiten legt, ist hier bestens aufgehoben, zumal es auch gute Ausflugsmöglichkeiten auf die Nachbarinseln Níssyros, Psérimos, Kálymnos und Pátmos

der Johanniter und Venezianer stand. Für Pátmos sind sogar einige Daten zur Sozialstruktur überliefert: Außer 150 Mönchen lebten 1827 auf der Insel 52 Händler, 35 Kapitäne, 252 Matrosen, 25 Werkstattbesitzer, 21 Töpfer, 68 Bauern, 20 Hirten, 4 Kupferschmiede, 3 Maler, 2 Ärzte, 2 Lehrer und 5 Sänger und Musikanten. Frauen und Kinder wurden nicht erfaßt.

Auf Kos, das keinerlei türkische Privilegien besaß, war das Leben der Christen härter. Griechischer Schulunterricht war hier verboten und konnte nur heimlich bei Nacht in Höhlen und versteckten Räumen abgehalten werden. Die Steuerlast war drückend, türkische Piraten fielen immer wieder über entlegene Dörfer her und verkauften deren Bewohner auf den Sklavenmärkten von Smýrna und Algier. Müttern raubte man ihre kleinen Knaben, um sie zu fanatischen Kriegern im Janitscharenheer zu erziehen, steuerliche Willkürmaßnahmen führten zur Verelendung weiter Teile der Bevölkerung. Immer wieder kam es zu Repressalien, wenn sich Hellenen anderswo in Griechenland gegen die Fremdherrschaft erhoben: So wurden 1821 als Abschreckungsmaßnahme 92 einflußreiche christliche Koer an der Platane des Hippokrates gehängt, um die Bevölkerung davon abzuhalten, sich am griechischen Freiheitskampf zu beteiligen.

Heute leben auf Kos noch etwa 300 türkischstämmige Muselmanen. Offizielle Zahlen über diese Bevölkerungsgruppe gibt es nicht. Sie sind griechische Staatsbürger ohne besondere Rechte; einen Minderheitenschutz kennt die griechische Verfassung nicht. Sie genießen allerdings Religionsfreiheit. Viele von ihnen sprechen perfekt Griechisch, nur an den Namen kann man sie erkennen. Die koischen Muselmanen leben fast alle im Dorf Platní, wo sich ein Teil der Moslems auch noch freitags zum Mittagsgebet versammelt. Im Alltag sind sie gut integriert, doch in Krisenzeiten – wie nach den Bombenexplosionen auf Rhodos im Frühjahr 1994 – werden sie sich ihrer besonderen Lage wieder bewußt. Aus Furcht vor türkenfeindlichen Racheakten schließen sie dann nachts die Fensterläden; manche entschließen sich sogar, für immer in die Türkei umzusiedeln.

gibt. Wer zuvor noch nicht in Griechenland war, wird auch hier griechische Lebensart kennenlernen. Eingefleischte Griechenlandliebhaber jedoch, die schon viele Inseln kennen, werden Kos nur als Destination für billige Flug- und Last-Minute-Angebote wählen und von hier aus die Nachbarinseln ansteuern. Aber auch sie sollten zumindest die Stadt Kos durchstreifen und das nahe Asklípion besuchen.

Am Hafen von Kos-Stadt

Dieses Heiligtum für Äskulap (griech. *Asklipios)*, den antiken Gott der Heilkunst, ist nicht nur anschaulich teilrekonstruiert worden, sondern wird auch durch seine Lage inmitten üppigen Grüns und durch den Ausblick, den es gewährt, zum Erlebnis.

Schließlich hat Kos auch für den, der einen ganzen Urlaub lang auf der Insel bleiben und seine Zeit nicht nur an den Stränden verbringen will, reizvolle Ausflugsziele zu bieten: mittelalterliche Burgen und kleine volkskundliche Museen, versteckt gelegene frühchristliche Basiliken und antike Stätten, einsame Kirchen und verlassene Klöster – und nicht zuletzt stimmungsvolle Tavernen, in denen die kulinarischen Köstlichkeiten Griechenlands serviert werden.

Kos-Stadt

Kos ist eine Stadt im Grünen, umrahmt vom Meer und von bewaldeten Hängen, die ganz sanft zum steil aufragenden, alpin gezackten Massiv des Díkeos hin ansteigen. Aus der Altstadt ragen Minarette und die blau überkuppelten Türme der Kirche Agía Paraskeví auf, die Uferpromenade am historischen Mandráki-Hafen wird von schattigen Bäumen gesäumt.

Kos ist eine reizvolle Stadt. Nur in der Athener Pláka, in der Altstadt von Rhodos und in Liménas auf der

Insel Thássos sind Geschichte und Gegenwart ähnlich eng miteinander verwoben wie hier. Was Archäologen aus der Antike freilegten, wurde nicht zum abgezäunten Sperrbezirk, sondern blieb als archäologischer Park jederzeit frei zugänglich. Minarette überragen christliche Kirchen, die Jugend genießt ihre Disko-Klänge im Anblick antiker Tempelruinen. Ein türkischer Hamam wurde zum stilvollen Restaurant, in ehemaligen Moscheen werden Schuhe und Schmuck, T-Shirts und Souvenirs verkauft. Im durchgestylten Straßencafé sitzt man vor einem türkischen Brunnen, im antiken Odeon führen Schulklassen gelegentlich Folkloretänze auf. So bleibt Stein gewordene Geschichte allgegenwärtig und ist Teil des heutigen Lebens.

Jenseits der Altstadtgrenzen säumen Hotelvorstädte das Ufer. Aber auch hier ist Altes präsent. Im Osten steht das orientalisch verspielt wirkende Rathaus aus italienischer Besatzungszeit an der Uferpromenade; im Westen blicken die Sonnenanbeter nicht nur in den blauen Himmel, sondern auch auf die Rauchwolken, die aus dem Schornstein der jahrzehntealten Tomatenmarkfabrik unmittelbar am Strand aufsteigen.

Vom Kastell über die antike Agorá zur Markthalle

Der tropfenförmige Mandráki-Hafen, in dem heute nur noch Yachten, Fischer- und Ausflugsboote liegen, war mindestens zwei Jahrtausende lang der Lebensnerv der Insel. In der Antike war er das Handelszentrum der Stadt, in dem auch die zahlreichen Pilger an Land gingen, die Heilung bei koischen Ärzten und im nahen Asklípion suchten. Der Marktplatz der antiken Stadt, die Agorá, grenzte unmittelbar ans Hafenbecken. In der Zeit der Johanniterherrschaft lagen hier schnelle Kriegsschiffe, mit denen dieser Orden auf Kaperfahrt ging (s. S. 94). Um den Hafen zu beschützen, ließen die Kreuzritter auf der Halbinsel, die den Mandráki im Osten umschloß, Mitte des 15. Jh. eine Burg errichten, deren Vorgängerin wahrscheinlich eine byzantinische Festung war. Zu jener Zeit stellten die Osmanen in der Ägäis bereits eine ständige Bedrohung dar, so daß Großmeister Pierre d'Aubusson 1494 den Befehl gab, diese Burg mit einem weiteren Mauerring zu umgeben, der modernen Geschützen standhalten könnte. 1514 waren die Arbeiten abgeschlossen, doch schon 1523 erwies sich das Kastell als zu schwach, um der Übermacht der Türken zu widerstehen.

Heute betritt man das **Kastell** über eine steinerne Brücke, die eine Palmenallee überspannt. An ihrer Stelle sicherte einst ein mit Meerwasser gefüllter Graben die Festung zur Landseite hin. Hat man das Kassenhäuschen passiert, überrascht zunächst die Weitläufigkeit des ummauerten Bezirks, der wie

Kos-Stadt 1 Platane des Hippokrates 2 Hadji-Hassan-Moschee 3 Defterdar-Moschee 4 Markthalle 5 Archäologisches Museum 6 Ag. Paraskeví 7 Anatolía Hamám 8 Nymphäon 9 Via Cardo 10 Decumana 11 Dionysos-Tempel 12 Überlandbusse 13 Olympic-Airways-Büro 14 Postamt 15 OTE 16 Krankenhaus 17 Bischofskirche Evangelismós 18 National Bank 19 City-Busse 20 Anleger für Ausflugsschiffe 21 Fährterminal 22 Anleger für Fährschiffe 23 Anleger für Tragflügelboote 24 Tomatenmarktfabrik 25 Richtung Weinkellerei

ein verwilderter Garten wirkt. Im Mai ist er mit rotem Klatschmohn übersät, bis in den Spätsommer hinein setzen blühende Bougainvilleen und Geranien Farbtupfer. Masten großer Yachten, Aufbauten und Schornsteine von Frachtern und Fähren sind durch die Zinnen der Mauern zu sehen, ragen über sie hinweg. Im Hintergrund geben die unendlich monotonen Feriensiedlungen an der kleinasiatischen Küste ein abschreckendes Beispiel für touristische Fehlentwicklungen durch Großinvestoren.

Insgesamt gleicht das Kastell einem großen Freilichtmuseum. Votiv- und Grabaltäre aus hellenistischer und römischer Zeit, mit

Girlanden und Stierköpfen verziert, stehen ebenso wie Säulenschäfte in Reih und Glied, Säulenbasen und -kapitelle liegen verstreut zwischen den mittelalterlichen Gemäuern. An mehreren Stellen sind Wappen der Großmeister eingelassen, in deren Amtszeit die Bauarbeiten am Kastell fielen. Der Besucher kann sich überall innerhalb der Burg frei bewegen, kein Wärter pfeift ihn von Mauervorsprüngen und aus Kellergewölben zurück. Im Sommer kann man die Burg an einigen Tagen sogar abends erleben, wenn im improvisierten Freilichttheater antike Dramen aufgeführt oder Konzerte gegeben werden. Da die Platzzahl begrenzt ist, werben aber fast nur Plakate in griechischer Sprache dafür.

Gegenüber der Burg grünt im Zentrum eines kleinen Platzes ei-

Unter der Platane des Hippokrates

ner der ältesten Bäume Europas: die **Platane des Hippokrates**. Der große Arzt soll sie der Legende nach selbst gepflanzt und im Schatten des jungen Baumes seine Schüler unterrichtet haben (s. S. 68); manchmal ist gar zu lesen, auch der Apostel Paulus habe hier zu den Koern gepredigt. Der Baum ist weitgehend hohl und stützungsbedürftig; an einer Stelle nimmt sogar ein hellenistischer Votivaltar diese Aufgabe wahr. Die Äste der Platane beschatten auch einen türkischen Reinigungsbrunnen, dessen Kuppel auf antiken korinthischen Säulen ruht. Er gehört zur 1765 erbauten **Hadji-Hassan-Moschee**, die ihrer Form wegen auch »Loggien-Moschee« genannt wird. Unter ihren Laubengängen und rund um den Platz wird mit Allerwelts-Souvenirs gehandelt, Maler verdienen sich ihre Drachmen mit Porträts von Touristen.

Unmittelbar unterhalb des Platanenplatzes erstreckt sich im Süden das weitläufige Ruinengelände der antiken **Agorá**. Bis zum großen Erdbeben von 1933 war es vom mittelalterlichen Wohnviertel der Johanniter überbaut, das der Altstadt von Rhodos ähnelte. Die Naturkatastrophe geriet den Archäologen zur Freude: Nur dadurch konnten sie auch im unmittelbaren Stadtzentrum graben. Was sie freilegten, ist allerdings wenig spektakulär. Einzelbauten sind nur mit Hilfe moderner Inschriftensteine auszumachen, die den Tempel des Herakles und den der Aphrodite,

zweier Säulenhallen (alles 3./4. Jh. v. Chr.) und einer großen frühchristlichen Basilika (5. Jh.) benennen. Trotzdem ist die jederzeit frei zugängliche Agorá ein Platz, an dem man gern verweilt. Über die Trümmer der Antike und blühende Sträucher hinweg erblickt man Kirchtürme und Minarette, Kapellen und Moscheen, fühlt, was den Reiz der Stadt ausmacht: das unmittelbare Nebeneinander des Heute und Gestern.

Im Westen und im Osten der Agorá sind noch zwei bescheidene Tore der mittelalterlichen Stadtmauer erhalten, an deren Mauern sich die schönsten Bougainvilleen der Stadt emporranken. Verläßt man die Agorá durch das westliche Tor, steht man unmittelbar vor der **Defterdar-Moschee** aus dem Jahr 1725. Auf der anderen Seite grenzt sie an die Platía Eleftherías, den Freiheitsplatz. Hier befindet sich auch die kleine **Städtische Markthalle**, ein Bau aus italienischer Besatzungszeit, der Anfang der 90er Jahre mit viel Glas modernisiert wurde. In ihrem Innern wird vor allem Obst und Gemüse verkauft: Geordneter, sauberer und steriler geht es in keiner anderen Markthalle Griechenlands zu. Dafür ist die angebotene Ware erstklassig, die Preisauszeichnung vorbildlich (geöffnet: Mo–Fr 7–21 Uhr, Sa 7–18 Uhr, So 10–14 Uhr). Auf der gegenüberliegenden Seite des Freiheitsplatzes steht das Archäologische Museum von Kos, das einen 15–20minütigen Rundgang wert ist.

Das Archäologische Museum

Es gibt schönere Bauten aus italienischer Besatzungszeit als das Archäologische Museum von Kos.
Offenbar orientierte sich der Architekt am Vorbild antiker römischer
Villen. Auch im Innern klingt ein
antikes Grundschema an. Die Räume gruppieren sich um einen Innenhof, auf dessen Boden das
schönste Ausstellungsobjekt zu sehen ist: ein 1935 entdecktes, farbi-
ges Mosaik aus dem 2. oder 3. Jh.
Es zeigt die Ankunft des Asklípios
auf Kos. Der Gott der Heilkunst
entsteigt gerade einem einfachen
Kahn, ein vorbeikommender Koer
erhebt die Hand zum Gruß, und
Hippokrates erwartet seinen Gast
vor einer Felshöhle.

Die späthellenistische Hippokrates-
Statue im Archäologischen Museum
von Kos

Ansonsten werden im Museum
vor allem Marmorstatuen aus römischer Zeit gezeigt. Im Innenhof
sticht eine Figurengruppe besonders ins Auge, die als Musterbei-
spiel für den Spätstil der römischen
Plastik gelten kann: Der trunkene
Dionysos, Gott des Theaters wie
des Weins, stützt sich auf einen
nackten Satyr und auf einen Wein-
stock, auf dem der ziegenfüßige,
gehörnte Hirtengott Pan Flöte spie-
lend sitzt. Zu Füßen des Dionysos
liebkost Eros ein wildes Tier. Man
fand dieses Werk des späten 2. Jh.
im Haus mit dem Mosaik der Europa (s. S. 71).

In krassem Gegensatz dazu steht
die Ernst ausstrahlende Statue des
Hippokrates am äußersten Ende
des westlichen Museumssaals. Sie
gilt als späthellenistische Kopie eines klassischen Vorbilds. In die
gleiche Zeit ist auch die kleine Statue der Göttin Athene zu datieren,
die an der Südwand des nördlichen
Museumssaals steht.

Im östlichen Saal fallen zwei
Statuen der Artemis von Ephesos
aus römischer Zeit auf. Zwischen
Taille und Hals trägt die Göttin etliche Stierhoden als Fruchtbarkeits-
symbole, die auf uralte Opferriten
verweisen. Manche Archäologen
interpretieren die Stierhoden auch
als Brüste und bezeichnen diesen
Typ der Artemis deshalb als »Viel-
brüstige Göttin«.

Wer war Hippokrates?

Hippokrates galt schon in der Antike als Vater der Medizin und wurde zwecks Unterscheidung von anderen Persönlichkeiten gleichen Namens als Hippokrates der Große bezeichnet. Es scheint sicher, daß er als Sohn eines Arztes um 460 v. Chr. auf Kos geboren wurde und um 377 v. Chr. in der mittelgriechischen Stadt Lárissa starb.

Zeitgenössische Zeugnisse über ihn sind dünn gesät. Platon (427–347 v. Chr.) erwähnt ihn im *Protagoras* als »den Asklipiaden von Kos«, der Schüler gegen Bezahlung unterrichtete und der als Arzt so berühmt sei wie Polyklet und Phidias als Bildhauer. Im *Phaidros* bezeichnet Platon ihn wieder als berühmten Asklipiaden, der die Medizin philosophisch betrachte. Menon, ein Schüler des Aristoteles (384–322 v. Chr.) und Verfasser einer Geschichte der Medizin, faßt die Ansichten des Hippokrates über die Ursachen von Krankheiten zusammen; sein Lehrer Aristoteles nennt Hippokrates in seiner *Politik* einen großen Arzt von kleiner Statur.

Erst 500 Jahre nach dem Tod des Hippokrates veröffentlichte der griechische Arzt Soranos von Ephesos eine Lebensgeschichte des Hippokrates, die im wesentlichen auf mündlichen Traditionen beruhte. Weitere Biographien sollten folgen, die allerdings nichts wesentlich Neues mitteilen. Sicher scheint außer der Abstammung, dem Geburtsort und den Lebensdaten des Hippokrates nur zu sein, daß er als Arzt viel in Griechenland und Kleinasien unterwegs war, an mehreren Orten praktizierte und daß er auf der Insel Kos viele Schüler unterrichtete. Der ihm zugeschriebene Eid, den Ärzte in aller Welt noch heute

Von der Markthalle durch die Altstadt zur Casa Romana

In der Südwestecke des Freiheitsplatzes beginnt die Fußgängern vorbehaltene Gasse Odós Iféstou. Über einige Stufen erreicht man auch die Kirche **Agía Paraskeví**, die innen vollständig mit Fresken im traditionellen byzantinischen Stil ausgemalt ist. In der Apsis über dem Altar erkennt man Christi Himmelfahrt, an der rechten Längswand Jesu Geburt, Jesu Darstellung im Tempel und Jesu Taufe, an der linken Längswand die Handwaschung des Pilatus, die Kreuzigung Jesu und seinen Abstieg in die Unterwelt.

Die **Odós Iféstou** ist Hauptachse der Altstadt und koische Souvenirmeile zugleich. Wer darauf achtet,

ablegen müssen, stammt nach Ansicht der Altphilologen höchstwahrscheinlich gar nicht von ihm. Genauso soll es sich mit den meisten der
60 Texte, die im *Corpus Hippocraticum* enthalten sind, verhalten. Das
Corpus war offenbar eine Art Studienbibliothek der Ärzteschule von
Kos: Es enthält höchstwahrscheinlich authentische Schriften des Hippokrates, die später durch Werke anderer koischer Ärzte ergänzt wurden. Um 200 v. Chr. gelangte das *Corpus Hippocraticum* an die berühmte Bibliothek von Alexandria, wo es einer breiteren Öffentlichkeit
zugänglich wurde. Die älteste uns überlieferte Abschrift stammt aus
dem 10. Jh.

Die hippokratische Schule sah Krankheiten nicht mehr allein als
gottgewollt an, sondern forschte nach ihren Ursachen, die auch durch
die Umwelt bedingt sein konnten. Sie wandte sich von religiös-magi-
schen Vorstellungen ab und suchte im Sinne der ionischen Naturphi-
losophie nach rationalen Erklärungen. Die Ärzte beobachteten und
untersuchten ihre Patienten genau und gingen auch auf ihre individuellen Voraussetzungen ein. Ihre Hauptaufgabe sahen sie darin, die
Selbstheilungskräfte des Körpers zu unterstützen. Ihre therapeutischen
Maßnahmen bestanden vor allem in Ernährungsvorschriften für den
Kranken und in naturheilkundlichen Verordnungen. Darüber hinaus
nahmen sie aber auch kleinere knochenchirurgische Behandlungen
vor. Operationen an den Organen waren ihnen noch nicht möglich.

Nach hippokratischer Lehre beruht die Gesundheit auf der richtigen
Mischung der vier Körpersäfte Blut, Schleim, gelbe und schwarze Gal-
le; Krankheit bedeutet, daß das Mischungsverhältnis gestört ist. Diese
hippokratische ›Säftelehre‹ war noch im Mittelalter wesentliche
Grundlage der Medizin und wirkte bis ins 19. Jh. nach.

---

sieht nicht nur den Pelzhändler und die Boutiquen, Bars und Restaurants, sondern auch arabische Inschriften aus türkischer Zeit und
türkische Brunnen. Jenseits der Autostraße Odós Eleftheríou Venizélou heißt die Iféstou dann **Odós Apéllou**, ändert aber ihren Charakter nicht. Ein Laden fällt dort aus dem Rahmen: Im *Grekos* (Odós
Apéllou 17) bietet Fótios Petró-poulos süße Spezialitäten, Nüsse,
Oliven, Öl, Honig und Spirituosen aus ganz Griechenland an, die
man sonst nirgends auf der Insel findet.

Gleich darauf lohnt sich der kur-ze Abstecher nach rechts durch die
Odós Theológou zur Parallelstraße **Odós Kolokotrónis**: Hier hat Panagiótis Katapódi sein Atelier, der bedeutendste Ikonen- und Fresken-

Einkaufsstraße Odós Iféstou

maler der Insel (Odós Kolokotrónis 34; falls umgezogen, neue Adresse erfragen unter ☎ 2 49 42). Seine Ikonen sind echte Handarbeit: Von der Auswahl und Bearbeitung des Holzes über das Auftragen des Goldgrundes aus feinem Blattgold, das Anmischen der Ei-Temperafarben bis zum feinsten Pinselstrich macht er alles selbst. Er hält sich streng an traditionelle Vorschriften, kopiert aber – im Unterschied zu vielen zeitgenössischen Ikonenmalern – die Vorlagen nicht mit akribischer Genauigkeit. Vielmehr verarbeitet er Physiognomien und Ausdrucksweisen, die er seiner Umgebung entnimmt, und verleiht so seinen Ikonen einen individuellen Zug, ohne jedoch ihre theologische Wahrhaftigkeit zu verletzen. Panagiótis Katapódi läßt sich gern bei der Arbeit zusehen, spricht allerdings nur Griechisch. Oft ist aber auch seine Englisch sprechende Frau im Atelier anwesend.

Die Odós Apéllou mündet auf den kleinen **Diágoras-Platz**, an dessen Rand das gedrungene Minarett einer abgerissenen Moschee steht. Geht man geradeaus weiter, passiert man ein ehemaliges türkisches Bad, in dem sich jetzt das stilvolle Restaurant *Anatolía Hamám* etabliert hat. Die Gasse mündet auf ein tiefer gelegenes Ausgrabungsgelände, das jederzeit frei zugänglich ist.

Stufen führen an den rekonstruierten Außenmauern eines **Nymphäons** entlang hinunter. Durch eine Maueröffnung kann man ins Nymphäon hineinschauen und erblickt einen fast maurisch wirkenden, auf drei Seiten von Säulen umstandenen Innenhof. Die vierte Seite wird von einer Mauer mit drei Nischen gebildet, vor denen drei Wasserbecken lagen. Die Anlage wird ins 3. Jh. v. Chr. datiert.

Das Grabungsgelände unterhalb des Nymphäons wird von vier rekonstruierten Säulengruppen beherrscht. Diese 17 dorischen Säulen waren Teil einer von 81 Säulen gebildeten Wandelhalle des **Gymnasions** aus hellenistischer Zeit und grenzten an eine über 150 m lange, überdachte Laufbahn, auf der Athleten auch bei kräftigem Sonnenschein oder Regen trainieren konnten. Die Römer bauten einen Teil des Gymnasions zu Thermen um, von denen ebenso wie von der später hier errichteten, frühchristlichen Basilika kaum etwas erhalten blieb. Am nördlichen Ende des Grabungsbezirks sind Reste eines römischen Bodenmosaiks erkennbar, mit dem Motiv des Paris-Urteils: Während eines Hochzeitsmahls, an dem alle olympischen Götter teilnahmen, warf Eris, Göttin der Zwietracht, einen goldenen Apfel mit der Aufschrift »Der Schönsten« auf die Festtafel. Hera, Athene und Aphrodite stritten sich darum, wem er gebühre. Paris sollte das Urteil fällen. Um ihn zu bestechen, versprach ihm Hera Macht, Athene soldatischen Ruhm, Aphrodite aber die schönste Frau auf Erden. Paris entschied sich für Aphrodite, die ihm daraufhin half, die schöne Helena nach Troja zu entführen. Dies sollte der Anlaß für den Ausbruch des Trojanischen Krieges sein …

Von Nord nach Süd verläuft am Rande des Nymphäons eine antike römische Straße, die **Via Cardo**. Sie besaß, was vielen griechischen Straßen heute fehlt: Bürgersteige zu beiden Seiten der Fahrbahn, in die die Wagenräder tiefe Rinnen eingekerbt haben. Die Via Cardo mündet im Süden auf die – von italienischen Ausgräbern so benannte – **Decumana-Straße**. Auch sie war ursprünglich von Säulenhallen gesäumt. An ihrem östlichen Ende sind unter Schutzdächern noch Spuren von Wandmalereien ehemals römischer Wohnhäuser sowie drei schöne Bodenmosaike erhalten. Ein Mosaik zeigt den Raub der phönikischen Königstochter Europa durch den Göttervater Zeus in Stiergestalt. Ein Knabe mit Fackel führt den Stier, ein Delphin begleitet das Paar. Das zweite Mosaik stellt wahrscheinlich einen Gladiatorenkampf dar, das dritte zeigt einen Mann, der mit seinem Speer einen Eber erlegt.

An der vielbefahrenen Odós Grigoríou E', die das Ausgrabungsgelände begrenzt, liegen zwei weitere bedeutende archäologische Stätten aus römischer Zeit. Im **Odéon**, einem kleinen Musiktheater aus dem 2. Jh., finden auch heute noch gelegentlich Veranstaltungen statt. Die 14 Sitzreihen sind größtenteils Rekonstruktionen aus italienischer Besatzungszeit. Im Odéon fand der Archäologe Luciano Laurenzi 1929 die 18 Statuen – darunter die Hippokrates-Statue –, die heute im Museum der Stadt stehen.

Italienische Archäologen haben 1934 auch die **Casa Romana** aus dem 3. Jh. rekonstruiert, die einen guten Eindruck vom Aufbau großer römischer Stadthäuser vermitteln kann. Die zahlreichen, mit Wandmalereien verzierten Räume gruppieren sich um drei Innenhöfe, von denen der größte eine besonders eindrucksvolle, doppelstöckige Kolonnade aus ionischen und korinthischen Säulen aufweist. In den beiden kleineren Atrien sind Bodenmosaike erhalten: Ein römisches mit Delphinen und einer auf

Die Kunst der Therme

Römische Städte und Landgüter, ja selbst Militärlager waren ohne Thermen nicht denkbar. Diese öffentlichen oder auch privaten Badeanstalten waren in römischer Zeit Zentren des gesellschaftlichen Lebens. Sie dienten nicht nur der Körperreinigung und -pflege, sondern vor allem dem sozialen Kontakt, der Geselligkeit bei Speis und Trank, dem Kulturgenuß und der sportlichen Ertüchtigung. Die öffentlichen Thermen waren meist von Sonnenauf- bis Sonnenuntergang geöffnet. Häufig waren sie allein Männern vorbehalten, manchmal gab es vormittags gesonderte Badezeiten für Frauen. Sicherlich waren größeren Thermen gelegentlich auch Bordelle angeschlossen; ehrbare Frauen jedoch badeten nie mit Männern zusammen.

Manchmal war der Eintritt in die Thermen für alle oder zumindest für Ärmere frei; manchmal durften Pächter auch ein Eintrittsgeld erheben. Im *apodyterium*, dem Umkleideraum, legten die Besucher ihre Kleidung ab. Sie zogen Holzsandalen an und nahmen Leinen- oder Wolltücher mit ins Bad, um sich damit abzutrocknen und zu bedecken. Fliegende Händler, Garküchen und Schenken sorgten für das leibliche Wohl der Gäste. Es gab spezielle Räume für die Körperreinigung. Seife war in römischer Zeit noch unbekannt, man säuberte sich mit einem metallenen Schabegerät, unter Zuhilfenahme von Tonerde, Bimsstein oder Sapo, einer Mischung aus Fett und Pflanzenasche. Im *districtarium* konnte man sich unerwünschte Körperhaare entfernen lassen. Besonders wichtig war das Einölen und Parfümieren des Kör-

einem Meerestier reitenden Nereide sowie ein hellenistisches, das zwei Raubtiere zeigt, die gerade zwei Hirsche anspringen. An der Außenwand der Casa Romana erinnern verblassende rote Kreuze an ihre Nutzung als Lazarett im Zweiten Weltkrieg. Vor ihrem Eingang erstrecken sich die Überreste der **römischen Zentralthermen**. Erhalten blieben unzählige Hypokaustenpfeiler, die hier nicht wie gewohnt aus rechteckigen, sondern aus scheibenförmigen Ziegeln aufgemauert wurden (s. S. 42).

Von der Casa Romana führt die Odós Vassiléou Pávlou zurück zum Freiheitsplatz und zur Markthalle. Dort, wo sie von der Odós Grigóriou E' abzweigt, sind unter dem heutigen Bodenniveau noch die Grundmauern eines hellenistischen **Dionysos-Tempels** aus dem 3. Jh. v. Chr. erkennbar.

---

pers nach dem Baden durch Sklaven, die man entweder selbst mitbrachte oder in den Thermen mieten konnte. Überall gab es Sitz- und Liegegelegenheiten aus Marmor, die mit weichen Fellen und Tüchern ausgelegt waren; die Thermenbesucher saßen in Gruppen zusammen, ergingen sich in der warmen Luft, spielten Ball, ließen sich massieren, schauten Ringkämpfen in der oft angeschlossenen *palaestra* zu, bewunderten die zahlreich herumstehenden Statuen, tranken und aßen überreichlich.

Die zentralen Räume der Thermen waren das Kaltbad *(frigidarium)*, das Warmbad *(tepidarium)* und das Heißbad *(caldarium)*. Man badete in Wannen oder in kleinen Schwimmbecken *(natatio)* und duschte sich auch ab. Im Kaltbad, das bei Bedarf durch Holzkohlebecken erwärmt werden konnte, dürften Temperaturen von etwa 17–18 °C geherrscht haben, im Heißbad etwa 32–37 °C. Die Böden der Warm- und Heißbaderäume ruhten auf Ziegelpfeilern. Diese wiederum standen auf einem Boden aus Ziegelplatten, der zum Heizraum *(praefurnium)* hin sanft abfiel. Im *praefurnium* wurde gut getrocknetes Holz oder Holzkohle verbrannt. Durch eine kaminartige Abzugsanlage wurde der dabei entstehende heiße Rauch langsam durch die Hypokausten genannten Hohlräume unter dem Fußboden geleitet. Der Rauch stieg dann aus den Hypokausten in senkrechte Tonröhren, die in die Wände eingelassen waren: So gaben auch diese immer eine angenehme Wärme ab. In der Nähe des *praefurniums* wurde in einem im Rauchabzug stehenden Bronze- oder Kupfergefäß das Wasser für die warmen Bäder erhitzt; die Badewannen waren in der Regel so in den Fußboden eingelassen, daß das Wasser mit erwärmt wurde.

Der Inselosten

Im Osten der Inselhauptstadt nahm in den 70er Jahren die touristische Entwicklung von Kos ihren Anfang. Die schmalen, meist kiesigen Strände reichten anfangs für die wenigen Hotels völlig aus. Inzwischen unterscheiden sie sich in der Liegestuhldichte nicht mehr von denen in Rimini oder Lloret de Mar. Idyllische Buchten sucht man zwischen Kos-Stadt und Psalídi vergeblich. Dafür säumt ein breiter, meist schattenloser Radweg die vielbefahrene Straße zwischen den Hotels und dem Stadtzentrum. Preiswerte Linienbusse verkehren in kurzem Takt zwischen den Urlaubsquartieren und der City von Kos.

Knapp hinter dem Hotel *Theódoros* folgen an der Uferstraße die Ruinen einer frühchristlichen Basilika, von deren Säulen vier wieder aufgerichtet wurden. Danach gibt es bis zum Ende der Straße keine Sehenswürdigkeiten mehr – sieht man einmal von der in Griechenland noch äußerst seltenen biologischen Kläranlage oberhalb der Straße ab. Doch es lohnt sich weiterzufahren. Die Asphaltstraße endet nämlich oberhalb von **Embrós Thermá**, der einzigen genutzten Thermalquelle der Insel. Ein Feldweg führt an steilen Felswänden entlang hinunter ans Meeresufer, passiert einen winzigen Kiesstrand mit einigen Liegestühlen und Sonnenschirmen und endet dann an einer großen Taverne, neben der ein unscheinbares Pumpenhaus steht, an dem die griechische und die europäische Flagge im Wind wehen. Hier fließt heißes Thermalwasser in ein durch Felsblöcke markiertes Becken am Strand, in dem es sich mit Meerwasser mischt. Jeder kann hier kostenlos ein Bad nehmen und die ihm genehme Wassertemperatur wählen. Urlauber sehen das Bad meist nur als Gag an, während Griechen von weither kommen, um zwei oder drei Wochen lang zweimal täglich die Heilkraft der Natur zu nutzen. Nach einer Analyse der Technischen Universität München werden Heilungserfolge bei Hauterkrankungen, Entwicklungsstörungen im Kindesalter, Gefäß-, Augen-, Atemwegs- und Muskelerkrankungen erzielt. Jetzt ist geplant, das heilkräftige Wasser besser zu nutzen. Die Gemeinde Kos hat bei der Europäischen Union einen Antrag auf Finanzierung eines modernen Thermalbades gestellt. Daran knüpft sich der Wunsch, zu einem Ganzjahresziel für Urlauber und Kurgäste zu werden.

Plataní und das Asklípion

Am Weg zum Asklípion, der bedeutendsten archäologischen Stätte der Insel, liegt das große Dorf **Plataní**. Sein Dorfplatz mit mehreren großen Tavernen unter schattigen Bäumen ist der schönste von Kos, obwohl er zugleich auch der Verkehrsknotenpunkt des Ortes ist. Schon ein Blick auf die Namensschilder der Tavernen läßt erstaunen: Sie heißen *Arap, Alis* und *Serif*, tragen also eindeutig türkische Namen. Andere geben sich neutraler, heißen *Paradise* oder *Gin's Corner*, doch die Namen ihrer Eigentümer sind ebenfalls türkisch. Geht man ins *Serif* hinein, hängen über dem Tresen ein Poster und ein

Trikot des Fußballvereins *Trabzonspor* von der türkischen Schwarzmeerküste. Stammgäste grüßen die Wirtsleute mit »Merhaba«, manche Aushilfskellner sprechen zwar gut Englisch, aber kaum Griechisch. Plataní ist das einzige Dorf auf den griechischen Inseln, in dem noch zahlreiche türkischstämmige Muselmanen friedlich mit christlichen Griechen zusammenleben, und das einzige Dorf auf Kos, in dem die Moslems sich Freitag mittags zum Gebet in der Moschee versammeln (s. S. 60).

Die Straße zum Asklípion führt am meist offenstehenden Tor zur **International Hippocratic Founda-**

Embrós Thermá: Ein Rund von Felsblöcken markiert die Thermalquelle

tion of Kos vorbei, dem 24 ha gro-ßen Gelände des 1960 gegründe-ten ›Internationalen Hippokrates-Instituts von Kos‹. Einige Griechen träumen seit über 30 Jahren davon, daß hier ein internationales medizinisches Zentrum mit Pavillons zahlreicher Staaten entsteht, doch außerhalb von Hellas sieht niemand ein, wozu es dienen könnte. So steht der griechische Pavillon einsam im weitläufigen Gelände. Er beherbergt neben ein paar leerstehenden Büros nur einen fast nie genutzten Kongreßsaal.

Eifrig besucht wird hingegen das **Asklípion** (Asklepieion), das schon in der Antike Pilger und Heilungsuchende aus dem ganzen östlichen Mittelmeer anlockte. Die landschaftliche Einbettung der Ruinen und die wieder aufgerichteten Säulen in einem Kiefern- und Zypressenhain begeistern auch Archäologie-Muffel. Von drei Terrassen aus schweift der Blick über die grüne Küstenebene von Kos hinaus aufs Meer und hinüber zur Küste Kleinasiens sowie zu den Nachbarinseln Kálymnos und Psérimos. Man ahnt noch heute, daß dies die ideale Lage für einen Kurort war.

Geschichte des Asklípions

In griechischer und hellenistischer Zeit war das Asklípion vor allem eine Kultstätte. Hier wurden Asklipios, der von den Römern später Äskulap genannte Gott der Heilkunst, und sein Vater Apollon ver-

ehrt. Kranke kamen, um dank ihrer Hilfe gesund zu werden. Sie brachten Tiere als Opfer dar und stellten häufig auch Votivtafeln auf, die menschliche Figuren oder kranke Körperteile zeigten – so, wie man sie auch heute noch an wunderwirkenden Ikonen in orthodoxen Kirchen findet (vgl. S. 35 f.). Viele Pilger legten sich abends im Heiligtum zum Schlaf nieder und hofften auf von den Göttern eingegebene Träume, die die Priester am nächsten Morgen interpretierten und in Diagnosen umsetzten. Sie arbeiteten dabei wahrscheinlich eng mit Ärzten zusammen, die vielleicht sogar im Heiligtum nach den Lehren des Hippokrates ausgebildet worden waren. Hippokrates selbst hatte die Verbindung zwischen Religion und Medizin formuliert. Er glaubte noch an den göttlichen Ursprung aller Leiden, verkündete darüber hinaus aber auch: »Zweierlei sind Wissen und Glauben. Nichts ereignet sich ohne natürlichen Grund.« Und er wußte auch: »Nicht der Arzt, sondern der Körper heilt.« (s. S. 68).

In römischer Zeit trat der kultische Charakter des Asklípions in den Hintergrund. Kos wurde zu einem Modebad, zu einem antiken Baden-Baden der Ägäis. Am Rande des Heiligtums errichteten die Römer Thermen, in denen auch für gute Unterhaltung gesorgt war. Neben die Statuen der Götter traten die der Kaiser und Gönner.

Die Ursprünge des Heiligtums liegen im dunkeln. Zu Lebzeiten

Die Ankunft des Asklipios, Mosaik aus dem Arch. Mus. Kos, s. S. 67

des Hippokrates bestand es jedenfalls noch nicht. Frühstens auf das 5. Jh. v. Chr. datiert ein erster Apollon-Tempel, dem 100 Jahre später ein einfacher Altar für Asklipios folgte. Erst im späten 4. Jh. v. Chr., also bereits zu Lebzeiten Alexanders des Großen, begann die Entwicklung des Heiligtums zu seiner heute erkennbaren Form. Auch nach dem Verbot der heidnischen Kulte durch Kaiser Theodosius im Jahre 391 n. Chr. dürfte es als Kurzentrum weiterhin genutzt worden sein, bis die meisten Bauten bei einem schweren Erdbeben 554 einstürzten. 1902 wurden seine Ruinen mit Hilfe eines Einheimischen von dem deutschen Archäologen Rudolf Herzog wiederentdeckt und erstmals erforscht; in den 30er Jahren setzten italienische Archäologen seine Arbeit fort und rekonstruierten Säulen, Stützmauern und Freitreppen.

Rundgang

(Öffnungszeiten: ganzjährig Di–So 8.30–15 Uhr, Eintritt 800 Drs. Die englischen Bezeichnungen in Klammern entsprechen denen, die an Ort und Stelle, in Stein gemeißelt, zu finden sind.)

Einen guten Überblick über den Aufbau des Heiligtums kann man sich bereits vom Kassenhäuschen aus verschaffen. Man erkennt vor sich die breite, moderne Treppe, die über 23 Stufen auf die erste

Terrasse hinaufführt. Nach rechts versetzt, leiten zwei weitere Freitreppen auf die zweite und dritte Terrasse hinauf.

Auf der ersten Terrasse erheben sich links die noch hoch aufragenden Mauern der römischen Thermen (5); auf der zweiten Terrasse erblickt man die wieder aufgerichteten korinthischen Säulen des Apollon-Tempels (15) und die ebenfalls restaurierten ionischen Säulen des Asklipios-Tempels (10).

Geht man nun die **moderne Treppe (1)** hinauf zur *ersten Terrasse*, passiert man die Grundmauern eines nur noch in seinen Umrissen zu identifizierenden **Torbaus (2)** aus dem 3. Jh. v. Chr. (Propylon). Stellt man sich dann unter die hohe Zypresse gleich rechts, erkennt man auf dem Boden die Grundmauern einer Säulenhalle, zu der die neun noch sichtbaren Säulenstümpfe gehörten. Diese Stoa begrenzte die unterste Terrasse auf drei Seiten. Sie gliederte sich in eine zum Hof hin offene **Wandelhalle (3)** und dahinter liegende, **geschlossene Räume (4)**. Sie dienten vermutlich als Krankenzimmer, in denen die Heilungsuchenden von Familienmitgliedern oder mitgebrachten Sklaven versorgt wurden. (Auch heute noch kommen griechische Landkrankenhäuser mit wenig Personal aus, da Verwandte weitgehend die Verpflegung und Betreuung der Patienten übernehmen). Auf der Südseite wird die unterste Terrasse von der durch Arkaden und Nischen gegliederten

Stützmauer für die zweite Terrasse begrenzt.

Geht man nun wie einst die Pilger die Säulenhalle nach links entlang auf die **römischen Thermen (5)** zu und weiter in den östlichen Flügel der Stoa, entdeckt man dort auf dem Boden mehrere stark verwitterte Säulentrommeln. In der Mitte ihrer Ober- und Unterseiten sind noch kleine Vertiefungen zu erkennen. Sie nahmen einst die Bleiklammern auf, durch die die einzelnen Trommeln stabil miteinander verbunden wurden. Im Mittelalter hat man diese Bleiklammern entfernt und eingeschmolzen. Sechs Schritte hinter der Steintafel mit der Aufschrift »Stoa 2nd Century B. C.« liegt auf dem Boden auch noch ein dorisches Kapitell.

Die nächste Betrachtung gilt der Stützmauer der zweiten Terrasse. Wo die östliche Stoa und die Mauer zusammentreffen, liegt eine Steinplatte mit zwei Fußabdrücken auf dem Boden: eine antike **Statuenbasis (6)**. Links und rechts einer Arkadennische lehnen zwei jetzt kopflose Statuen an der Wand. Skulpturen wie diese zierten früher sämtliche Nischen. Die drittletzte Nische vor der Freitreppe zur zweiten Terrasse diente als **Brunnen (7)**. Über dem Wasserausfluß ist ein etwa 20 cm hohes Relief zu erkennen. Es zeigt den antiken Hirtengott Pan – an seinen Hörnern und Ziegenfüßen leicht erkennbar. Seine Handhaltung läßt vermuten, daß er wie einst allgemein üblich auf seiner Flöte, der Syrinx, spielte.

Asklípion, Rundgang

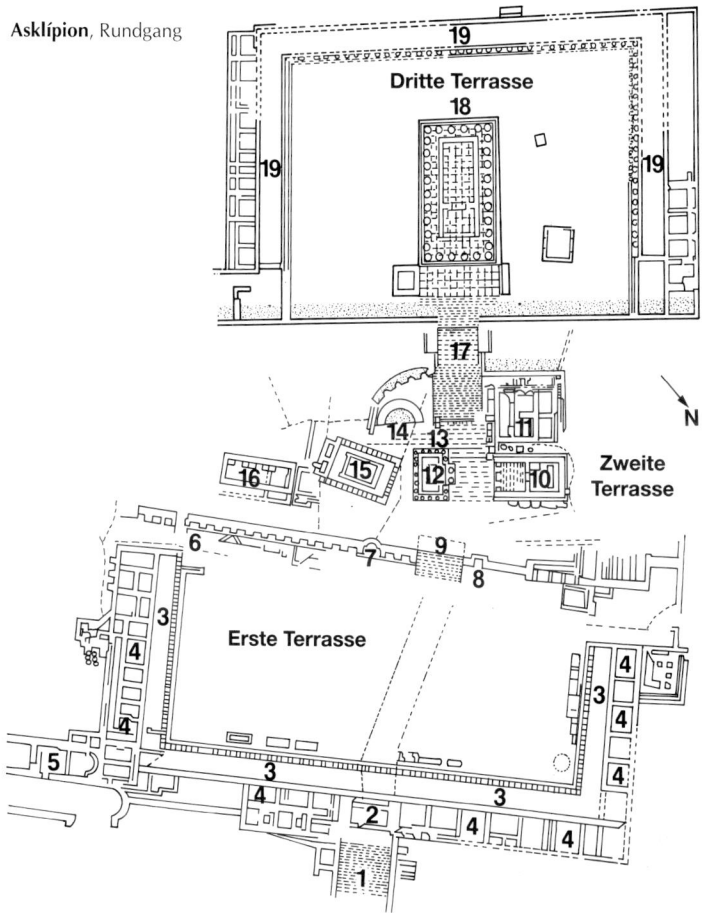

Gleich westlich der Freitreppe fällt eine besonders aufwendig gearbeitete Nische auf, in der ein **Sockel mit griechischer Inschrift (8)** steht. Sie besagt, daß ein gewisser Caius Sterninius Xenophon aus Kos, Leibarzt des römischen Kaisers Claudius, die Nische und ein davorliegendes, kleines Tempelchen stiftete. Daß vor der Nische ein Tempelchen stand, verraten die Bleiklammer-Vertiefungen in den Steinplatten.

Über die größtenteils von italienischen Archäologen rekonstruierte **Freitreppe (9)** gelangt man anschließend auf die *zweite Terrasse,*

die vor allem Kultbauten vorbehalten war. Rechts markieren zwei wieder aufgerichtete ionische Säulen den **Asklipios-Tempel (10)** aus dem frühen 3. Jh. v. Chr. (Ionic Prostyle Temple of Asklepios). Man erkennt seine Zweiteilung in Pronaos und Cella. Vor der Südwand der Cella liegt eine in den Tempelboden eingelassene, mit Granitplatten verkleidete Kammer, in der

einst der Tempelschatz aufbewahrt wurde. Südlich des Tempels schließen sich die mannshohen Mauern von **Priesterwohnungen (11)** aus römischer Zeit an.

Geht man nun auf der zweiten Terrasse nach Osten, passiert man zunächst den aufgemauerten **Altar des Äskulap-Tempels (12)**. Altäre

Rekonstruktionszeichnung des
Asklípions, Ansicht von Nordosten
(oben) und von Osten (unten)

standen in der Antike nie im, sondern immer vor dem Tempel. An ihnen wurden die Tieropfer vollzogen, wurden die dem Gott zustehenden Teile der dargebrachten Hähne, Lämmer, Zicklein oder auch Stiere verbrannt (s. S. 82). Der größte Teil der Opfertiere war jedoch zum Verzehr für die Priester und Pilger bestimmt.

Hinter dem Altar liegen auf dem Boden noch Überreste einer schö-

Zwei Frauen im Tempel

Einen kleinen Eindruck von der einstigen Pracht des Asklipios-Heilig-
tums und vom Treiben in und vor dem Tempel des Heilgottes vermittelt uns der frühhellenistische Dichter Herondas in einer seiner *Mimiamben*. Der wahrscheinlich in Ephesos um 305 v. Chr. geborene Herondas schrieb diese Dialoge auf der Insel Kos. In der Volks-, nicht in
der Literatursprache verfaßt, waren die *Mimiamben* zum mimischen
Solovortrag in kleinen Zirkeln bestimmt. Der deutsche Altphilologe
und Archäologe Rudolf Herzog, der 1902 das Asklípion wiederent-
deckte, hat sie 1925 ins Deutsche übertragen.

Zwei einfache Frauen kommen mit einer Magd ins Heiligtum, um
dem Gott als Dank für ihre Genesung einen Hahn zu opfern. Sie
wissen, daß ihr Opfer gering ist und sprechen den Gott darauf an:
»Kommt und nehmt/Den Hahn, den Herold auf der Hausmauer,/
Den ich hier opfre, gnädig als Zukost an!/Denn unser Brünnlein
fließt nicht stark noch reichlich,/Sonst würden wir ein Rind dir oder
Mastschwein/Mit Speck gepolstert, keinen Hahn, als Kurlohn/Dar-
bringen . . .«

Dann unterhalten sich die beiden Frauen über die vielen Kunstwer-
ke, die sie um den Altar und später im Tempel sehen: Statuen von der
Hand der Söhne des berühmten Bildhauers Praxiteles und Wandmalereien des größten Malers der Antike, Apelles. Sie bewundern vor allem
die realistische Darstellungskraft, eine ruft aus: ». . . die Menschen ler-
nen/Mit der Zeit noch Leben in die Steine zaubern!« Die Statue eines
Mädchens, das zu einem Apfel aufschaut, sieht so aus, als müsse sie
vor Sehnsucht sterben, wenn sie ihn nicht bekommt; eine andere Frau-
enstatue ist so lebensecht getroffen, daß man die wirkliche Frau gar
nicht gesehen haben muß, um sie zu kennen. Ihnen dünkt, eine Kna-
benstatue müsse, wenn sie sie kneifen würden, gar blaue Flecke bekommen; ein Opferstier schaut sie so furchterregend an, daß sie vor

nen steinernen **Kassettendecke (13)**,
die wohl aus einem der Tempel
stammen. Darüber hinaus ist hier
eine halbkreisförmige **Exedra (14)**
aus dem 3. Jh. zu sehen, die zur
Aufnahme von Statuen bestimmt
war.

Die sieben aufrecht stehenden
Säulen mit einer römischen Variante des korinthischen Kapitells gehörten zu einem **Apollon-Tempel
(15)** aus dem 2./3. Jh. (Temple of
the Roman age). Daran schloß sich
weiter östlich ein Versammlungs-

Darstellung eines Tempelopfers für Asklipios, Ende 19. Jh.

Angst aufschreien würden, wenn es auf diesem heiligen Boden nicht unschicklich wäre.

Dann öffnen sich Tempeltür und -vorhang, ein Tempelwächter verkündet ihnen, daß ihr Opfer vom Gott angenommen worden sei. Eine der beiden Frauen zerschneidet den geopferten Hahn. Der Tempelwächter soll als ihm zustehenden Anteil einen Schenkel bekommen – aber erst, nachdem er ihnen vom geweihten Brot gegeben hat. Dies Brot wurde aus Opfermehl gebacken, das zuvor Pilger im Tempel darbringen mußten.

Die *Mimiamben* des Herondas, herausgegeben von Otto Crusius und übersetzt von Rudolf Herzog, sind 1967 als reprographischer Nachdruck der 2. erweiterten Auflage Leipzig 1926 in der Georg Olms Verlagsbuchhandlung Hildesheim erschienen und noch im Buchhandel erhältlich (DM 58,–).

raum für Priester, die **Leschi (16)**, an.

Geht man nun die **Freitreppe (17)** auf die *dritte Terrasse* hinauf, steht man unmittelbar vor einem **dorischen Tempel (18)**, dem größten der gesamten Anlage, der wieder dem Heilgott Asklipios geweiht war (Doric Temple). Er stammt aus dem 2. Jh. v. Chr. Pronaos und Cella waren ursprünglich von einer aus 30 dorischen Säulen gebildeten Ringhalle umgeben. In byzantinischer Zeit wurden seine Überre-

Blick auf das Asklípion von der dritten Terrasse aus

ste als Kirche benutzt. Davon zeugt noch ein improvisierter Altar: Auf einen Säulenstumpf wurde ein antikes Kapitell gehievt, darauf eine antike Steinplatte gelegt. Umgewidmet wurde das heidnische Kapitell durch die vier eingemeißelten Buchstaben IC XC, die für den Namen Jesus Christus stehen. Auf drei Seiten war diese oberste Terrasse wiederum wie die unterste von **Säulenhallen (19)** umgeben, in denen Heilungsuchende sich zum Inkubationsschlaf niederlegten – in der Hoffnung, daß ihnen an diesem heiligen Ort Asklipios selbst im Traum erscheine.

Praktische Informationen

Flugverbindungen: Im Sommer 3 × täglich, im Winter 1–2 × täglich mit Athen. Mit Rhodos per Propellerflugzeug im Sommer 3 × wöchentlich, im Winter 2 × wöchentlich. Charterflüge nach Kos im Sommer von vielen europäischen Flughäfen. Flughafenbusse verkehren nur zu Ankünften und Abflügen von Inlandsmaschinen zwischen Flughafen und Olympic-Stadtbüro in Kos-Stadt. Wer per Charterflug ankommt und kein Taxi nehmen will, muß zunächst ins 1 km entfernte Dorf Andimáchia laufen.

Schiffsverbindungen: Die kleine Autofähre *Nisos Kalymnos* verbindet Kos ganzjährig 4 × wöchentlich mit Kálymnos und je 2 × wöchentlich mit Léros, Lípsi, Pátmos, Agathoníssi und Sámos sowie Níssyros, Tílos, Sými, Rhodos und Kastellórizo.

Große Autofähren verkehren im Sommer 18 × wöchentlich nach Piräus,

15 × wöchentlich nach Rhodos, 12–14 × wöchentlich nach Kálymnos, 10–11 × wöchentlich nach Léros und Pátmos; 2 × wöchentlich nach Níssyros, Tílos, Náxos, Páros und Sýros; 1 × wöchentlich nach Astypálea, Sými, Kastellórizo, Chálki, Kárpathos, Iráklio/Kreta, Sámos, Chíos, Lésbos, Ágios Efstrátios, Límnos und Thessaloníki.

Tragflügelboote verbinden Kos im Hochsommer 3–4 × täglich mit Kálymnos, sonst 2 × täglich mit Kálymnos, Léros, Pátmos und Sámos; 12 × wöchentlich mit Rhodos; 6 × wöchentlich mit Lípsi; je 1 × wöchentlich mit Agathoníssi, Astypálea, Níssyros, Chálki, Tílos und Foúrni. Im Winterhalbjahr verkehren die Tragflügelboote nicht.

Im Sommer steuern kleine Autofähren täglich um 9.00 Uhr morgens, sonst 1–2 × wöchentlich Bodrum in der Türkei an. Des weiteren verkehren Ausflugsboote im Sommer 1 × täglich zwischen Kos, Psérimos, Kálymnos und Níssyros.

Busverbindungen: Die Endstation der vier Stadtbuslinien liegt vor dem *Kos City Bus*-Büro am Hafen, wo auch hektographierte Fahrpläne erhältlich sind. Eine Linie führt im Sommer viertel- bis halbstündlich zwischen 6.45 und 24.00 Uhr an den Hotels östlich der Stadt entlang bis Ágios Fokás, eine andere zwischen 8 und 23.45 Uhr etwa im Stundenrhythmus nach Platani und während dessen Öffnungszeiten weiter bis zum Asklípion. Zwei weitere Buslinien binden die Vororte Néa Alikarnássos und Marmaróto ans Zentrum an. Tickets sind beim Fahrer im Bus erhältlich.

Terminal aller Überlandbusse ist ein Platz hinter dem Büro von *Olympic Airways* mit dem Büro der *Kos Intercity Buses* (Odós Kleopátras 7, ☎ 2 22 92). Es gibt acht Linien, die Zielorte sind Zía

(im Sommer 3 × täglich), Tigáki (12 × täglich), Mármari (12 × täglich), Pylí (5 × täglich), Mastichári (4 × täglich), Andimáchia (15 × täglich), Kardámena (6 × täglich) und Kéfalos (6 × täglich). Im Frühjahr, Spätsommer und Winter sowie an Sonntagen fahren die Busse seltener. Fahrkarten sind im Bus erhältlich.

Unterkunft in Kos-Stadt und Ágios Fokás: *María Karagiánni*, Privatpension an der Platía Diágoras am oberen Ende der Altstadtgasse Odós Iféstou; Zimmer mit Balkon (8 Zimmer, ☎ 2 45 48 und 2 47 42, DZ ca. 50 DM).

Marína: Bestes Hotel am Hafen von Kos. Die hafenseitigen Zimmer bieten einen schönen Blick auf die Johanniterburg, sind aber nichts für Lärmempfindliche; Pool (55 Zimmer, ☎ 2 51 11, Fax 2 52 66, DZ ca. 70 DM).

Marítina: Bestes Hotel in der Innenstadt. Viele Zimmer liegen ruhig zu einem Innenhof hin. Die Zimmer im Neubau haben alle Balkon, Minibar, TV und Ventilator. Odós Virónou/Odós El. Venizélou, nahe OTE und *Olympic Airways*-Büro. Ganzjährig geöffnet (80 Zimmer, ☎ 2 32 41 und 2 35 11, Fax 2 61 24, DZ ca. 66 DM).

Dímitra Beach: Renovierte Hotel- und Bungalowanlage am Strand von Ágios Fokás. Architektonisch kein Meisterwerk, aber abseits des Hotelviertels ruhig gelegen. Gute Busverbindungen in die 8 km entfernte Stadt; täglicher Besuch der Therme zu Fuß oder mit dem Fahrrad leicht möglich. Meerwasser-Pool, Tischtennis, Tennis, Fahrradverleih (44 Zimmer und 89 Reihenbungalows, ☎ 2 85 82, DZ ca. 100 DM).

Fokás Beach Café: Kleine Privatpension, ruhig am äußersten Ende des Strandes von Ágios Fokás neben dem Hotel *Dímitra Beach* gelegen. Stadtbushaltestelle vor der Tür; die Inhaberin Christína Michaelídi aus Athen spricht etwas Deutsch; Mai bis Oktober geöffnet (18 Zimmer, ☎ 2 24 66, DZ ca. 35 DM).

Camping: Der einzige Campingplatz der Insel, *Kos Camping*, liegt 2,5 km östlich der Stadt an der Uferstraße von Psalídi. Er bietet 77 von jungen Bäumen beschattete Stellplätze, Bar, Restaurant, Kochgelegenheiten, Waschsalon und Stromanschlüsse für Wohnmobile. Geöffnet Mai bis Ende September, ☎ 2 32 75.

Essen und Trinken: *Anatolía Hamám*, bestes Restaurant der Stadt in einem stilvoll umgestalteten türkischen Bad und auf einer ganz ruhigen Terrasse mit Blick ins Grüne. Innen kleine und große Räume, antike Möbel, bemalte Holzdecken. Griechische und internationale Küche, an Wochenenden manchmal auch dezente Live-Musik. Gäste sind auch auf einen Drink willkommen. Täglich ganzjährig durchgehend ab 10 Uhr geöffnet, teuer.
Fish House: Einfaches Fischrestaurant auf einer Treppengasse, die neben dem Hauptbüro der *DANE Sea Lines* (große Leuchtreklame auf dem Hausdach) vom Hafen stadteinwärts führt. Auch Fleischgerichte.
Límnos: Einfache Taverne nahe dem Fähranleger am Hafen; große Auswahl auch an gekochten Gerichten. Besonders für mittags empfehlenswert.
Noa-Noa: Modernes Restaurant, von jungen Frauen aus Nordgriechenland geführt, dessen Innenwände und Decken mit alten griechischen Zeitungen tapeziert sind. Lesenswert die Speisekarte, auf der neben Steaks u. a. »Vina Snitzel« und »Geka Snitzel« (Wiener und Jägerschnitzel) stehen. Odós Tsaldári/Odós 31 Martíou.

Olimpiáda: Eine der wenigen auch im Winter geöffneten Tavernen der Stadt, die unter Einheimischen den besten Ruf genießt. Große Auswahl, günstige Preise. Auf der Speisekarte sind Gerichte aus tiefgefrorenen Gemüsen, Fleischsorten und Fischen speziell gekennzeichnet – eine Seltenheit nicht nur in Hellas. Odós Kleopátras 2, nahe Busbahnhof der Überlandlinien und *Olympic Airways*-Büro.

Snacks/Cafés: *Intzirlis*, einfaches Kafeníon an der Endstation der Überlandbusse, in dem auch preiswerte Snacks sowie der mit einer Art Pudding gefüllte, warm servierte Kuchen *bougátsa* serviert werden. Schon ab 6.30 Uhr geöffnet.
Ariston: Kleine Konditorei an der Platía Eleftherías, in der die Griechen gern warme Kuchen wie *bougátsa* und *galaktoboúriko* frühstücken. Kuchen auch zum Mitnehmen.
Ciao: Modern gestaltetes Café mit großer Kuchen- und Getränkeauswahl in der Altstadtgasse Odós Iféstou, in dem sich auch im Winter die Inseljugend trifft.

Nachtleben: Die meisten Bars und Diskotheken liegen im Viertel zwischen der antiken Agorá und dem Mandráki-Hafen sowie in den Straßen hinter dem Lámbi- und dem Psalídi-Strand. Aktuelle Namen der beliebtesten Diskotheken sind *Heaven* (Lámbi Beach), *Calua* (Lámbi Beach) und *Playboy* (Odós Kanári 1). Als Bouzoúkia wurden 1994 empfohlen: *Memphis* (Odós Jannídi 4) und *Happy Club* (Odós Navarínou).

Einkaufen: Die meisten Juweliere, Boutiquen und Souvenirgeschäfte liegen in der Altstadt, insbesondere in den Gassen Odós Iféstou und

Nightlife in Kos-Stadt

Odós Apéllou. Die meisten Geschäfte für den täglichen Bedarf der Einheimischen findet man in der Odós El. Venizélou.

Die größte Auswahl an deutschsprachigen **Zeitungen und Zeitschriften** bietet *Foreign Press*, Odós Vas. Pávlou 2. Ein guter Tip bei Problemen mit der Kamera: *Flash*, Odós El. Venizélou 44. Bei Problemen mit der Brille: *F. Katrás*, Odós Veriopoúlou 14.

 Geldwechsel: Mehrere Banken am Hafen, in der zum Hafen führenden Odós Vassiléos Pávlos A' sowie an der Platía Kazoúli, dort auch EC-Automat der *National Bank*. Am Flughafen kein Wechselschalter!

 Post/Telefon: Postamt in der Odós El. Venizélou 14, Telefonamt OTE in der Odós Virónou.

Feste: Im August organisiert die Stadtverwaltung mit Kulturvereinen der Insel die Ippokrátia, Festspiele mit Konzerten, Theater- und Folkloreaufführungen, im Theater in der Johanniterburg sowie in verschiedenen Schulen.

Auskunft: Touristeninformation Aktí Vas. Georgíou 1, ☎ 2 44 60, 2 87 24, tägl. 7.30–21.30, So bis 15 Uhr.

Kartenmaterial: Beste Inselkarte ist die aus der Reihe *The Pale Collection*. Der Stadtplan ist allerdings auf der Karte der *Greko Editions* übersichtlicher.

Nach Andimáchia, Mastichári und Kardámena

Statt auf der verkehrsreichen Inselhauptstraße in Richtung Andimáchia zu starten, sollte man zunächst ein Stück über Nebenstraßen und gute Feldwege entlang der Nordküste nach Tigáki fahren. Man hält sich einfach immer so nah wie möglich am Meer und lernt dabei auch schöne, wenig besuchte Strandabschnitte kennen. Kurz vor Tigáki zeigt ein Wegweiser mit der Aufschrift »Ágios Ioánnis« nach links. Folgt man ihm, gelangt man zu einem kleinen Bauernhaus, auf dessen Grund die kubische **Kapelle des hl. Johannes** steht. Im Boden erkennt man antike Quader, die zum Bau dieses ansonsten unscheinbaren Kirchleins benutzt wurden. Wenig später mündet der Feldweg dann auf die Inselhauptstraße, auf die man nach rechts abzweigt.

200 m weiter passiert man vor dem Dorf Zipári rechter Hand eine EKO-Tankstelle und erreicht nach weiteren 500 m eine Brücke. Vor der Brücke führt linker Hand ein Feldweg abwärts. Er passiert nach 150 m die rechts etwas höher auf einem Feld gelegenen Überreste der frühchristlichen Basilika **Ágios Pávlos**. Diese wildromantische Ruine ist ein Erlebnis! Die Außenmauern der Taufkapelle, deren kreuzförmiges Taufbecken gut erhalten ist, stehen noch bis zu 5 m hoch. Zwischen Gräsern und Disteln, Fenchel, Anis und verwilderten Feigenbäumen entdeckt man immer wieder neue, farbige Mosaikreste, die schon 1935 freigelegt wurden und um die sich inzwischen niemand mehr kümmert. Besonders schön sind die Darstellungen von Vögeln und blühenden Pflanzen. Man erkennt die Fundamente des *Ambon*, eines steinernen Aufbaus mit Lesepult, das über zwei teilweise erhaltene Treppen betreten wurde, und kann auch die Umrisse des insgesamt 21,6 m × 15 m großen Baus ausmachen.

Im großen, aber reizlosen Binnendorf **Zipári** zweigt eine Straße ins Bergdorf Zía ab, und wenig später führt eine andere Seitenstraße an den **Strand von Tigáki**. Wir bleiben auf der Hauptstraße, an der nach 1,5 km das erst 1925 von den Italienern gegründete Dorf **Linopótis** folgt. An einem ummauerten, leider stark verschmutzten Quellteich kreuzen wir die Straße ins Bergdorf Pylí, kurz darauf eine Nebenstraße in den Badeort Marmári.

Nach weiteren 3 km folgt eine Abzweigung zum Badeort Mastichári. Die schmale Straße führt durch Felder und Weiden. Rechter Hand steht auf einem Feld, etwa 10 m vom Asphalt entfernt, die weiße Kapelle **Ágios Geórgios Loízos,** in der – wie so häufig – antike Spolien verbaut wurden. **Masti-**

Windmühle von Andimáchia

89

chári ist wie Tigáki und Marmári ein nur locker bebauter, weitläufiger Badeort mit schönen Sandstränden. Im Gegensatz zu jenen Siedlungen besitzt Mastichári aber auch einen Hafen, in dem nicht nur einige Fischerboote liegen, sondern auch Ausflugsschiffe und Autofähren anlegen.

Fährt man nun von Mastichári in Richtung Andimáchia weiter und zweigt am Ortsende von Mastichári zum ausgeschilderten Hotel *Achilléas Palace* rechts ab, gelangt man zu der frühchristlichen Basilika **Ágios Jánnis**. Man parkt kurz vor den als Ferienhäusern erbauten Windmühlen und folgt dem Trockenbachbett in Richtung Meer. Auf einem östlich ans Bachbett grenzenden, leicht erhöht gelegenen und umzäunten Feld stehen dann die Ruinen. Gut erhalten ist das aus Marmor und Ziegeln konstruierte Taufbecken; die Mosaike sind jedoch wieder mit Kies bedeckt worden, um Beschädigungen zu verhindern.

Andimáchia (1700 Einwohner) ist das größte Dorf im koischen Binnenland. Es liegt in etwa 140 m Höhe auf einem Hochplateau, das auch dem Flughafen der Insel Platz bietet. Außerhalb des Ortes steht abseits der Inselhauptstraße von Andimáchia nach Kos das weitläufige **Kastell von Andimáchia**, das von den Venezianern im 13. Jh. begründet, von den Johannitern im 14. Jh. ausgebaut und auch noch von den Türken genutzt wurde. Innerhalb der Burgmauern haben sich zwei Kirchen erhalten. In der ersten, laut Inschriftenstein 1520 erbauten Kapelle ist der Rest eines Freskos zu erkennen, das den hl. Christóphoros darstellt. In der zweiten Kapelle, der Agía Paraskeví geweiht, ist die Darstellung des Jüngsten Gerichts an der Westwand kaum noch zu erkennen. Dafür fallen die insgesamt 16 Ikonen der hl. Paraskeví ins Auge: Auf allen Darstellungen trägt die zypriotische Märtyrerin eine Schale mit einem Augenpaar in den Händen. Sie sind das Symbol ihres Martyriums, denn der Heiligen wurden von den Christenverfolgern die Augen ausgestochen. Seither gilt sie als Schutzheilige der Augenkranken.

Hauptattraktion von Andimáchia ist die einzige noch arbeitende **Mühle** der Insel. Über 250 Jahre ist sie alt; der Müller Dímitris Antónis Hatzidimítris mahlt in ihr zwischen Juni und August bei günstigem Wind noch 500–600 kg Mehl am Tag. Früher, erzählt er, gab es in der Umgebung des Dorfes noch 120 Mühlen. Besucher können die Mühle auch innen besichtigen und werden anschließend zumeist mit Melonen oder anderen Früchten bewirtet. Er läßt sich liebend gern fotografieren (vor allem mit jüngeren Touristinnen) und freut sich über Fotos, die ihm später geschickt werden. Zettel mit seiner Postadresse hält er bereit.

Der Mühle schräg gegenüber steht am weitläufigen Platz ein schönes Haus aus Naturstein mit gepflastertem, blumenreichen Vorhof: das **Traditional House of Andimáchia**. So ähnlich wie dieses 1990 von der Gemeinde und dem Kulturverein des Dorfes neu errichtete Haus waren bis zum Zweiten Weltkrieg die meisten Häuser im Ort gestaltet und eingerichtet. Auf dem Vorhof erkennt man einen steinernen Tank, in dem das vom Brunnen geholte Wasser gespeichert wurde. In einem Anbau stehen der Webstuhl der Familie und der Backofen, jeden Samstag wurde gebacken. Am Backofen fällt ein Tongefäß auf: Darin wurde das traditionelle Osterlamm, gefüllt mit Leber und Reis, gebacken. Das Haupthaus gliedert sich in drei Räume, von denen einer als Stall diente. Im Hauptraum befindet sich der traditionelle *tavládos*, eine über vier Stufen erreichbare Empore, auf der Gäste bewirtet wurden. In einem kleinen Nebenraum hängt eine Babywiege über einem Bett, unter dem Weizen gelagert wurde. Auf der Empore an der Wand gegenüber speiste die Familie (geöffnet: täglich ca. 8–16 Uhr).

Von Andimáchia führt eine gut ausgebaute Straße südwärts nach **Kardámena**, einem hauptsächlich von jungen Briten besuchten Touristenort. Die Tavernen unterbieten sich gegenseitig im Preis für ein englisches Frühstück; die koischen Taxifahrer trauen sich der trunkenen Hooligans wegen nachts nur in den Ort, weil sie Funkverbindung zur Zentrale halten können. Sehenswürdigkeiten gibt es nicht; der Ortsstrand gleicht einer Sardinenbüchse. Schön ist jedoch der Blick hinüber nach Níssyros. Und etwa 2 km westlich des Ortszentrums lohnt das einem Kykladendorf gleichende, architektonisch exzellent gelungene Großhotel *Lágas Aegean Village* einen Blick.

Praktische Informationen

Schiffsverbindungen: 3 × täglich verkehrt eine Autofähre zwischen Mastichári und Póthia auf Kálymnos. Von Kardámena fahren täglich Ausflugsschiffe nach Níssyros.

Sonstige Verkehrsmittel: Busverbindungen s. S. 85; Leihfahrzeuge: Autos, Vespas, Mopeds und Fahrräder werden in allen Badeorten vermietet.

Unterkunft in Ágios Jánnis/Mastichári: *Achilléas Palace*, sehr ruhig gelegenes Hotel 2 km außerhalb von Mastichári an schönem Sandstrand vor niedriger Steilküste, Süßwasser-Pool, mit Kinderbecken und Poolbar. ☏ 5 11 00, Fax 5 16 67, DZ ab 110 DM. **...in Kardámena:** *Lágas Aegean Village*, an und auf einem Hügel erbautes Hotel mit 330 Zimmern in zweistöckigen Gebäuden. Hallenbad, Süßwasserpool, Diskothek, Sauna, Gymnastikzentrum, Tennisplätze mit Flutlicht, Minigolf. ☏ 9 14 01, Fax 9 16 35, DZ mit Halbpension in der Vorsaison ca. 125 DM, in der Hauptsaison ca. 200 DM.

Essen und Trinken: *Castle*, einsam auf einer Hochebene gelegene Snack-Bar an der Zufahrtsstraße zum Kastell von Andimáchia mit großartigem Panoramablick auf das Díkeos-

Massiv, die Halbinsel Kéfalos, die Burg, den Flughafen und Níssyros.

Ta Adélfia: Familiäre Taverne im Ortszentrum von Kardámena an der Straße zu den westlichen Stränden. Exzellentes, preiswertes englisches Frühstück den ganzen Tag über, griechische Hausmannskost.

Feste: Kirchweihfeste mit Musik und Tanz in Andimáchia am Abend des 29. Juni, in Kardámena am Abend des 28. August und des 7. September.

Auskunft: Kommunale Touristeninformation an der Endstation der Busse in Kardámena.

In die koischen Bergdörfer

Am Nordhang des 846 m hohen Díkeos liegen einige kleine Bergdörfer, die zusammen die Gemeinde Asfendíou bilden. Das schönste und höchstgelegene von ihnen ist **Zía**. Die kurvenreiche, schmale Straße führt von Zipári aus durch Mandel- und Obstgärten, Olivenhaine und Kiefernwälder hinauf. Schlank aufragende Pappeln inmitten üppigen Grüns schmücken das Bild des kleinen Dorfes vor alpin anmutenden, schroff aufragenden Felswänden. Am unteren Dorfplatz sind in den letzten Jahren mehrere Tavernen und Souvenirläden entstanden; einige Dorfbewohner bieten Kräuter und Honig zum Kauf an. Eine stufenreiche Gasse führt

von hier ins Dorf hinein und zur 1919 erbauten Dorfkirche Ágios Geórgios. Unterwegs kommt man an einer ehemaligen Wassermühle vorbei, in der jetzt Souvenirs verkauft werden. Sie ist die letzte von einst 20 Wassermühlen, die vom Dorfbach angetrieben wurden. Heute wird das Wasser größtenteils von seiner Quelle in Rohren zu den Hotels in der Küstenebene hinuntergeleitet.

Unterhalb von Zía liegen die beiden Dörfer **Evangelístria** (schöner Dorfplatz) und Lagoúdi. In **Lagoúdi** ist die erhöht über dem Ort gelegene, durch eine blaue Kuppel markierte Marienkirche sehenswert, die in den 80er Jahren mit Wandmalereien im traditionellen Stil ausgestattet wurde. An der linken Seitenwand ist die Geburt Mariens dargestellt, an der rechten Maria als Lebensspendender Quell. Von Lagoúdi aus kann man in ca. 1 Std. zur Straße in der Küstenebene hinunterwandern: Man nimmt dazu den Feldweg, der unterhalb der Kirche am Antiquitätengeschäft von Christina Zendéli vorbeiführt. Kurz darauf zweigt man dort, wo der Weg wieder leicht anzusteigen beginnt, auf den Grasweg nach rechts ab, der bald in einen kleinen Pfad übergeht. Wo dieser an einer Hausruine auf einen anderen Weg mündet, wendet man sich nach links und gelangt auf eine Asphaltstraße, die später auf die Hauptstraße stößt.

Pylí wird weitaus seltener als Zía besucht und wirkt dadurch ur-

Souvenirwaren in Zía

sprünglicher. Schöner als auf der modernen Platía Ágiou Nikólaou sitzt man nur 150 m westlich in der Taverne am alten Brunnen, aus dessen Löwenköpfen schon seit 1592 klares Quellwasser sprudelt. Ein kurzer Spaziergang führt von der Platía aus zum sogenannten **Grab des Harmýlos** (Táfos tou Charmýlou) aus dem 4. Jh. v. Chr., einem tonnengewölbten Bau mit je sechs Grabnischen in den Längswänden. Über dem Grab sind Mauerreste eines Tempels oder Mausoleums zu erkennen, dessen Rückwand später als linke Seitenwand in den Bau der kleinen Kapelle Stavroú einbezogen wurde. Daraus läßt sich schließen, daß es

sich bei der Anlage nicht um ein einfaches Familiengrab handelte, sondern wohl eher um die kultische Verehrungsstätte für einen mythischen Helden, von dem nichts als der Name überliefert ist. Schön ist die Frontseite der Kapelle, in der zwei antike Quader mit schönem Eierstabdekor sowie ein frühchristliches Kreuzrelief verbaut wurden. Weitere Spolien aus dem Altertum liegen rings um die Kapelle verstreut.

An der Kirche des Ortsteils Ágios Geórgios zweigt von der Straße Linopótis – Pylí eine ausgeschilderte Straße nach **Amanioú** ab. In diesem stillen, unscheinbaren Dorf mit einfachen Kaffeehäusern und Tavernen beginnt dort, wo sich die Asphaltstraße nach links wendet (Wegweiser nach Zía an einer Hauswand), die Zufahrtsstraße

Piraten im Dienste Jesu

Der Johanniterorden auf dem Dodekanes

Zwischen 1315 und 1522 waren Kos, Níssyros, Kálymnos und Léros Eigentum des Johanniterordens, der seinen Hauptsitz auf der Insel Rhodos hatte. Noch heute zeugen auf diesen Eilanden Burgen von der einstigen Präsenz der Ritter, die zumeist aus Frankreich und Italien stammten. Ihr Orden war 1113 aus einer Krankenpflegebruderschaft hervorgegangen, die sich in Jerusalem um christliche Pilger kümmerte. In zunehmendem Maße wandte sich der Orden bald auch dem Geleitschutz von Pilgerschiffen und dem Kampf gegen die Moslems zu. Als die Johanniter 1291 mit Akko ihren letzten Stützpunkt im Heiligen Land verloren, fanden sie zunächst Aufnahme auf Zypern und setzten von dort aus 1306 gemeinsam mit genuesischen Abenteurern zur Eroberung des byzantinischen Rhodos an, das 1309 ganz in ihre Hände fiel. Von hier aus machte sich der Johanniterorden auch die übrigen

Inseln des Dodekanes mit Ausnahme von Astypálea und Pátmos zu eigen.

Auf Rhodos unterhielten die Johanniter das größte und modernste Hospital seiner Zeit im östlichen Mittelmeerraum. Neben der Krankenpflege und dem Handel widmeten sich die Ritter vor allem der Piraterie im Namen Jesu. Mit ihren Galeeren machten sie Jagd auf die Schiffe der Moslems. Auf den Ruderbänken angekettet saßen muslimische Kriegsgefangene, verurteilte Kriminelle und christliche Schuldner, die den Dienst auf der Galeere einem Aufenthalt im Kerker vorzogen. Schuldner bekamen als einzige einen Sold und waren durch eine besondere Haartracht auch äußerlich von ihren Leidensgenossen zu unterscheiden. Während der Kaperfahrten mußten die Ruderer sich oft den ganzen Tag über in die Riemen legen; um sie bei Kräften zu halten, wurde ihnen mit Wein getränktes Brot in den Mund geschoben. Wer zusammenbrach, wurde über Bord geworfen. Hoffnung auf vorzeitige Befreiung hatten nur die muslimischen Galeerensklaven: Wenn ausnahmsweise einmal ein überfallenes muslimisches Schiff siegreich blieb, wurden sie von ihrem Joch erlöst, während alle Christen an

Bord der Galeere nun auf den Schiffen des Feindes Frondienst leisten mußten. Gefangene Ritter wurden nach Möglichkeit vom Orden freigekauft, alle übrigen blieben ihrem Schicksal überlassen.

Wie es der Bevölkerung der Insel in jenen Jahren erging, ist nicht überliefert. Sicher ist nur, daß sie häufig muslimischen Piratenüberfällen von See her ausgesetzt war und seit dem 15. Jh. Militärdienst für den Ritterorden leisten mußte. Mit Sicherheit wurde sie auch zu Fronarbeiten beim Festungsbau eingesetzt und mußte Abgaben von ihren Ernten entrichten. Ihrem orthodoxen Glauben durften die Griechen treu bleiben, die Kirche wurde während der Johanniterherrschaft nicht unterdrückt.

nach **Paléo Pylí** (Alt-Pylí). Die Ruinen des heute verlassenen, einst vor Piratenblicken völlig verborgenen Dorfes stehen auf der Südseite des schroffen Felsens, der von den Mauerresten einer byzantinischen Burg gekrönt wird. Einige Freskenreste aus dem 14. Jh. haben sich hier noch in der Marienkirche **Panagía Kastrianón** erhalten.

Praktische Informationen

Busverbindungen: Von Kos-Stadt nach Zía 3 × täglich, nach Pylí 4 × täglich.

Unterkunft: In den Bergdörfern gibt es keine offiziellen Unterkünfte. Manchmal werden Privatzimmer vermietet, man frage danach in den Tavernen und Kaffeehäusern.

Essen und Trinken in Pylí: *To Paliá Pigí* (Old Waterspring), preiswerte Taverne am alten Brunnen von 1592. Spezialität des Hauses sind gebratene Zucchini- und Auberginenscheiben sowie kleine Souvlakispieße.
...in Zía: *Sunset Balcony*, Café und Grillrestaurant an der Dorfkirche mit grandioser Aussichtsterrasse.

Feste: Am Faschingswochenende buntes Treiben auf der Platía von Pylí. Am 23. April Kirchweihfest zu Ehren des hl. Georg in Pylí mit improvisierten Pferderennen. Am 8. Mai Kirchweihfest in Lagoúdi.

Zur Halbinsel Kéfalos

Die schönsten Strände von Kos sind noch immer nahezu unverbaut und weitgehend naturbelassen. Sie säumen auf über 10 km die steil abfallende Südküste zwischen Andimáchia und Kéfalos und sind nur über kurvenreiche und unbefestigte, kurze Stichstraßen zu erreichen. An einigen wenigen Strandabschnitten stehen Sonnenschirme und Liegestühle vor Tavernen, vereinzelt werden auch Wassersportmöglichkeiten angeboten. Entlang der gesamten Küste gibt es bisher nur eine einzige Pension mit vier Fremdenzimmern.

Zwar bildet der Strand auf der gesamten Länge eine Einheit, doch die einzelnen Abschnitte tragen verschiedene Namen. Kommt man aus Richtung Kos-Stadt und Andimáchia, führt die erste Stichstraße zum **Magic Beach**, auch »Polémi Beach« genannt (keine Taverne, nur eine einfache Getränkeverkaufsbude). Dann folgen die **Sunny Beach** (Taverne, Obstmarkt, Pension, Jet-Ski, Tretboote), der **Lagáda Beach** (Getränkeverkaufsbude) und schließlich die **Paradise** oder **Bubble Beach**. Die hiesige Großtaverne ist das Ziel von Ausflugsbussen; Liegestühle und Sonnenschirme warten in Dreierreihen auf die Ausflügler. Das Paradies ist keins mehr. Dafür werden hier alle Arten von Wassersport inklusive Wasserski und Paragliding angeboten.

Eine eigene kleine Bucht nimmt dann der etwa 150 m lange **Camel Beach** ein (Getränkeverkaufsbude, einige wenige Liegestühle, Taverne oberhalb des Strandes). Kurz nach der Abzweigung zum Camel Beach senkt sich die Straße zur Küstenebene von Kéfalos hinab, die von einem kilometerlangen Sandstrand gesäumt wird. Im Osten heißt er Ágios Stéfanos, hier reicht die ausgedehnte Hotelanlage des *Club Mediterranée* bis an den Strand heran, der jedoch im Unterschied

zu sonstigen Clubstränden öffentlich zugänglich ist. Der zentrale Küstenteil heißt **Kámbos**, im Westen schließt sich die Gemarkung Kamári an. Die gesamte Küstenebene ist locker mit kleinen Apartmenthäusern, Pensionen, Tavernen und Geschäften bebaut, zwischen denen die Bauern auf kleinen Feldern noch immer ihrer gewohnten Arbeit nachgehen.

Kurz nachdem die Straße sich in die Küstenebene hinabsenkt, zweigt nach links eine Staubstraße zur *Kateria Tavérna* ab. Dort kann man sein Auto oder Moped parken und anschließend etwa 300 m weit über den Sandstrand vor dem

Kéfalos-Halbinsel

Tips für Surfer

Der Wind weht auf Kos zwischen April und Oktober mit durchschnitt-
lich 4 Beaufort, zu 90 % aus Nordwest. Die konstantesten Bedingungen findet man zwischen Mitte Juni und Ende August vor. In dieser Zeit
gibt es je nach Lage (bevorzugt südliche Küste, speziell in der Bucht
von Kéfalos) gegen Nachmittag eine thermische Verstärkung bis zu 6,
manchmal bis zu 8 Beaufort. An der gesamten Nordküste von Kos
weht der Meltémi schräg auflandig, an der Ostküste in etwa parallel
zum Ufer. Zu diesen Komfort-Startrampen gehören die Strände von
Mastichári, Mármari und Tigáki.

Die Bucht von Kéfalos ist ein Speedrevier par excellence. Der Wind
weht hier schräg ablandig; im Vergleich zu allen anderen Spots der Insel weht es hier, durch eine lokale Thermik bedingt, mit etwa 2–3 Beaufort stärker. Im Uferbereich, 25–50 m vom Strand entfernt, ist der
Wind oft recht böig, legt dann aber kräftig zu und wird konstant.

Einen Leckerbissen für alle Wellenspezialisten hält die Insel im äußersten Nordwesten parat: den Wellenspot Ágios Theológos. Nach
zwei bis drei Tagen kräftigen Meltémis baut sich hier eine 2–3 m hohe
Welle auf. Im Uferbereich muß man auf im Wasser liegende größere
Steine und auf eine leichte Strömung Obacht geben. Bei Wellen einer
Größenordnung von 3–4 m Höhe sollte man das Revier den Einheimischen überlassen und ihnen aus sicherer Entfernung von der Taverne
aus zuschauen.

Detlev Schroeter

Clubgelände zur fotogen gelegenen, frühchristlichen Basilika von **Ágios Stéfanos** hinübergehen, die auf einem niedrigen Felsvorsprung unmittelbar am Meer erbaut wurde (wer mit dem Bus kommt, steigt am *Club Mediterranée* aus und geht die Straße zum Strand hinunter, die unmittelbar neben der Schranke am Clubeingang beginnt). Italienische Archäologen richteten einige der Säulen der um 500 erbauten Basilika wieder auf; einige davon sind inzwischen schon wieder umgestürzt. Dennoch ist anhand der Säulenbasen deutlich zu erkennen, daß es sich bei der frühchristlichen Kirche um einen dreischiffigen Bau handelte. Neben der Hauptkirche gab es eine zweite, kleinere Basilika, die speziell zur Taufe Erwachsener diente. Das kreuzförmige Taufbecken ist noch im Boden erhalten. Der Basilika vorgelagert ist ein kleines Felsinselchen mit ständig verschlossener **Nikolaus-Kirche** (Ágios Nikólaos), zu dem man vom Strand aus teils watend, teils schwimmend hinübergelangt.

Entlang des Strandes finden gegenwärtig an mehreren Stellen Ausgrabungen statt, die Gebäudereste der antiken Hafenstadt *Astypálaia* ans Licht bringen. Der heutige Hafen von Kéfalos ist **Kamári** am Westende des Strandes. Hier sind die sehr spärlichen Überreste einer zweiten frühchristlichen Basilika zu sehen, der **Vasilikí Kamaríou**. Zu erkennen sind der Narthex und die Gliederung in drei Schiffe sowie zwei schwarzweiße Mosaikfußböden im Narthex. (Wegbeschreibung: Am Hafen folgt man bei der Taverne *Fáros* dem beschilderten Feldweg landeinwärts, der sich nach etwa 200 m hangaufwärts windet und nach weiteren 100 m das eingezäunte Trümmerfeld erreicht.)

Kéfalos und Umgebung

Im Westen der Küstenebene steigt die Asphaltstraße zum Dorf Kéfalos an, dessen 2400 Bewohner größtenteils stolz darauf sind, daß ihr Inselteil weniger vom Tourismus geprägt ist als das übrige Kos. Am Hang zwischen Kéfalos und der Küstenebene stehen zwar einige Hotels, im Dorf selbst aber werden kaum Zimmer vermietet. Es gibt noch Kaffeehäuser und Gemischtwarenhandlungen traditioneller Art und Gassen, durch die nur wenige Fremde gehen. Viele der männlichen Dorfbewohner sind in ihrer Jugend zur See gefahren oder haben einige Jahre als Gastarbeiter in Deutschland verbracht; einer von ihnen hat seine Gemischtwarenhandlung denn auch deutlich mit dem Schild »Supermarket Lebensmittel« gekennzeichnet.

Bedeutendste Sehenswürdigkeit ist die Kirche **Isódia tis Panagías** an der Hauptgasse des Dorfes. Der ägyptische König Khedive Ismail stiftete 1873 anläßlich eines Besuchs auf Kos Geld für ihren Bau. Innen ist sie vollständig mit Wandmalereien im traditionellen byzan-

tinischen Stil ausgestattet. Am Steil-
abfall zur Küstenebene hin steht an
der Umgehungsstraße des Dorfes
die Ruine einer kleinen mittelalterlichen Burg. Die Umgehungsstraße
endet an einem Parkplatz, von dem
man nur wenige Schritte bis zur
Windmühle des Papavasíli geht,
die ab und zu besichtigt werden
kann. Auf dem kurzen Weg dorthin
passiert man auch das kleine, in einem traditionellen Bauernhaus un-
tergebrachte **Volkskundliche Museum**, das zeigt, wie man noch bis
vor wenigen Jahrzehnten in Kéfalos
wohnte (geöffnet: täglich 9–13.30
Uhr, Eintritt frei).

Vom Dorf Kéfalos aus führt eine
schmale Asphaltstraße weiter auf
die gleichnamige Halbinsel. Am
Ortsrand kommt man am modernen Gymnásion, der Mittelschule
des Ortes, vorbei. Etwa 1 km nach
dem Ortsende von Kéfalos zweigt
nach links ein beschilderter Feldweg von der Asphaltstraße ab, der
nach 200 m an der erst 1988 erbauten Kapelle **Panagía I Palatianí**
endet. Die langen Zementtische
und -bänke vor der schmucklosen
Kirche sind anläßlich Mariä Geburt
an jedem 8. September Schauplatz
des Kirchweihfestes. Nur wenige
Schritte unterhalb der modernen
Kapelle steht die inzwischen eingezäunte, aber dennoch zugängliche
alte, dachlose Kirche der Panagía I
Palatianí, die aus den schön behauenen Quadern eines antiken
Dionysos-Tempels errichtet wurde.
In ihrem Gemäuer finden zahlreiche Eidechsen Unterschlupf.

Nur wenige hundert Meter weiter steht links an der Asphaltstraße
ein leicht zu übersehendes Schild
mit der Aufschrift »Palatia«. Geht
man hier durchs offene Tor etwa
30 m durch das Kiefernwäldchen
hangabwärts, steht man völlig unvermutet in einem kleinen **antiken
Theater**, von dem noch zwei Sitzreihen und einige Grundmauern
des Bühnengebäudes erhalten
sind. Es grenzt unmittelbar an eine
tiefe, bewaldete Schlucht, über die
der Blick aufs blaue Meer hinaus-
schweift.

Der nächste Wegweiser nach
links an der Asphaltstraße führt
über einen gut 2 km langen Feldweg (an der ersten Gabelung links
halten, nicht nach rechts abwärts
fahren) zur einsam, hoch über der
Bucht von Kéfalos gelegenen Kapelle der **Panagía Ziniótissa**. Von
hier aus hat man den schönsten
Blick über den Westen der Insel.
Die Ikonen im Kircheninnern sind
alle neueren Datums, sie stammen
aus den Jahren 1989 und 1993.

Fährt man auf der Asphaltstraße
weiter, zweigt nach 2,5 km rechts
eine ausgeschilderte Straße zum
verlassenen Kloster **Ágios Jánnis**
ab. Einige wenige Stufen führen zu
den Ruinen eines kleinen Zellen-
trakts hinunter und weiter auf den
von einer uralten Platane beschatteten Festplatz vor dem Kirchlein,
das Johannes dem Täufer geweiht
ist. Zwei Johannes-Ikonen machen
den Unterschied zwischen byzantinischer Kunst und westlicher Sakralmalerei deutlich: Auf der 1990

gemalten Johannes-Ikone an der Ikonostase hält der Täufer eine Schale in der Hand, auf der sein Haupt liegt. Auf den nach westlichen Vorbildern gemalten Ikonen an der rechten Seitenwand findet man das gleiche Motiv. Das Blut, das auf ihnen drastisch aus dem Halsstumpf des Enthaupteten strömt, ist nach unserem Verständnis zwar realistischer, wirkt aber im Vergleich zur orthodoxen Darstellung effektheischend: Die traditionelle Ikone an der Ikonostase abstrahiert von realistischen Effekten und verweist völlig emotionslos, rein zeichenhaft auf das Blutopfer des Johannes.

Gute **Bademöglichkeiten** gibt es an der Westküste der Kéfalos-Halbinsel schließlich auch. Um zu den wenig besuchten Sandstränden von Ágios Jánnis Theológos und Káti zu gelangen, zweigt man auf der Rückfahrt nach Kéfalos von der Asphaltstraße nach links ab und folgt den Wegweisern zur Taverne *Ágios Theológos.*

Praktische Informationen für Ágios Stéfanos und Kéfalos

Schiffsverbindungen: Im Sommer 5 × wöchentlich Ausflugsboote ab Skála (Kámbos) nach Níssyros. Fahrplanauskünfte über *Kéfalos Tours,* ☏ 7 10 56, Fax 7 10 55.

Sonstige Verkehrsmittel: Im Sommer werktags 6 × täglich, sonntags 3 × täglich Linienbusverbindung mit Andimáchia und Kos-Stadt.

Taxis nur auf Vorbestellung. Mehrere Auto-, Moped- und Fahrradvermietungen entlang der Hauptstraße. In der Hauptsaison sind jedoch Engpässe bei Leihfahrzeugen unvermeidbar.

Unterkunft in Kéfalos: *Anthoúla,* familiär geführtes Hotel mit Süßwasser-Pool am Hang zwischen dem Dorf Kéfalos und dessen Hafen, je 850 m von Dorf und Strand entfernt. Bushaltestelle vor dem Haus (25 Zimmer, ☏ 7 13 39, DZ ca. 40 DM).

...bei Ágios Stéfanos: *Panórama,* 2- und 4-Bett-Apartments in einem über der Bucht von Ágios Stéfanos gelegenen, modernen Haus (am frühen Abend manchmal Lärmbelästigung durch den *Club Mediterranée).* Die Inhaber Katerína und Diamándis Diamándis haben lange in Deutschland gelebt. Zum Strand geht man 10 Min. zu Fuß, bis zu den nächsten Tavernen und Geschäften sowie zur Bushaltestelle etwa 15 Min. Moped oder Auto sind empfehlenswert. (ca. 16 Apartments, ☏ 7 15 24 und 7 16 40, 2-Bett-Apartment ca. 55 DM).

Sacállis Inn: Hotel mit vielbesuchter Beachbar am Strand von Ágios Stéfanos, viele Tavernen, Diskos und Geschäfte in unmittelbarer Nähe (45 Betten, ☏ 7 10 10, DZ ca. 42 DM).

...am Sunny Beach: Die einzigen Privatzimmer am langen Sandstrand zwischen Andimáchia und Ágios Stéfanos werden seit dem Spätsommer 1994 über der Taverne *Sunny Beach* vermietet. Ideal für Strandfans, zu Fuß ist aber kein Dorf in Reichweite (4 Zimmer, kein Telefon, DZ ca. 50 DM).

Essen und Trinken in Kéfalos: *Fáros,* alteingesessene Taverne am Hafen von Kéfalos, gute Fischauswahl.

Kafeníon Papandóniou: Traditionelles Kaffeehaus an der Platía von Kéfalos;

hier treffen sich die Einheimischen zum Karten- und Tavlispiel. Die Getränke-preise sind mit Kreide auf eine Wandta-fel geschrieben, von der Decke hängen uralte Gaslampen, die bei Stromausfall die nackte Neonbeleuchtung ersetzen. Wer das Treiben im und vor dem Kaffee-haus studieren möchte, ohne zu stören, setzt sich in das gegenüber gelegene, moderne Café *Pizza Canadian* und schaut von dort aus zu.

...in Ágios Stéfanos: *Bella Pizza*, gute Pizzeria, Riesenportionen zu günstigen Preisen. An der Hauptstraße des Ortes. *Kámbos:* Taverne mit geschützter Ter-rasse vor einer noch laufenden Ausgra-bung am Strand von Ágios Stéfanos, ländliches Ambiente.
Katerína: Von einem sehr freundlichen Wirt geführte Taverne mit großer, schat-tiger Terrasse am Ostende des Strandes von Ágios Stéfanos.

...in Limniónas: *Limniónas*, Fischtaver-ne am gleichnamigen Fischereihafen, die unter Einheimischen als beste der Insel gilt.

...in Skála (Kámbos): *Stamatía Antónis*, exzellente Taverne direkt am Strand nahe dem Anleger von Skála. Frischer Fisch, der anderswo nur nach Gewicht verkauft wird, ist hier auch als Tellerge-richt zum Festpreis erhältlich.

  Bank/Post/Telefon: Postamt und Bank im Dorf Kéfalos. Kein EC-Automat. In Kéfalos sind Post- und Telefonamt in demselben Gebäude am Ortsrand Richtung Ágios Stéfanos untergebracht.

 Feste: Am 26. Juli Kirchweihfest Agía Paraskeví an der gleichna-migen Kirche; am 14./15. August Kirch-weihfest im Dorf Kéfalos; am 29. August Kirchweihfest am Kloster Ágios Jánnis.

Ein Tagesausflug nach Bodrum (Türkei)

Bodrum gilt als einer der schönsten Urlaubsorte der Türkei. Man sagt ihm mediterranes Flair nach, ver-gleicht ihn mit St. Tropez, lobt sein Nachtleben und die Freundlichkeit seiner Bewohner. Eins steht fest: In Griechenland wird man einen ver-gleichbaren Ort vergeblich suchen. In der Marina liegen Dutzende gro-ßer, ganz aus Holz erbauter Segel-boote, die man ad hoc für Tages-touren und Wochentörns mieten kann; in den mit Segeltuch oder Bambus überspannten Gassen des ausgedehnten Basarviertels findet man Souvenirs in einer Auswahl, wie sie nicht einmal Athen zu bie-ten hat. Restaurants und Imbißstän-de locken mit einer Vielfalt an Ge-richten, von denen man in Hellas nur träumen kann; in der Küche werden Kräuter und Gewürze ver-wendet, die nahezu jeden griechi-schen Koch als völlig phantasielos erscheinen lassen. Deutsch ist in Läden, Lokalen und Reisebüros Umgangssprache; die Preise für Speis und Trank sind erheblich günstiger als auf Kos und den Nachbarinseln.

Nur eins vermag die ›Idylle‹ zu stören: Die Hänge der Umgebung sind mit Feriendörfern und Hotels so zubetoniert, daß sie wie mono-tone Satellitenstädte wirken; im Unterschied zu Kos sticht hier der Massentourismus unmittelbar ins Auge.

Die Zeit, die dem Tagesausflügler zur Verfügung steht, reicht aus, um nicht nur die Basaratmosphäre einzusaugen und gut zu essen. Darüber hinaus kann man auch noch die beiden bedeutendsten historischen Sehenswürdigkeiten der Stadt kurz besuchen: die Johanniterburg und die Überreste des Mausoleums von Halikarnássos.

Das Mausoleum

Halikarnássos war und ist der griechische Name der Stadt, die im

11. Jh. v. Chr. von Dorern gegründet wurde. 546 geriet sie unter persischen Einfluß, am Feldzug des Xerxes gegen das griechische Mutterland mußte sie 480/479 v. Chr. auf persischer Seite teilnehmen. Herodot, der »Vater der Geschichtsschreibung«, dem wir unser Wissen über die Perserkriege zu verdanken haben, wurde um 484 v. Chr. in Halikarnássos geboren. Nach Jahrzehnten der Freiheit, in denen die Stadt Mitglied im von Athen geführten Attisch-Delischen Seebund war, geriet Halikarnássos im 4. Jh. v. Chr. wieder unter persi

---

Bodrum 1 Anleger der Boote von Kos/Zoll 2 Tourist-Information 3 Fischmarkt
4 Postamt 5 Obstmarkt 6 Busbahnhof 7 Türkischer Friedhof 8 Türkisches
Bad

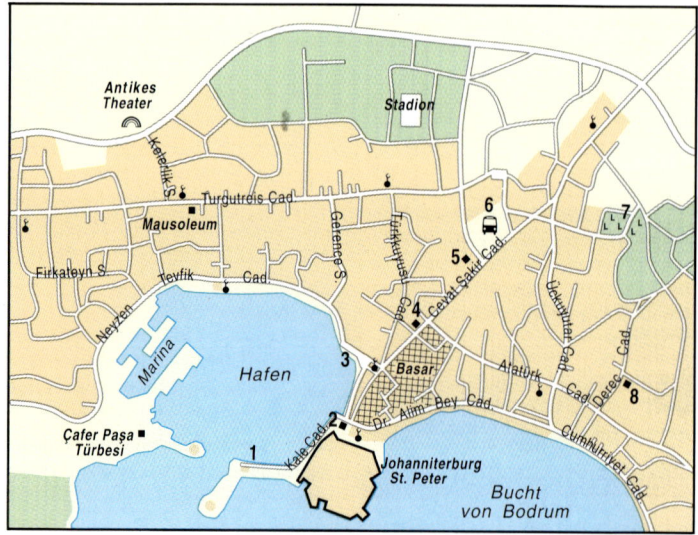

Auf dem Basar in Bodrum

schen Einfluß. Ein persischer Statthalter war auch Mausolos, der als Satrap von Karien 377–353 v. Chr. in Halikarnássos wie ein König residierte. Noch zu seinen Lebzeiten gab er den Bau seines Grabmals in Auftrag, das als »Mausoleum« nach seinem Tod von vielen Autoren zu den Sieben Weltwundern gezählt wurde. Dänische Archäologen legen seine Trümmer seit 1966 frei.

Im **Grabungsmuseum** gleich links vom Eingang stehen anschauliche Modelle der antiken Stadt und des Mausoleums. Es stand auf einer in den Fels gehauenen Terrasse von 105 m × 242 m Grundfläche, die rechts vom Eingang noch deutlich zu erkennen ist. Es war ca. 50 m hoch und reich mit Friesen und Skulpturen verziert, an denen die berühmtesten griechischen Bildhauer der damaligen Zeit mitarbeiteten. Die Originale sind heute größtenteils im Britischen Museum in London zu sehen, im Museum von Bodrum werden überwiegend Gipsabgüsse gezeigt. Durch das parkähnliche Ausgrabungsgelände führt ein gepflasterter Weg, der auch einen Einblick in die eigentliche Grabkammer gestattet. Daß vom Mausoleum so wenig erhalten blieb, ist den Johanniterrittern zuzuschreiben, die sich im 15. Jh. des antiken Weltwunders als Steinbruch für den Bau ihrer Hafenfe-

stung bedienten. Das Mausoleum war allerdings schon damals, nach zahlreichen Erdbeben im Laufe der Jahrhunderte, nur noch Ruine (geöffnet: Di–So 9–12 und 13–19 Uhr).

Die Johanniterburg St. Peter

Das **Museum für Unterwasserarchäologie** in der Johanniterburg birgt neben zahlreichen Objekten aus prähistorischer bis byzantinischer Zeit vor allem Teile von Schiffswracks und die aus diesen Wracks geborgenen Funde. Außerdem werden hier anschaulich die Arbeitsbedingungen und -methoden der Unterwasserarchäologie dargestellt (geöffnet: Di–So 8–12 und 13.30–17.30 Uhr).

Praktische Informationen

Schiffsverbindung: Vom Mandráki-Hafen der Stadt Kos aus fahren während der Sommersaison täglich um 9 Uhr morgens Ausflugsboote nach Bodrum (s. auch S. 85). In Bodrum stehen dann ca. 5–6 Std. Aufenthalt zur Verfügung. Im Juli und August werden Bodrum-Ausflüge an mindestens einem Tag der Woche auch von Níssyros aus

angeboten. Für Tagesausflüge genügt zur Einreise in die Türkei zur Zeit der Personalausweis (wer einen Reisepaß besitzt, sollte ihn in Anbetracht möglicher Änderungen der Einreisevorschriften vorsichtshalber mitnehmen).

Essen und Trinken: Zahlreiche kleine Restaurants, die eine Vielzahl von echt türkischen, sehr wohlschmeckenden Gerichten servieren, sind überall im Basarviertel und entlang der Hauptstraße zum Busbahnhof zu finden. Die Restaurants entlang der Uferpromenade sind ebenfalls gut, aber zumeist teurer.

Einkaufen: Das Basarviertel beginnt, vom Zollanleger aus gesehen, unmittelbar hinter der Burg und erstreckt sich zwischen den Straßen Kale Caddesi und Cumhurriyet Caddesi. Hier findet man vor allem Schmuck, Teppiche und Kelims, Kleidung und Souvenirs. Die Händler akzeptieren DM und meist auch Eurochecks. Da die Türkei nicht zur Europäischen Union gehört, gelten für die Einfuhr nach Griechenland und später auch nach Deutschland allerdings Zollvorschriften. Der Wert der Souvenirs darf 350 DM nicht überschreiten. Spirituosen und Zigaretten können sehr preisgünstig im Duty-free-Shop unmittelbar am Zollanleger gekauft werden; erlaubt ist die Einfuhr von maximal 200 Zigaretten und 1 l Spirituosen pro Person nach Griechenland.

Hafen und Johanniterburg von Bodrum

Níssyros –
der ägäische
Bilderbuch-
vulkan

Mandráki

Klöster und Akrópolis

Von Mandráki nach
Páli und Liés

Dörfer am Rand der Caldera

In der Caldera

Mandráki, Blick zum Kloster Spilianí

Was die Athener Akrópolis als Kulturdenkmal ist, ist Níssyros als Naturwunder: einer der Höhepunkte jeder Griechenlandreise. Níssyros muß man erlebt haben, entweder auf einem Tagesausflug von Kos her oder besser noch während eines mindestens dreitägigen Aufenthalts.

Der viel berühmteren griechischen Vulkaninsel Santorin oder den viel spektakuläreren thessalischen Felsnadeln mit den Meteóra-Klöstern ist ihre Einzigartigkeit schon auf den ersten Blick anzusehen. Níssyros gibt sich bei der ersten Annäherung noch nicht zu erkennen. Sie verbirgt sich hinter einer Fassade, die der vieler anderer Inseln gleicht und vielleicht nur ein wenig grüner und freundlicher ist.

Doch die Hänge, die hier aus der Ägäis bis zu fast 700 m Höhe aufsteigen, sind keine Berggipfel und Hügelkuppen wie anderswo. Sie bilden größtenteils den Rand eines gewaltigen Kraters, dessen Boden nur 100–120 m über dem Meeresspiegel liegt. Die Caldera ist ca. 3500 m lang und 1500 m breit. Ihre südliche Hälfte ist üppig grünes Weideland, auf dem im Frühjahr Kühe weiden; die andere Hälfte aber ist eine vulkanische Wüste, in die weitere kleine Krater eingelagert sind. Das Meer ist nur wenige Kilometer entfernt, aber aus der Caldera heraus nicht zu sehen. Kein Mensch lebt hier unten, dafür hebt sich die Häuserkette zweier Dörfer hoch oben am Kraterrand ab. Die zwei anderen Orte von

Níssyros liegen direkt am Ägäisufer: der kleine Fischerhafen Páli und der Hauptort und -hafen Mandráki.

Der griechische Geograph Strabo (64–20 v. Chr.) erzählt in seinen ›Geographika‹ den Entstehungsmythos von Níssyros. Im Verlauf der Gigantomachie, eines langwährenden Kampfes zwischen den olympischen Göttern und wilden, aus der Erde geborenen Riesen, verfolgte der Meeresgott Poseidon den Giganten Polyvotes. Mit seinem

Níssyros in Zahlen
(Inselkarte s. S. 117)

Fläche: 41 km^2
Höchster Berg: Diavátis (698 m)
Küstenlänge: 28 km
Einwohner: 1300 (Volkszählung 1991: 1319)
Telefonvorwahl: 02 42
Entfernungen von Mandráki:
– Kos   44 km
... zu anderen Orten der Insel:
– Páli   4 km
– Embórios   8 km
– Nikiá   14 km

Dreizack riß er einen gewaltigen Erdklumpen aus der Insel Kos heraus und schleuderte ihn auf seinen Gegner. Polyvotes wurde unter diesem koischen Extrakt begraben, die neu entstandene Insel trug fortan den Namen *Níssyros*.

Erdgeschichtlich ist die Entstehung der Insel anders verlaufen: Im Mittelmiozän bauten unterseeische Vulkanausbrüche zunächst drei Inseln auf, darunter den nördlichen Teil des heutigen Níssyros und das Inselchen Stróngili östlich von Gyalí. Später entstand ein gewaltiger Vulkankegel, der in etwa den Umfang des heutigen Níssyros hatte und der auch den älteren Nordteil überdeckte. In einer weiteren Eruptionsphase bildete sich die gewaltige, bis heute erhaltene Caldera. Später bauten sich die Lavastaukuppen des Profítis Ilías und des höchsten Inselbergs, des Diavátis, auf. Als nächstes entstand unmittelbar nördlich von Níssyros eine weitere Insel, von der Gyalí einen kleinen Rest bildet. Sie verschwand größtenteils wieder in den Fluten und hinterließ im Meeresboden zwischen Gyalí und Níssyros einen tiefen Krater. Im Altquartär wurde dieser Vulkan wieder aktiv und warf gewaltige Bimssteinmengen aus, die auf Níssyros und vor allem auf Gyalí niedergingen. Bimsstein wird noch heute auf Gyalí kommerziell abgebaut.

Vulkanologen versichern, daß der Vulkan sich heute im Ruhezustand befindet. Er macht sich nur noch gelegentlich durch Erdbeben bemerkbar, von denen das letzte im Jahr 1933 erhebliche Schäden vor allem in Embório anrichtete.

Mandráki

Im Sommer wendet sich der Inselhauptort dem Meer zu. An der fast 1 km langen Uferstraße stehen Tische und Stühle der Restaurants auf Terrassen direkt über der Ägäis, die die dunkle Lavaküste bespült. Kellner und Wirte nutzen manchmal die publikumsarme Zeit am Nachmittag, um direkt von ihrem Arbeitsplatz aus die Angel auszuwerfen und das Tagesangebot an frischem Fisch zu erweitern. Souvenirgeschäfte färben die Uferstraße mit einer Vielzahl von teils phantasievoll, teils geistlos bedruckten T-Shirts; Mopeds und Vespas warten auf Mieter.

Im Winter aber ist die Uferstraße wie ausgestorben. Das eigentliche Dorfleben spielt sich dann in engen Gassen und auf kleinen Plätzen ab – dem Meer abgewandt. Mandráki ist kein Fischer-, sondern ein Bauerndorf. Über und über terrassierte Hänge im Hintergrund des Dorfes, auf denen Öl- und Feigenbäume wachsen, ernähren seit jeher seine Bewohner.

Unmittelbar am Hafen, den erst die Italiener anlegten, steht ein repräsentatives **Hafengebäude** in typisch italienischer Bauweise, das heute Post und Hafenpolizei nut-

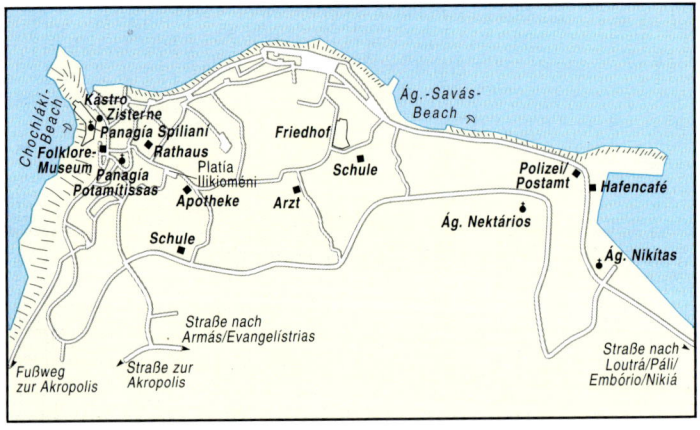

Mandráki

zen. Hier tritt an jedem Werktag-morgen gegen 8 Uhr der Dorfbrief-träger seine Arbeit an – es lohnt sich, ihn einmal zu beobachten. Er kennt jeden Insulaner, verteilt seine Post fast nur auf der Straße und in den Kaffeehäusern. Er hat sichtbare Macht: Wer von ihm bedacht wird, ist froh; wer leer ausgeht, sieht sich als Verlierer. Alte, die ihren Steuer-bescheid nicht verstehen, überlas-sen ihm die Lektüre und einen er-sten Kommentar.

Die Uferstraße endet vor dem äl-testen Viertel Mandrákis. Als Gasse verläuft sie weiter bis zum Kástro-Felsen. Sie passiert eine uralte **Zi-sterne**, die noch in den 80er Jahren sozialer Mittelpunkt für die Dorf-frauen war: Hier wuschen sie ihre Wäsche. Noch vor zehn Jahren

kam auch der Inselmetzger des öf-teren am frühen Morgen, um an der Zisterne Ziegen und Schafe zu schlachten.

Meerseits führt ein Fußweg, am winzigen alten Hafen von Man-dráki vorbei, um den Fels herum in etwa fünf Gehminuten zum schat-tenlosen **Chochláki-Strand**, der frei-lich am Land und im Wasser so steinig ist, daß wohl nur Fakire an ihm Freude finden und dort baden könnten.

Sehr viel lohnender ist der Auf-stieg auf den 35 m hohen Kástro-Felsen mit den Resten einer Johan-niterburg und dem Kloster Spiliani. Das kleine **Folkloremuseum** am Wegesrand lohnt den Besuch kaum: Was es zu bieten hat, sieht man mit einem Blick durchs geöff-nete Fenster (Mo–Sa 10.30–14 und 18–20 Uhr, Eintritt ca. 0,65 DM).

Nach 81 Stufen ist das Tor der **Johanniterburg** erreicht. Nach wei-

112

teren 49 Stufen steht man dann im Vorhof des zu Anfang des 18. Jh. erbauten **Spilianí-Klosters**. In den neun Tagen vor dem Festtag Mariä Entschlafung am 15. August wimmelt es hier von Pilgern, die vor allem von Kéfalos auf Kos herüberkommen und das Kloster mit Leben erfüllen. Ziel ihrer Wallfahrt ist die Marienikone in der Klosterkirche, die sehr viel älter als die übrigen Gebäude ist. Stufen führen hinunter in die klimatisierte Vorhalle: An der Klimaanlage hängt ein Pappschild, das den Namen des Stifters verzeichnet. An der Wand lehnt eine Prozessionsikone, deren Oklad aus alten silbernen Votivtäfelchen gefertigt ist. Sie zeigen Menschen, Körperglieder und Organe, Rinder und Segelschiffe. Unter einem antiken Türsturz hindurch betritt man die alte Höhlenkirche, die wahrscheinlich schon in frühchristlicher Zeit Kultstätte war. Ihr Dach wird von zwei monolithischen Marmorsäulen gestützt; die holzgeschnitzte Ikonostase stammt aus dem Jahr 1725 und ist das Werk eines einheimischen Künstlers. Die zahlreichen Votivtäfelchen unter der wundertätigen Marienikone demonstrieren, wie stark der Glaube an ihre Heilkraft unter den Pilgern auch heute noch ist.

Hauptkirche von Mandráki ist die **Panagía Potamítissas** am kurzen Weg zwischen dem Kástro und dem Hauptplatz des Dorfes, der Platía Ilikioméni. Wandmalereien neueren Datums – gänzlich im traditionellen Stil – bedecken die Wände. Besonders liebevoll und farbenfroh sind hier zwischen den biblischen Darstellungen auch die Flächen mit pflanzlichen und geometrischen Motiven bedeckt. Als Vorbild für die äußerst selten zu findenden Szenen aus dem Marienleben über der Reihe der Heiligen und unter den üblichen Darstellungen neutestamentarischer Ereignisse diente ein entsprechender Marienzyklus des 14. Jh. aus der Chóra-Kirche in Konstantinopel. Da sieht man z. B. an der linken Wand hinten zunächst den äußerst drastisch geschilderten Kindesmord in Bethlehem und daran anschließend ›Die sieben ersten Schritte Mariens‹: Maria konnte bereits im Alter von sechs Monaten sieben Schritte auf ihre Mutter Anna zugehen, wie das nicht ins Neue Testament aufgenommene, apokryphe Protoevangelium des Jakobus berichtet.

Die kleine **Platía Ilikioméni** ist einer der schönsten Dorfplätze des Dodekanes. Vier Bäume, darunter ein gigantischer, erst um 1960 gepflanzter Gummibaum, spenden den ganzen Tag über Schatten. Langweilig wird es nie, hier an den Tischen der Tavernen und Kafenía zu sitzen, denn immer gibt es etwas zu sehen. Morgens parkt hier zunächst für geraume Zeit ein Kleinlastwagen, auf dem die Bewohner der Umgebung ihre Müllsäcke deponieren können. Dann kommt der Bäcker aus Páli mit frischem Brot und Gebäck, später flanieren die ersten Gruppen von Tagesbesuchern vorbei. Viele kehren im *International Restaurant,* das der 1995 verstorbene Profi-Koch Franzis mit Flaggen aus aller Herren Länder geschmückt hat. Da flattern Hammer und Sichel der alten UDSSR noch einträchtig neben dem Sternenbanner im Wind. An einer Hauswand hängt ein Schwarzes Brett, an dem Anschläge zur Teilnahme an Fußball- und Basketballturnieren auffordern, Einladungen zu Kirchweihfesten aushängen oder Teilnahmebedingungen für privat veranstaltete Lotterien, bei

denen der Hauptpreis meist ein Freiflug nach Amerika ist. Der Dorfpope ist Stammgast auf der Platía, aber auch er weiß nicht, wer denn eigentlich der Mann ist, dessen Büste am Rande der Platía steht: ein gewisser Mittelschuldirektor Kleárchos Kouroúnis, der 1943 als Widerstandskämpfer starb. Niemand im Dorf kann über ihn Auskunft geben, in der Gemeindebibliothek an der Platía findet sich keine Zeile über ihn. Schlimmer noch: Niemand scheint sich hier noch für seine Geschichte zu interessieren.

Bummelt man die wenigen Schritte von der Platía Ilikioméni zum klassizistischen Rathaus *(di-*

Gasse in Mandráki

marchío) aus dem Jahre 1931, passiert man ein Haus, das noch aus der Kreuzritterzeit stammt. Es ist bis zur Unkenntlichkeit weiß gekalkt, aber in den oberen Geschossen liegen noch einige schöne Steinmetzarbeiten frei. Der kleine Platz vor dem Rathaus ist mit einem schwarz-weiß-roten Kieselsteinmosaik verziert, das einen Adler beim Schlagen einer Schlange zeigt; unmittelbar an der Rathausfassade dienen zwei hellenistische Stieraltäre heute als Aschenbecher. Gleich hinterm Rathaus verunziert Müll eine lieblos angehäufte Sammlung auf der Insel gefundener antiker Bruchstücke.

Klöster und Akrópolis

Ein 15minütiger Spaziergang führt von der Platía Ilikioméni durch das Dorf und über Ölbaumterrassen zur besterhaltenen antiken Stadtmauer Griechenlands. Innerhalb der Mauern haben noch keine Grabungen stattgefunden; niemand weiß, ob sie eine städtische Siedlung oder eine Akrópolis mit Tempeln schützten. Ein über 100 m langer Mauerabschnitt ist bis zu 6 m Höhe und 4 m Dicke erhalten. Die sorgfältig behauenen und genau ineinander gepaßten Steinblöcke aus vulkanischem Trachytgestein sind bis zu 80 cm hoch und 2 m lang; die Seitenkanten sind meist abgeschrägt, um der Mauer mehr

Festigkeit zu verleihen. Auf die Mauer gelangt man über eine Treppe gleich rechts vom bestens erhaltenen Stadttor. Die Treppenkonstruktion lohnt eine genauere Betrachtung: Sie ist aus großen Steinblöcken zusammengesetzt, in die jeweils drei Stufen eingeschnitten sind. Auf jeder dieser Stufen liegt noch einmal ein schwergewichtiger Stufentritt.

Das ständig frei zugängliche **Paleókastro** kann man nicht nur zu Fuß erreichen, sondern auch über eine befestigte Straße, die in der Nähe des Hafens von der Straße Mandráki – Páli abzweigt. Diese Fahrstraße passiert die Höhere Schule und den Sportplatz der Insel, bei dem am Straßenrand einige Bruchstücke antiker Bauten, hellenistische Stieraltäre und ein Sockel mit einem Relief, das vier Männer zeigt, aufgestellt sind. 100 m hinter dem Sportplatz zweigt eine Straße etwas aufwärts nach links ab (ausgeschildert mit »Monastery«).

Etwa 3 km nach dieser Abzweigung steht am Wegesrand ein aus Natursteinen errichteter Stall. Hier beginnt ein kurzer Feldweg, der schon nach 120 m an einem großen Stall und Freigehege für Ziegen und Schafe endet. 30 m westlich davon stehen auf den Ölbaumterrassen die anfangs nur schwer auszumachenden Überreste des mittelalterlichen **Klosters Armás**. Nur die Kapelle wird noch geweißt. Sie birgt Fresken aus byzantinischer Zeit und ist deswegen verschlossen; den Schlüssel verwahrt der Inhaber des Zigarettenladens nahe dem Rathaus von Mandráki. Aber auch ohne Kapellenbesuch lohnt der kurze Abstecher zur romantischen Klosterruine. Von Mitte Juni bis Mitte September kann man hier sogar zahlreiche Schmetterlinge von der gleichen Art finden, die in den Schmetterlingstälern von Rhodos und Páros als Touristenattraktion vermarktet werden. Es handelt sich dabei um den Gepunkteten Harlekin, lateinisch *Callimorpha Quadripuncta*.

600 m nach dem Abstecher zum Kloster Armás erreicht der Feldweg das zwar unbewohnte und verschlossene, aber gut gepflegte **Kloster Evangelístrias**. Der Bau selbst verdient keine besondere Erwähnung; die Fahrt hinauf lohnt vor allem der schönen Landschaft und der Bergeinsamkeit wegen.

Von Mandráki nach Páli und Liés

Links der Straße nach Páli steht 2 km vom Hafen entfernt in **Loutrá** ein großes Gebäude am Meer, das dringend der Renovierung bedarf. Es ist das **Kurhaus** der Insel: Hier nehmen griechische Kurgäste heilsame Thermalbäder bei Rheuma und Arthritis. Früher wurden in dem Gebäude auch 100 Gästezimmer vermietet, heute sind es nur noch einige wenige. Man ist aber dabei, weitere Zimmer wieder-

herzustellen. Auch als ausländischer Tourist kann man hier Bäder nehmen: in schwefelhaltigem Wasser, das direkt aus der Caldera in die altertümlichen Badewannen fließt. Auch Massagen werden verabreicht. Die erforderliche ärztliche Verordnung stellt der Inselarzt gegen Bezahlung aus.

Am Strandhotel *White Beach* vorbei führt die Straße dann nach **Páli**, dem zweiten Küstendorf der Insel. Die Italiener wollten Páli in den 30er Jahren ähnlich wie Lákki auf Léros zu einer am Reißbrett konzipierten Mustersiedlung ausbauen, der Zweite Weltkrieg sollte dieses Vorhaben jedoch verhindern. Páli wirkt leblos; der lange Sand-Kieselsteinstrand wird jedoch auch von in Mandráki einquartierten Urlaubern viel besucht. Am Strand entlang führt eine Straße weiter in Richtung Liés. Am äußersten Ortsrand passiert sie das größte Gebäude der Insel: ein nicht fertiggestelltes Großhotel, das aus Níssyros einen modernen, auch international attraktiven Kurort machen sollte . . . Der Bauruine gegenüber steht, von der Straße aus kaum zu erkennen, die kleine Kapelle **Panagía Thermianí** in den Überresten eines römischen Thermengebäudes.

Ca. 3 km weiter endet die Uferstraße am einsamen **Strand von Liés** (grober Sand mit Steinchen, im Wasser Kies und Steine, steil abfallendes Ufer), an dem eine einfache, improvisierte Bar im August sechs Sonnenschirme vermietet.

Die kann man in dieser schattenlosen Einöde auch gut gebrauchen.

Dörfer am
Rand der Caldera

Embório und Nikiá wurden unmittelbar am oberen Kraterrand er-

baut. In beiden Dörfern gibt es Stellen, von denen aus man sowohl
übers Meer als auch tief hinunter in
die Caldera sehen kann. Wer mehr
als einen Tag auf Níssyros ver-
bringt, sollte unbedingt beide Orte
besuchen.

Embório liegt abseits der Straße
am Kraterrand. Die 1 km lange Stichstraße endet vor dem Dorf, in dem
Esel und Maultiere die einzigen
Transportmittel sind. Die meisten
Häuser stehen leer und verfallen,
andere sind nur noch im Sommer
bewohnt. Im Winter leben in

Níssyros

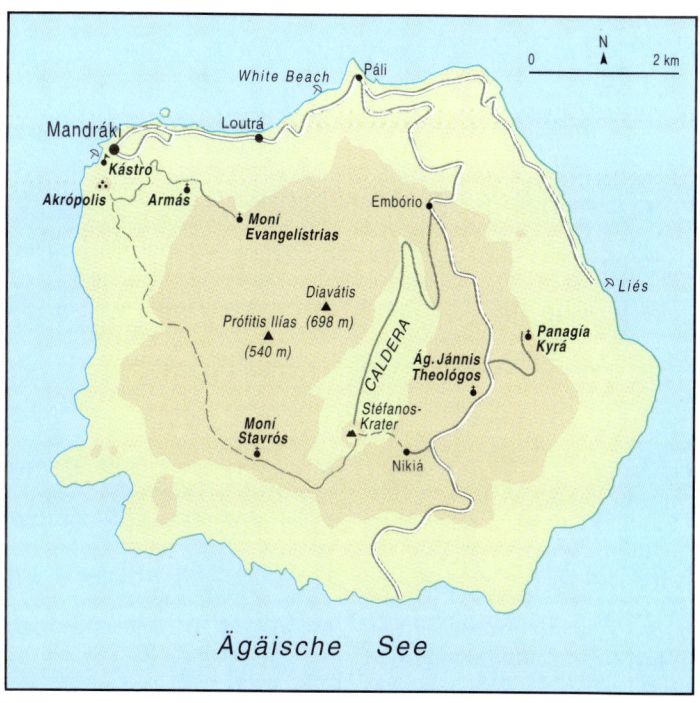

Hephaistos heizt

Griechische Kurorte heute

Hephaistos galt den Griechen der Antike als Gott des Feuers. Die Römer nannten ihn später *Vulcanus*. Mit seinen Aktivitäten erklärte man sich Erdwärme und Fumarolen in vulkanischen Gebieten, Vulkanausbrüche und heiße Quellen.

Hephaistos heizt die Erde noch immer auf. Auf Níssyros wurden in den 80er Jahren Probebohrungen unternommen, um festzustellen, ob seine Arbeit nicht auch für die Energiegewinnung nützlich sein könnte. In bis zu über 1800 m Tiefe maß man die Temperatur der entweichenden Gase mit 350–370 °C; das Energiepotential wurde auf bis zu 100 MW veranschlagt. Würde man ein Dampfkraftwerk bauen, könnte damit fast der gesamte Dodekanes mit Strom versorgt werden. Finanznöte und der Protest der Inselbevölkerung verhinderten jedoch die weitere Durchführung des Projekts: Die Nissyrioten fürchteten, daß die stinkenden, auch durch Filter nicht gänzlich zu unterdrückenden Schwefelgase die Insel unbewohnbar machen würden. So wird Energie in Hellas auch weiterhin nur durch Braunkohle, Erdöl und Wasserkraft sowie in geringem Umfang durch Windkraft und Solarenergie gewonnen. Atomkraftwerke gibt es nicht.

Schon seit Jahrtausenden werden in Griechenland die zahlreichen Thermalquellen zu Badekuren genutzt, so auch auf Níssyros und Kos. Die Umstände, unter denen Kranke dort Heilung suchen, muten archaisch an, sind an Primitivität nicht zu übertreffen. Auf Kos gibt es nicht einmal ein Badehaus. Das Thermalwasser wird hier an einem

Embório nur noch 20 Menschen, die Dorfschule ist längst geschlossen. Die Abwanderung setzte bereits 1933 ein, als das Erdbeben schwere Zerstörungen im Dorf anrichtete. Ein Teil der Bewohner ließ sich fortan in Páli nieder, das die Italiener ja ohnehin zur Stadt ausbauen wollten; andere wanderten aus.

Eine Treppengasse führt in ca. 10 Min. zu Fuß durch das Dorf hinauf zum Kástro. Sie passiert auch die Platía mit der Dorfkirche und zwei Kafenía. Vor dem Kaffeehaus am Kraterrand erinnert eine Gedenktafel an den Hauptmann Evángelos Chatzevángelos, der in Embório am 12. Februar 1945 fiel. Die Männer im Kaffeehaus kennen sei-

kieseligen Strand ins Meer geleitet, wo mit großen Steinbrocken ein kleiner, runder Pool markiert ist. In ihm tummeln sich Heilungsuchende zusammen mit neugierigen Touristen. Auf Níssyros gibt es zwar ein großes Kurhaus mit Wannenbädern und Masseur, aber das Gebäude stammt bereits aus dem Jahr 1872 und ist seitdem kaum modernisiert worden. Die meisten seiner Gästezimmer mit einst 160 Betten stehen leer, die Badewannen muten eher gesundheitsschädigend denn -fördernd an. Der Warteraum gleicht der Kulisse eines Polanski-Films.

Griechische Kurgäste sind an solche Szenarien gewöhnt. Auch die bedeutendsten Kurorte Griechenlands sind Welten von Norderney und Baden-Baden entfernt. Loutrá Killínis auf dem Peloponnes zum Beispiel: Da fahren die Kurgäste in den neuesten Luxuskarossen am Kurmittelhaus vor, steigen im uralten Bademantel mit Handtuch um den Kopf aus und setzen sich in ein Schlammloch im Eukalyptuswald, um sich gegenseitig mit Heilschlamm einzureiben. Auf dem unbefestigten Parkplatz vor dem Kurhaus kampieren einige Gäste im Wohnwagen; Losverkäufer und fliegende Händler versuchen bei den auf eine freie Thermalbadewanne Wartenden ihr Glück. Die EU hat Loutrá Killínis ein neues Kurviertel für fast 2 Mrd. Drs. finanziert, doch das gigantische neue Kurhaus blieb im Rohbau stecken. Das restliche Geld wurde in ein Straßennetz investiert, das durch ein gut geplantes, aber nie errichtetes Neubauviertel führt ...

Im Dezember 1994 haben Kos und Níssyros bei der EU Anträge auf Bauförderung neuer Thermalbadeanlagen gestellt. Die Gemeinden Rheiderland, Bunde und Nieuweschans zu beiden Seiten der deutschholländischen Grenze haben sie dabei mit fachlichem Rat unterstützt. Man darf gespannt sein, ob bei diesem Vorhaben endlich einmal mehr als eine Investitionsruine herauskommt.

ne Geschichte und machen den Besucher auf den kaputten Spiegel im Kafeníon aufmerksam, der deutliche Kampfspuren trägt: In diesem Lokal töteten griechische Partisanen an jenem 12. Februar sieben deutsche Soldaten; Evángelos Chatzevángelos kam bei dem Gefecht als Anführer der Freischärler ums Leben.

Am Weg zwischen Platía und Kástro wohnt der herzkranke Kóstas, der den Schlüssel zur im Kástro gelegenen Michaelskirche verwahrt. Da der Weg hinauf für Kóstas beschwerlich ist, schließt er sie nur in den kühlen Morgenstunden und im Winter auf. Von der mittelalterlichen Burg, in der bis 1933 noch ein Dutzend Familien

Die Platía von Nikiá

wohnte, sind nurmehr geringe Mauerreste erhalten; die **Michaels-kirche** ist gleichfalls in einem traurigen Zustand. Immerhin sind noch einige jahrhundertealte Fresken zu sehen. In der Apsis erkennt man Maria mit dem Kind und einige Kirchenväter, darüber Reste der himmlischen Apostelkommunion und links die Opferung Isaaks. An der linken Seitenwand findet sich das Jüngste Gericht, an der rechten der Erzengel Michael und das Bildnis einer Frau mit weißem Kopftuch und Tracht: wohl die Frau des Kirchenstifters. Gottesdienst wird in dieser Kirche nur noch einmal im Jahr gefeiert, am Patronatstag des Erzengels, dem 8. November.

Nikiá, das zweite Dorf am Kraterrand, zählt 100 Bewohner. Auch hier endet die Straße am Dorfrand. Eine blumenreiche Gasse führt in 3 Min. zur Platía mit einem gemauerten Tanzplatz und Kieselsteinmosaikboden. Man sitzt unter schattigen Rankgewächsen an den Tischen eines altertümlichen Kafeníons und blickt auf die an den Platz angrenzende Kirche, die Mariä Darbringung im Tempel geweiht ist. An der Ikonostase sind einige Ikonen aus dem 17. Jh. bemerkenswert.

Beim Bummel durchs Dorf eröffnen sich immer wieder phantastische Ausblicke aufs Meer und in den Krater hinein, in den man von Nikiá aus auf einem guten Pfad in ca. 1 Std. hinabsteigen kann. Der Höhenunterschied beträgt etwa 250 m, bergsteigerische Fähigkeit und Schwindelfreiheit werden nicht verlangt. Der Pfad beginnt auf dem Wendeplatz des Inselbusses am Straßenende. Ein Pfeil und die Aufschrift »Volcano« weisen auf die Stufen hin, die zum Beginn des Fußwegs zum Kloster Ágios Jánnis führen. Man folgt ihm, solange er zementiert ist. Wo der Zement endet, zweigt an einem Lichtmast nach scharf hinten links ein Stufenpfad ab, der von hier bis auf die Kratersohle hinab mit einem roten Punkt markiert ist.

In der Caldera

Eine Baumgruppe markiert das touristische Zentrum des Kraters. In ihrem Schatten stehen die Tische und Stühle einer einfachen *kafetéria*, die nur Erfrischungsgetränke und Kartoffelchips serviert, aber weder Speisen noch Kaffee. Wer vor 11 Uhr morgens ankommt, kann hier das Gefühl genießen, mitten in der Caldera zu sitzen. Sie ist ja die eigentliche Sehenswürdigkeit, wenn auch die kleinen, erst später entstandenen Krater im Boden der Caldera von vielen als weitaus spektakulärer empfunden werden.

Gegen 11 Uhr windet sich dann eine Buskarawane über eine Asphaltstraße in die Caldera hinab und parkt vor der *kafetéria*. Allein und in geführten Gruppen wandern die Tagesbesucher über einen leicht rutschigen Pfad in den größ-

ten der Sekundärkrater hinab. Er ist etwa 350 m lang und 250 m breit, seine Wände sind an vielen Stellen von Schwefel glitzernd gelb gefärbt. Aus Erdlöchern steigen heiße Schwefeldämpfe auf, in kleinen Mulden blubbert Schlamm, brodelt Wasser. Auf von Erdwärme erhitzten Steinen braten Reiseleiter effektvoll Spiegeleier, die später aber niemand essen mag; Mutige hüpfen umher, um das Vibrieren des scheinbar unterhöhlten Bodens zu genießen. Manche Besucher nehmen Schwefel von den Solfataren mit, andere kaufen ihn später in der *kafetéria*. Nicht viel weiter als dieser spektakuläre Schaukrater sind die übrigen vier Sekundärkrater in der Caldera von der *kafetéria* entfernt. Zu ihnen geht kaum jemand.

Fußweg aus der Caldera nach Mandráki

3–4 Std. reine Gehzeit muß man rechnen, will man aus der Caldera nach Mandráki zurückwandern. Der Weg ist gut und nicht zu verfehlen. Man erlebt Landschaften, wie sie vom Fahrzeug aus auf Níssyros nicht zu finden sind und kann zudem während der ersten Stunden die Caldera aus immer wieder neuen und nur selten fotografierten Blickwinkeln genießen. Wer nicht laufen mag, kann dieses erste Wegstück bis zum Kloster Stavrós auch mit dem Moped oder Auto zurücklegen.

Das weiß gekalkte **Kloster Stavrós** auf dem westlichen Kraterrand ist von der *kafetéria* aus schon ebensogut auszumachen wie der Feldweg, der am südlichen Kraterhang entlang hinaufführt. Das Kloster ist heute unbewohnt, wird aber gut instand gehalten: Alljährlich ist es Schauplatz eines bedeutenden Kirchweihfestes, aus dessen Anlaß auch viele Pilger in den alten Klosterzellen nächtigen. Die kleine Kirche steht immer offen, auf dem weitläufigen Klosterhof bietet die unverschlossene Zisterne die Möglichkeit, sich mit ein wenig kühlem Wasser zu erfrischen.

Vom Kloster aus wird der Feldweg schlechter; zunächst senkt er sich ein wenig abwärts, steigt dann

Die Caldera von Níssyros: Blick auf den Stéphanos-Krater

ziell abgebaut und exportiert wurde. Der Wanderweg durch einst landwirtschaftlich intensiv genutzte Gegenden mündet schließlich ganz in der Nähe des Paleókastro auf die Straße, die von Mandráki aus hinaufführt.

Praktische Informationen

Schiffsverbindungen: Die kleine Autofähre *Nisos Kálymnos* verbindet Mandráki ganzjährig 2 × wöchentlich mit Kálymnos, Kos, Tílos, Sými und Rhodos; große Autofähren im Sommer 2 × wöchentlich mit Piräus, Kálymnos, Kos, Tílos, Rhodos, Sýros und Páros und 1 × wöchentlich mit Astypálea, Pátmos, Lípsi, Léros, Sými und Kastellórizo; Tragflügelboote im Sommer 1 × wöchentlich mit Kálymnos, Kos, Sými und Rhodos; Ausflugsboote im Sommer täglich mit Kos-Stadt und Kardámena/Kos sowie 5 × wöchentlich mit Kéfalos/Kos.

Busverbindungen: Ein Linienbus pendelt von 6.30–18 Uhr 7 × täglich zwischen Mandráki und Páli (im Sommer 1994 wurden die Fahrkosten vom Reisebüro *Polyvotis Tours* getragen) sowie 2 × täglich zwischen Mandráki, Páli und Nikiá. Ausflugsbusse fahren nach Bedarf in den Krater, solange Ausflugsschiffe von anderen Inseln im Hafen liegen. Im August auch 2 × täglich Linienbusverbindung von Mandráki über Páli zum Strand von Liés.

etwa 25 Gehminuten lang leicht, aber stetig an bis hinauf auf eine von Bergen umschlossene Hochebene mit den Ruinen eines völlig verlassenen, ehemals fünften Inseldorfes. Auf dem Weg dorthin sieht man unten an der Küste die Ruinen eines großen Gebäudes, das im 19. Jh. als Lagerhalle für Schwefel diente, der damals noch kommer-

Taverne an der Platía Ilikioméni, einem
der schönsten Plätze des Dodekanes

Taxis: Die beiden Inseltaxis müssen telefonisch gerufen werden,
✆ 3 14 60 und 3 14 74. Mopeds werden in Mandráki und Páli vermietet;
Mietwagen fehlen.

Unterkunft in Páli: Etwa 100
Fremdenbetten. Hier zu wohnen
ist aber nicht empfehlenswert, da der
Ort keinerlei Atmosphäre besitzt und
abends keine Busverbindung nach
Mandráki besteht.
. . . in Mandráki: *Ipapándi*: Pension mit
4 Doppelzimmern und vier Apartments
für bis zu 4 Personen. Der Vermieter ist
der Wirt des Restaurants *Panorama* neben der Apotheke (✆ 3 11 85, DZ ca.
40 DM in der Hauptsaison).
Porfýris: Einziges Hotel der Insel mit
Swimmingpool. Nahe der Platía gelegen, viele Zimmer mit Balkon und schönem Blick über das Dorf (38 Zimmer,
✆ 3 13 76, DZ ca. 80 DM).
Three Brothers: Pension mit guter Taverne unmittelbar über dem Anleger (12
Zimmer, ✆ 3 13 44, DZ ca. 45 DM).
Romántzo: Einfache Pension gegenüber
der Pension *Three Brothers*. Zimmer
klein, aber ordentlich (25 Zimmer,
✆ 3 13 48, DZ ca. 40 DM).
White Beach: Terrassenförmig über dem
besten Inselstrand an den Hang gebau-
tes Hotel mit Panoramabar auf der
Dachterrasse. 2,5 km außerhalb von
Mandráki an der Straße nach Páli (48
Zimmer, ✆ 3 14 98, Fax 3 13 89, DZ
ca. 52 DM).

Camping: Auf Níssyros gibt es
bislang keinen offiziellen Campingplatz.

Essen und Trinken in Mandráki:
Restaurant Special Frazis, eines
der ältesten Restaurants der Insel, an der
Platía. Mittags kehren hier viele Grup-

pen von Tagesausflüglern ein, abends ist es angenehmer. Man schenkt offenen Inselwein aus und serviert auch Kuchen.

Panórama: Das Restaurant mit der besten Küche der Insel, nur etwa 20 m von der Platía entfernt neben der Apotheke. Der Wirt führte lange Zeit ein griechisches Restaurant in den USA und kocht phantasievoll täglich neue Gerichte. Es gibt keine Speisekarte; Angebot und Preis muß man erfragen.

Níssyros: Wird als besonders preiswerte Taverne gepriesen. Die Portionen sind allerdings klein, der Service meist unfreundlich. In einer kleinen Gasse nahe dem Meer gelegen.

Captain's Taverna: Hier sitzt man entlang der Uferstraße besonders schön am Meer (Spezialität: frischer Fisch); äußerst preiswert ist die benachbarte *Mike's Taverna*.

. . . in den anderen Inseldörfern: In Páli gibt es ein halbes Dutzend Tavernen und Ouzerien. Das *Agistri* liegt unmittelbar am Strandanfang und serviert fangfrischen Fisch.

In Nikiá serviert eine Taverne nahe der Bushaltestelle tagsüber leichte Gerichte und abends Gegrilltes; in Embório werden im Kafeníon an der Platía mittags und abends einfache Gerichte wie Omeletts, Salate und Suppen angeboten.

Inselspezialität: *soumáda*, ein milchiger, mit Wasser verdünnter Mandelsaft. *pítia*, auch *revithókeftedes* genannt, eine Art Reibekuchen aus Kichererbsenmehl.

 Geldwechsel: Im Postamt und im Büro der *National Bank* in Mandráki. Abends und an Wochenenden in Reisebüros.

 Post/Telefon: Postamt im Hafengebäude am Anleger von Mandráki; OTE-Telefon im Dorf, nahe dem Friedhof.

Feste: Osterdienstag: Kirchweihfest am Verkündigungskloster (Evangelismós). 30. Juni: Kirchweihfest zu Ehren der Apostel in Páli. 14./15. August: Kirchweihfest im Kloster Panagía Spilianí in Mandráki mit Bewirtung aller Anwesenden, Musik und Tanz; ebenso im Kloster Panagía tis Kyrá bei Nikiá. 22. August: Kirchweihfest in Embório (am Abend) 14. September: Kirchweihfest im Kloster Stavrós. 26. September: Kirchweihfest am Kloster Ágios Jánnis Theológos bei Nikiá.

Auskunft: Freundlich und zuverlässig informiert das Reisebüro *Polyvotis Tours* am Anleger von Mandráki, ☎ 3 12 04.

Astypálea – Bindeglied zu den Kykladen

Chóra und Skála

Livádi und der Inselwesten

Strände und Mosaike

Ausflug nach Éxo Vathý

Die Windmühlen von Chóra

Astypálea liegt einsam in der Weite der Ägäischen See. An den meisten Tagen des Jahres ist keine andere Insel in Sicht – eine Seltenheit im Inselmeer der Griechen. Zu den Nachbar-Eilanden, der Kyklade Amorgós und dem dodekanesischen Kálymnos, ist man per Schiff jeweils drei Stunden unterwegs.

Astypálea ist das Bindeglied zwischen beiden Inselgruppen. Die weißen Häuser der Chóra, die sich wie ein Collier um die venezianische Burg auf dem Gipfel eines auf drei Seiten von Wasser umgebenen Hügels ziehen, wirken eindeutig kykladisch. Während der fränkischen Herrschaft in der Ägäis gehörte Astypálea nicht wie der übrige Dodekanes zum Machtbereich der Johanniterritter, sondern zu dem der fränkischen Herzöge der Kykladen. Erst als die Kykladen 1830 Teil des freien Griechenlands wurden, schlug man Astypálea dem erst von den Türken, dann von den Italienern besetzten Dodekanes zu. Heute gehört die Insel zum Regierungsbezirk von Kálymnos.

Außerhalb der Hochsommermonate lockt Astypálea nur wenige Touristen an; in den Oster- und Herbstferien trifft man hier zumeist Ausländer, die sich schon vor Jahren Häuser auf der Insel kauften. Vor 20 Jahren waren viele Anwesen verlassen, die Chóra war eine Geisterstadt, deren letzte Bewohner sich vor übersinnlichen Mächten fürchteten und nach und nach alle tiefer hinab in den Hafenort

Skála zogen. Die Fremden kauften die leerstehenden Gebäude, restaurierten sie und machten die Chóra wieder so attraktiv, daß schließlich auch die Einheimischen zurückkehrten.

Chóra und Skála sind heute nahtlos ineinander verwachsen, zwei Autostraßen und viele breite Stufenwege verbinden den Hafen

Astypálea in Zahlen
(Inselkarte s. S. 132/133)

Fläche: 97 km²
Höchster Berg: Vardiá (482 m)
Küstenlänge: 110 km
Einwohner: 1100 (Volkszählung 1991: 1066)
Telefonvorwahl: 02 43
Entfernungen von Skála:
– Egiáli/   76 km
  Amorgós
– Póthia/   81 km
  Kálymnos
... zu anderen Orten der Insel:
– Livádi   3 km
– Maltezána   9 km
– Flughafen   9 km
– Mésa Vathý   20 km

Inmitten karger Landschaft: Chóra

Chóra und Skála

mit dem historischen Hauptort. Die wenigen anderen Inseldörfer erwachen erst im Sommer zum Leben, wenn sie von überwiegend griechischen Urlaubern wiederbevölkert werden. So ist Astypálea eine relativ ruhige Ferieninsel; groß genug, um einiges zu unternehmen, aber auch intim genug, um sich schnell heimisch zu fühlen.

Der lebhafteste Teil von Skála ist das kurze Straßenstück unmittelbar über dem Ortsstrand mit seinen Kaffeehäusern, Tavernen und Bars sowie der zentralen Bushaltestelle und dem Taxistandplatz. Der Stufenweg, der in ca. 10 Min. zu Fuß zur Chóra hinaufführt, beginnt ein paar Schritte weiter an der kleinen Platía vor den Hotels *Astynéa* und *Parádissos.*

129

Zentraler Treffpunkt der Chóra ist die langgestreckte **Platía Eleftherías** vor den acht restaurierten Windmühlen. Sie alle sind von einem kleinen Kreuz bekrönt, das am späten Nachmittag einen fotogenen Schatten auf die jeweilige Nachbarmühle wirft. Nahe der Platía fallen im unteren Teil der Chóra sechs aneinandergebaute Kirchlein mit Tonnengewölben auf, denen gegenüber noch einmal drei weitere Kapellen mit kostensparend geteilten Längsmauern stehen. Sie sind bis heute in Privatbesitz; ihr Alter ist unbekannt. Sie können leider nicht besichtigt werden.

Hauptkirche der Chóra ist die **Panagía Portaítissa** aus dem Jahr 1764; wenn man der Hauptgasse folgt, kann man sie kaum verfehlen. Innen birgt sie eine prächtig vergoldete Reliefikonostase aus Holz (spätes 18. Jh.); doch außerhalb der Gottesdienstzeiten ist die Kirche meist verschlossen. Die **venezianische Burg** hingegen ist ständig frei zugänglich: Man betritt sie durch einen langen, überwölbten Gang mit drei weiß übertünchten, gotischen Kreuzrippenbögen. Über dieses Eingangstor hat man im Mittelalter die blendend weiß gekalkte Verkündigungskirche gebaut, auch Panagía tou Kástrou genannt. Ein zweites mittelalterliches Kirchlein, dem hl. Georg geweiht, steht auf dem Burghof. Einige umherliegende Spolien unterstreichen die These, daß der Burghügel die Akropolis des antiken Astypálea trug.

Gleich links vom Burgzugang erhob sich der **Palast der Quirini**, eines venezianischen Adelsgeschlechts, das Astypálea 1207 als Lehen aus den Händen des venezianischen Herzogs der Kykladen empfing und bis 1537 über die Insel herrschte. Das Familienwappen hat sich als Relief an der Hausruine gut erhalten. Die meisten anderen Hausruinen auf der Burg stammen aber wohl nicht aus venezianischer, sondern aus osmanischer Zeit. Ihre Außenmauern bildeten wie in kykladischen Kástri (Wehrdörfer) zugleich die äußere Begrenzung der Burg. So schützte sich die Inselbevölkerung vor Piratenüberfällen. In vielen Hausruinen sind noch eingebaute hölzerne Schränke und Nischen zu erkennen, an einer Stelle hat sich auch noch die Hausnummer 919 erhalten. Die Gebäude waren zum Teil noch bis 1956 bewohnt.

Livádi und der Inselwesten

Livádi ist der grünste Ort der Insel. Die nur locker bebaute Streusiedlung mit etwa 200 Häusern zieht sich vom 300 m langen Kies- und Kieselsteinstrand aus zu beiden Seiten eines als Straße genutzten

Im Hafen von Skála

Trockenbachbettes durch eine breite Ebene tief inseleinwärts. Vom Ufer her fällt der Blick auf die Chóra mit der Burgruine, die mit ihren zahlreichen Fensteröffnungen von hier aus eher wie ein Palast denn wie eine Festung anmutet. Die Häuser sind von blumenreichen Gärten umgeben; hinter windabweisenden Mauern gedeihen zwischen den Häusern Zitronen- und Orangenbäume. Am Talende ist eine hohe Staumauer zu erkennen, hinter der seit dem Winter 1993/94 Regenwasser gesammelt wird, um die Zitrushaine, Wein- und Gemüsegärten von Livádi zu bewässern.

Der **Strand von Livádi** ist im Sommer der bestbesuchte der Insel, obwohl hier nur wenige Tamarisken Schatten bieten. Es gibt bescheidene Wassersportmöglichkeiten (ein paar Surfbretter, Jet- und Wasserski sowie einige wenige Sonnenschirme und Liegestühle werden angeboten), doch viele Tavernen. Vom südlichen Ende des Strandes führt eine Zementstraße in 3 Min. zu Fuß leicht bergan zu den eingezäunten, aber begehbaren Überresten einer frühchristlichen Basilika. Bei der darauf erbauten, neuen, kleinen Kapelle sind noch minimale Teile eines Bodenmosaiks zu erkennen; nicht weit davon entfernt kann man unmittelbar

am Zaun ein weiteres, etwa 3 m² großes Stück entdecken.

Hier beginnt auch ein schmaler Küstenpfad, der am Ufer entlang in ca. 15 Min. zu den drei winzigen **Kieselsteinbuchten von Tzanáki** führt, an denen auch im Hochsom-

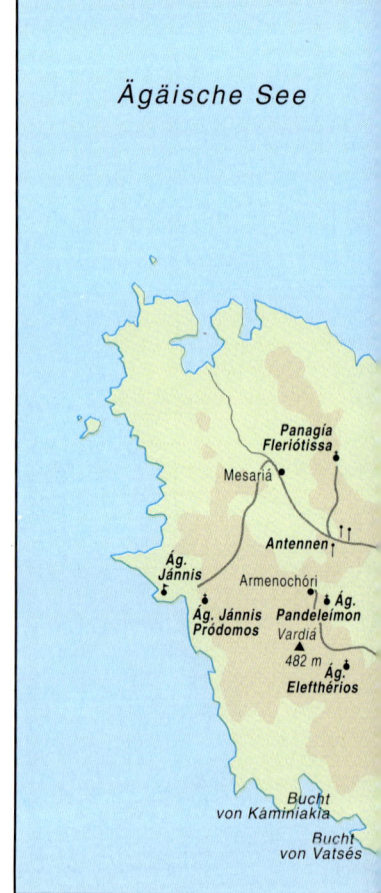

mer hüllenloses Baden üblich ist. Folgt man dem Küstenpfad weiter und balanciert auf den Rändern eines schmalen Bewässerungskanals über eine 4 m tiefe Schlucht, gelangt man zu einem Viehzüchtergehöft, vor dem ein Feldweg endet.

Geht man diesen Feldweg hinauf, stößt man auf den Fahrweg, der von Livádi zur **Bucht von Ágios Konstantínos** führt (ca. 6 km ab Livádi). In dieser Bucht, die auch Ausflugsboote von Skála her ansteuern, serviert eine einfache, von

Tamarisken beschattete *kantína* gegrillten Oktopus und kühle Getränke. Der etwa 150 m lange Strand besteht aus Sand und Kies.

Um weiter in den Inselwesten vorzudringen, muß man jedoch nach Chóra zurückkehren. Von hier aus geht oder fährt man zunächst einige Meter auf der neuen Asphaltstraße nach Skála, die zwischen der (von der Burg aus gesehen) sechsten und siebten Windmühle hindurchführt. Gleich am ersten Haus linker Hand wechselt man auf die hier weiter aufwärts führende Straße. Sie passiert nach ca. 300 m rechter Hand hinter einem umzäunten Hausgrundstück eine kleine Kapelle, vor der minimale Reste eines farbigen frühchristlichen Mosaiks zu erkennen sind.

4 km weiter, ein Stück hinter den Antennenmasten, gabelt sich der Feldweg: Folgt man dem Weg zur Rechten, erreicht man nach 2 km die am oberen Ende eines grünen Taleinschnitts an einen höhlenreichen Hang gebaute Kirche **Panagía Fleriótissa**. Früher lebten hier einmal sechs Mönche, heute bewohnt eine Viehzüchterfamilie die alten Klostergebäude. Auf dem Vorhof der Kirche bezeugen Spolien, daß wohl auch hier einst eine frühchristliche Basilika stand.

Folgt man an der Gabelung hinter den Antennenmasten dem Feldweg nach links, gelangt man nach weiteren 8 km zum Kloster **Ágios Jánnis Pródromos**, das sich an steil abfallenden Felswänden hoch über dem Meer erhebt. Quellen bewässern ein paar Gemüsefelder, Kiefern, Öl- und Walnußbäume; Terrassen ziehen sich hangabwärts zum Meeresufer, wo ein kleiner Sandstrand mit kristallklarem Wasser zum Baden einlädt.

Strände und Mosaike

Das Inselkraftwerk markiert den ersten der drei Marmári-Strände, die so steinig sind, daß sie kaum zum Baden einladen. Nur am Strandabschnitt vor dem Campingplatz herrscht etwas Betrieb. Schöner ist dann schon der **Strand von Stavrós** an der engsten Stelle der Insel. Tamarisken beschatten den Strand aus grobkörnigem Sand und Kies sowie die Tische einer kleinen Behelfstaverne, von den Griechen als *kantína* bezeichnet. Auf der nur 120 m breiten Landenge, die West- und Ostteil der Insel zusammenhält, steht seit 1973 eine kleine Kapelle. Beinahe wäre hier einmal eine Grenze verlaufen: Nach dem griechischen Freiheitskampf war zunächst geplant, die Westhälfte der Insel zusammen mit den Kykladen dem befreiten Griechenland zuzuschlagen und ihren Ostteil unter osmanischer Herrschaft zu belassen.

Die asphaltierte Straße erklimmt nun einen niedrigen Hügel, bietet prächtige Blicke über Isthmos und Insel und senkt sich dann nach **Maltezána** hinab. Dieser gebräuchli-

Der Isthmos bei Stavrós

che Name des Dorfes stammt noch aus der italienischen Besatzungszeit; im offiziellen Sprachgebrauch heißt der Ort nach seiner Hauptkirche *Análipsis* (»Himmelfahrt«). Sein kleiner Hafen wird durch mehrere vorgelagerte Inseln geschützt, zu deren Stränden im Sommer täglich Bootsausflüge veranstaltet werden. In früheren Jahrhunderten war er ein beliebter Piratenschlupfwinkel. Die Einheimischen kamen hier wie anderswo mit ›ihren‹ Piraten gut zurecht: Sie dienten ihnen als Hehler.

Maltezána war bereits im Altertum besiedelt, wie hellenistische Mosaike, Spuren römischer Thermen und die Ruinen zweier frühchristlicher Basiliken beweisen. Kommt man aus Richtung Skála, liegen zunächst die besuchenswerten Überreste der Basilika von **Agía Varvára** (hl. Barbara) in Wegesnähe. Bus- und Taxifahrer zeigen den Weg dorthin: Er setzt an der Asphaltstraße an, kurz bevor sie nach rechts zum Anleger und Strand von Maltezána abbiegt. Am Anfang des auf den ersten 20 Metern noch zementierten Feldweges hängt ein Schild »Rooms and Appartments to rent Dimitris Anastasiou«. Man folgt diesem Feldweg, bis er nach wenigen Minuten vor einem alten Haus nach rechts abbiegt. Hier geht man auf einem schmalen Pfad durch ein Ziegengatter noch ca. 6 Min. immer geradeaus. Der Pfad führt auf ein schon von weitem sichtbares, weißes Bauernhaus mit Kirche zu. Im Haus leben die alte Bäuerin Angelikí und ihr Bruder Dímitris noch heute ohne Strom, Radio, Kühlschrank und fließendes Wasser. Angelikí geleitet den Besucher, über ihr Schicksal klagend, zu den schönen Mosaikfußböden der 1500 Jahre alten, einst dreischiffigen Kirche, von der noch einige Säulenstümpfe aufrecht stehen. Am Verlauf der Grundmauern ist die ehemalige Apsis gut zu erkennen. Auf den Mosaiken des einstigen Narthex finden sich hervorragende Blumendarstellungen; weitere Mosaike zieren den Boden eines Lagerraums sowie die moderne Barbara-Kapelle. Am Ende des Besuchs wird man nicht umhinkönnen, Angelikí einen kleinen Drachmenschein zuzustecken, für den sie sich dann meist mit einem Kaffee oder einem Gläschen violettem Parfait-Amour-Likör bedankt.

Die nähere Umgebung von Maltezána hält für Entdeckungsfreudige noch weitere **Mosaikfunde** bereit. Am Anleger wendet sich die Asphaltstraße nach links und folgt dem Strandverlauf. In der letzten Taverne zur Linken (namenlos; der Inhaber heißt Elías) frage man nach den *mosaiká* (neugriechisch *psifidotá*), die unmarkiert und nicht einmal umzäunt in der Nähe der Taverne liegen: Die in ganz Griechenland einzigartigen Darstellungen aus hellenistischer Zeit zeigen die Sternzeichen und Personifikationen der vier Jahreszeiten. Zudem lassen sich hier karge Überreste römischer Thermen identifizieren.

Kurz darauf führt die Straße an die **Skinóndas-Bucht** mit einigen modernen Sommerhäusern. Über dem östlichen Ende des kurzen, schattenlosen Kiesstrandes ist schon ein kleines **Denkmal** zu erkennen: Die an einer frühchristlichen Säule angebrachte Sockelinschrift erinnert an den französischen Korvettenkapitän Bisson und seine Mannschaft, die mit ihrem Schiff den griechischen Freiheitskampf unterstützten und am 6. November 1827 in der Bucht von Maltezána von zwei türkischen Schiffen versenkt wurden.

Vom Denkmal aus führt ein Saumpfad an der Küste entlang in etwa 2 Min. zu den **Bodenmosaiken** einer weiteren frühchristlichen Basilika aus dem 5. Jh. Im ehemaligen Narthex sind sie besonders schön: Dort zeigen sie zwei verspielte Delphine.

Wer auf der Suche nach einem schönen Strand ist, fährt von Maltezána am besten noch ein Stück weiter in Richtung Osten bis an die **Bucht von Vaí.** Bevor dort die Straße am winzigen Anleger der Boote nach Éxo Vathý endet, liegt links unterhalb der Straße ein schöner, fast immer menschenleerer Sandstrand ohne Taverne.

Ausflug nach Éxo Vathý

Es gibt nur noch wenige Siedlungen auf den griechischen Inseln, die nicht zumindest per Jeep oder Pickup angesteuert werden können. Éxo Vathý gehört dazu. Der ganzjährig von vier Familien bewohnte Weiler liegt auf einem schmalen, flachen Küstenstreifen in einer Seitenbucht des langen Fjords Limín Vathioú wie an einem Binnensee. Man baut ein wenig Weizen und Gemüse an, erntet Oliven, züchtet Schafe und Ziegen und fischt für den eigenen Bedarf. An das Stromnetz der Insel ist man erst seit November 1993 angeschlossen; ein Ausbau des schlechten Feldwegs von Mésa Vathý nach Éxo Vathý wird hier nicht gewünscht. Kapetán Aléxis, der Besucher mit seinem Kaiki am Anleger in der Bucht von Vaí oder in Mésa Vathý abholt, betont: »Bei uns gibt es keine Schlangen, keine Skorpione und keinen Lärm – so soll es bleiben«. Besucher sind selten; nur bei Yachtbesatzungen ist der völlig sichere Hafen ein beliebter Ankerplatz. Zu tun gibt es hier nichts – außer sich an einem der winzig kleinen Sand-Kiesstränden an der Bucht zu sonnen und die unglaubliche Stille zu genießen.

Praktische Informationen

Flugverbindungen: Ganzjährig verbindet eine 18sitzige Propellermaschine vom Typ DO-228 Astypálea 2 × wöchentlich in etwa einstündigem Flug mit Athen (Flugpreis für die einfache Strecke ca. 110 DM). Einen Flughafenbus gibt es auf Astypálea nicht; Taxis warten bei Ankunft.

Schiffsverbindungen: Die kleine Autofähre *Nisos Kálymnos* verbindet Astypálea ganzjährig 2 × wöchentlich mit Kálymnos. Große Autofähren verbinden die Insel im Sommer 4 × wöchentlich mit Amorgós, Sýros und Piräus; 3 × wöchentlich mit Páros; 2 × wöchentlich mit Mýkonos, Náxos und Kufoníssi; 1 × wöchentlich mit Kálymnos, Kos, Níssyros, Tílos, Rhodos, Donoússa, Skínoussa und Iraklía. Ein Tragflügelboot bedient 1 × wöchentlich die Strecke Astypálea – Kálymnos – Kos – Rhodos.

Sonstige Verkehrsmittel: Auf der Insel verkehren drei Taxis und ein Linienbus. Er pendelt zwischen Mitte Juli und Ende August von 9–21.30 Uhr etwa stündlich zwischen Skála, Livádi und Chóra und fährt dann 6 × täglich nach Maltezána. Von Ende Juli bis Ende August stellt der Bus auch eine Verbindung zum Anleger von Vaí her, von dem aus man mit dem Kaiki nach Vathý weiterfahren kann (Dauer 30 Min.). Außerhalb der Hauptsaison ist der Bus nur 2 × täglich auf der Route nach Maltezána und 6 × täglich auf der zwischen Skála, Chóra und Livádi im Einsatz. Im Winter fährt er noch seltener.

Mopeds und Motorräder werden in Skála und Chóra angeboten. Den einzigen Mietwagen der Insel offeriert *Moto-Center* am Hafen (✆ 6 12 63).

Unterkunft: Insgesamt werden auf Astypálea etwa 1200 Fremdenbetten angeboten, die meisten davon in Livádi.
Skála: Bestes Hotel der Insel ist das *Astynéa* an der Platía von Skála (C-Kat., 29 Betten, DZ ca. 50 DM, geöffnet Ende Mai bis Ende September, ✆ 6 10 40, Fax 6 12 09). Schräg gegenüber steht das ältere Hotel *Parádissos*, dessen Zim-

mer zum Teil Balkon mit Hafenblick haben (D-Kat., 31 Betten, DZ ca. 40 DM, April bis Oktober, ✆ 6 12 24, Fax 6 14 50).

Livádi: Mitten im Grünen und doch nur 5 Min. zu Fuß vom Strand entfernt wohnt man in der 1994 völlig renovierten Pension von Níkos und María Kondarátos. Der Linienbus hält vor der Tür, das Haus liegt in einem üppigen Garten, in dem Tische und Stühle für die Gäste bereitstehen. Sie können auch die Kaffeeküche mit Kühlschrank benutzen. Die Wirtsleute waren zehn Jahre in Australien und sprechen gut Englisch (10 Zimmer, DZ im August ca. 34 DM, sonst 30 DM, ✆ 6 12 69 und 6 14 60).

Maltezána: Im Dorf vermieten der Fahrer des Linienbusses (im Bus fragen) und der Taxifahrer Níkos Alakiótis (✆ 6 10 44) moderne Apartments für zwei und vier Personen (35–50 DM).

Vathý: In Vathý werden nur sechs sehr einfache Privatzimmer vermietet; bevor man mit Gepäck dorthin aufbricht, sollte man Kapetán Aléxis anrufen (✆ 6 12 01).

Chóra: Auch in der Chóra werden nur wenige Privatzimmer angeboten, nach denen man am besten in den Kaffeehäusern fragt. Ferienwohnungen und traditionelle Häuser in der Chóra vermittelt das Reisebüro *Gournas Tours* der Britin Louise Edeleanoú am Strand von Skála (✆ 6 13 34, Fax 6 14 66).

Camping: Der offizielle Campingplatz der Insel liegt am recht steinigen und steil abfallenden zweiten Marmári-Strand, 2,5 km vom Hafen entfernt. Der Kiesboden ist hart; schön ist die Unterteilung in viele kleine Stellplätze durch hochgewachsenes Spanisch-Rohr. Die Terrasse der kleinen Campingplatztaverne ist ein gemütlicher Treffpunkt, an dem im Sommer auch Tavli-Turniere ausgetragen wer-

den. Es gibt 33 Stellplätze; der klapprige VW-Bus des Platzes holt Gäste am Hafen ab. Geöffnet Mai bis September, ✆ 6 13 38.

Essen und Trinken in Chóra: Die *Ouzerí Aigaíon* an der Platía ist den ganzen Tag über Treffpunkt der Durstigen und Hungrigen. Zum Frühstück werden leckere Sesambrötchen und Käse-Schinken-Taschen serviert, abends kommen zum Oúzo gefüllte Kalamáres vom Grill auf den Tisch. Wein wird auch glasweise ausgeschenkt, sogar der Tresterschnaps Tsípouro ist erhältlich.

Treffpunkt von Einheimischen und Stammgästen ist das Kafeníon *I Mýli* am oberen Rand der Platía. Von seinem hohen Alter zeugen zwei historische Reklameschilder im Innenraum: eins für Fix-Bier, das es seit fast 20 Jahren nicht mehr gibt, und eins aus der italienischen Besatzungszeit mit der Aufschrift »Rivendita Tabacchi«, das das Lokal als Verkaufsstelle für Zigaretten aus der italienischen Tabakfabrik auf Rhodos auswies.

... in Livádi: Unter den vielen Tavernen an der Uferstraße zeichnet sich *O Thomás* durch ein besonders reichhaltiges Angebot an gekochten Speisen aus. So gibt es hier allein drei verschiedene Gerichte mit Ziegenfleisch und selbst im Sommer *láchanodolmádes,* die griechische Variante unserer Kohlrouladen. An der Bushaltestelle im Dorf erwartet Elefthéris Angélis auf der kleinen Terrasse seiner sehr einfachen Ouzerí Gäste zu griechischer Landwurst und Oktopus vom Grill und zum preiswertesten Frühstück der Insel. Zu Oúzo, Bier und Wein reicht er gern eine traditionelle Spezialität: in Wasser eingeweichten *paximádi,* bestrichen mit etwas Öl und Oregano.

... in Skála: Gleich am Dorfrand werden in der Taverne *Australia* oberhalb der Straße nach Maltezána Fisch und Hummer besonders preiswert serviert. Es gibt Retsína vom Faß. Besonders abends sitzt man stimmungsvoll mit Burgblick in der Fischtaverne *To Akrogiali* am Strand. Besonders lecker sind die kleinen Dolmádes. Nicht romantisch, aber echt griechisch ist der Blick von den Tischen und Stühlen der Taverne *I Monaksiá* in die Dorfgassen und auf das stillgelegte, unmittelbar benachbarte Inselkraftwerk. Wirtin Víki kocht als einzige im Dorf ganzjährig für Gäste. Das Essen ist preiswert, gut gewürzt und wird dank Mikrowelle sogar extrem heiß serviert.

... in Maltezána: Eva Marinoú serviert in ihrer kleinen Konditorei an der Hauptstraße des Dorfes die leckersten Kuchen und Torten der Insel.

... in Éxo Vathý: Kleine Gerichte wie Salate und Omeletts kann die einzige Taverne im Weiler jederzeit zaubern; ansonsten müssen Mahlzeiten aber vorbestellt werden. Brot wird in Éxo Vathý nur noch im August selbst gebacken, in der übrigen Zeit aus Skála bezogen.

Inselspezialität: Ein hervorragendes Frühstück gibt *pungiá* ab: mit Schafskäse und geräuchertem Schinken gefüllter und mit Honig benetzter Blätterteig.

 Geldwechsel: Im Postamt oder im Büro der *Commercial Bank* in der Chóra (kein Bargeldautomat); abends und an Wochenenden im Reisebüro *Vivamare* in Skála.

 Post/Telefon: Postamt in der Chóra wenige Schritte unterhalb der Platía an der alten Straße nach Skála. Telefonamt OTE im *Hotel Parádissos* in Skála.

 Feste: Das größte Fest der Insel wird anläßlich Mariä Entschlafung vom 14.–16. August in der Chóra mit Gottesdiensten, Musik und Tanz, sportlichen und lustigen Wettbewerben wie einem Joghurtwettessen mit verbundenen Augen gefeiert. Kulinarische Spezialität am 15. August ist *lambrianó*, gefülltes Lamm. Ein zweitägiges Volksfest spinnt sich auch um den Festtag Johannes' des Täufers am 29. August, der am einsam gelegenen Kloster Ágios Jánnis an der Westküste begangen wird.

Weitere Kirchweihfeste: 2. Februar an der Kirche Panagía Fleriótissa, 27. Juli an der Kapelle Ágios Pandelímonos bei Livádi, 6. August Sotirós in Livádi, 8. September an der einsam im Südosten der Insel gelegenen Marienkirche Panagía tis Poulirianís; 26. Oktober Ágios Dimítrios in Maltezána.

 Auskunft: Auf Astypálea gibt es keine offizielle Touristeninformation. Über die Schiffsverbindungen informieren die beiden Ticketagenturen in Skála (jede natürlich nur für jeweils ihre Schiffe) und die Hafenpolizei in Skála (☎ 6 12 08). Busfahrpläne hängen an den Haltestellen aus.

Kartenmaterial: Zwei Karten sind auf dem Markt. Die von George Angelídis ist ein Phantasieprodukt und völlig unbrauchbar. Auch fehlerhaft, aber nützlich ist hingegen die *Toubi's-Karte* im ungefähren Maßstab 1 : 45 000.

Kálymnos – Insel der Schwämme

Póthia –
die Inselhauptstadt

Chóra und Kástro

Das Hochtal von Árgos

Entlang der Westküste

Klöster und Küsten
des Inselsüdens

Ins Mandarinental
von Vathý

Ausflug nach Psérimos

Der Hafen von Póthia

Kálymnos ist heute die einzige griechische Insel, auf der noch Schwammfischer in nennenswerter Zahl zu Hause sind. Die Inselhauptstadt Póthia ist eine der wenigen ägäischen Metropolen, in der auch außerhalb der Urlaubszeit lebhaftes Treiben herrscht.

Von See her wirkt Kálymnos kahl und abweisend. Ein Blick auf die Karte zeigt, daß keine der ohnehin wenigen Straßen rund um die Insel führt: Immer wieder bilden hohe Berge mit rauhen Steilwänden ein unüberwindbares Hindernis. Um so überraschender ist dann die Annäherung an die Inselhauptstadt Póthia mit einem der größten Hafenbecken des Dodekanes. Die kilometerlange, mehrfach abknickende Hafenfront wird von unzähligen Cafés, Tavernen und Ouzerien gesäumt, vor denen Fischerboote, Trawler, Yachten und Ausflugsboote liegen. Vor nackten Felswänden staffeln sich meist pastellfarbene, zwei- und mehrgeschossige Häuser hintereinander. In der Mitte der Bucht füllt eine kilometerlange Häuserkette ein Tal, das sich bis zur Westküste erstreckt. Schaut man genau hin, erkennt man hoch über dem Nordrand dieses Tals eine weitläufige Burg und in ihrem Schutz die alte Inselhauptstadt Chóra.

Wer die Insel erkundet, wird auf weitere Überraschungen stoßen. Im Tal von Vathý gedeihen, vom Meer her nicht einsehbar, über 40 000 Mandarinen-, Apfelsinen- und Zitronenbäume. An der Westküste sind, vom Meer durch das Eiland Télendos abgeschirmt, die modernen Urlaubsorte Myrtiés und Massoúri von einem Grüngürtel aus Ölbäumen und Zypressen umgeben.

Der Tourismus spielt auf Kálymnos eine weit geringere Rolle als auf Kos, Pátmos oder Níssyros. Schwammfischerei und Schwammverarbeitung geben immer noch über 800 Menschen Arbeit; auch der Schwertfischfang und die Vieh-

Kálymnos in Zahlen:
(Inselkarte s. S. 148/149)

Fläche: 111 km^2
Höchster Berg: Profítis Ilías
  (678 m)
Küstenlänge: 96 km
Einwohner: 15 500
  (Volkszählung 1991: 15 310)
Telefonvorwahl: 02 43
Entfernungen von Póthia:
– Kos   32 km
– Léros   41 km
... zu anderen Orten der Insel:
– Vathý   10 km
– Embórios   24 km

Póthia

1 Zollamt
2 Schwamm-
   handlung S.
   N. Papachá-
   tzis
3 Hotel
   Olympic
4 Nike-Denk-
   mal
5 Kulturclub
6 Christus-
   Kirche
7 Rathaus/
   Markthalle
8 Städtische
   Fischmarkt-
   halle
9 Vouválís-
   Museum
10 Seefahrts-
   museum
11 Péra Kástro
12 Panagía
   Eloússa
13 Kranken-
   haus
14 Postamt
15 OTE
16 National
   Bank
17 Tourist-In-
   formation
18 Busbahnhof
19 Taxistand
20 Fähre nach
   Andimáchia
21 Fähre nach
   Piräus
22 Fähre Nisos
   Kálymnos
23 Hafencafé
24 Ág. Nikólaos

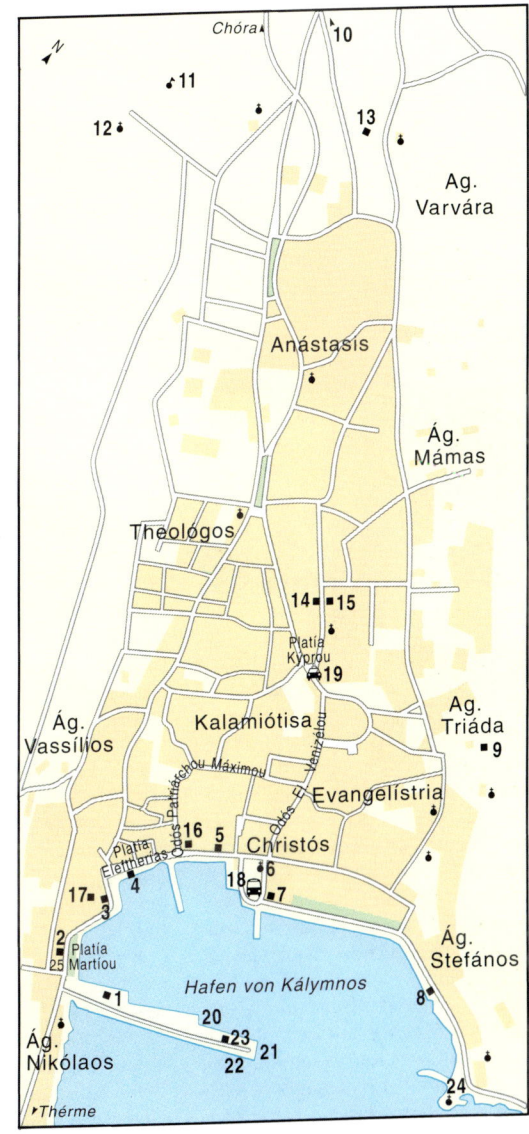

Schwammfischer in Póthia

Póthia – die Inselhauptstadt

Für ägäische Verhältnisse ist Póthia mit seinen 12 000 Einwohnern schon eine richtige Stadt. Ihre Lebensader ist die Uferstraße, die sich am gesamten Hafenbecken entlangzieht. Wendet man sich vom Fähranleger, an dessen Ansatz das Zollamt aus italienischer Besatzungszeit steht, nach rechts, geht man zunächst über die baumbestandene Platía 25 Martíou, an der die meisten Büros der Schiffahrtslinien und die alteingesessene **Schwammhandlung** *S. N. Papachátzis* liegen. Hier kann man auch bei der Schwammbearbeitung zusehen. Am markanten Bau des Hotels *Olympic* beginnt dann die Platía Eleftherías mit vielen modernen Straßencafés und kleinen Imbißlokalen im Hintergrund. Hier erhebt sich auch das **Denkmal der Siegesgöttin Nike,** die auf einem hohen Obelisken steht. Sein Sockel trägt zwei interessante Reliefs mit Darstellungen von Schwammfischern: Das eine zeigt einen Nacktaucher mit einer schweren Marmorplatte in der Hand, das andere einen Taucher mit Taucheranzug und -glocke.

Dort, wo sich an der Platía Eleftherías hinter Bäumen der Bau der *National Bank* verbirgt, zweigt die Odós Patriárchou Máximou als eine der beiden Hauptstraßen von Póthia ins Stadtinnere ab. An der Uferstraße folgt der klassizistische

zucht spielen eine bedeutende Rolle. Wer ein wenig Muße mitbringt, wird schnell merken, daß die Kalymnier besonders freundliche und weltoffene Menschen sind, mit denen man schnell ins Gespräch kommt.

Historische Sehenswürdigkeiten von überregionalem Rang gibt es auf Kálymnos nicht. Bewohnte Klöster, Burgen und frühchristliche Basiliken sowie die landschaftlichen Reize der Insel lohnen aber auf jeden Fall einen mehrtägigen Aufenthalt.

Das Geschäft mit dem Schwamm

Deutschland importiert im Jahr ca. 15 000 kg Rohschwämme: Das entspricht in etwa der Menge, die in Griechenland noch um 1990 jährlich geerntet wurde. 90 % der importierten Schwämme werden in Bremen angelandet und verarbeitet; über 90 % der von Griechen geernteten Schwämme werden von kalymnischen Fischern vom Meeresgrund geholt.

Die Bremer Importeure beziehen ihre Ware aber kaum noch aus Hellas. Die angebotenen Liefermengen sind zu klein, die Preise zu hoch. Griechische Exporteure beklagen die zunehmende Verschmutzung des östlichen Mittelmeers und die zurückgehenden Fangerträge und rechtfertigen damit überhöhte Preise. So werden die begehrten Mittelmeerschwämme heute vor allem von Tunesien, Libyen und Ägypten geliefert. Dort gibt es genug Fischer, die des Geldes wegen das hohe Risiko des Schwammtauchens auf sich nehmen. Gute Taucher steigen bis auf 60 oder 80 m Tiefe hinab und bleiben manchmal über eine Stunde dort unten, mit Luft versorgt über Gartenschläuche vom Boot aus. Die Taucherkrankheit, die zu Unterleibs- und Beinlähmungen führt, ist das schlimmste Übel; geplatzte Trommelfelle, Rheuma, Lungen- und Rippenfellentzündungen sind häufig.

Auf Kálymnos haben der Wegfall der Arbeitsbeschränkungen für EU-Bürger in anderen Mitgliedsstaaten und der Tourismus die Zahl der Schwammfischer stark schrumpfen lassen. Familien, die durch Schwammfischerei und -verarbeitung wohlhabend wurden, betätigen sich heute als Hoteliers; Schwammfischer folgen ihren in der Gastronomie tätigen Brüdern und Vettern nach Deutschland. 1959 beliefen sich die Fangerträge der Schwammtaucher vom Dodekanes auf 100 000 kg. 1970 wurden noch 70 Schwammtaucherboote gezählt, deren 500 Taucher und Besatzungsmitglieder jährlich 55 000 kg anlandeten. 1988 waren gerade noch 45 Boote mit 180 Mann unterwegs, die per anno 15 500 kg anlandeten.

Fragt man heute auf Kálymnos nach Zahlen, erhält man die unterschiedlichsten Antworten: 40 Mann sollen noch von der Schwammtaucherei leben, 25 kleine Boote mit 2–3 Mann Besatzung seien unterwegs, drei große Boote gebe es. Genaue Zahlen sind auch deswegen nicht erhältlich, weil manche Fischer nebenbei nach Schwämmen tauchen und sie hinter dem Rücken der Steuerbehörden an verschwiegenen Plätzen anlanden. Zudem geht mancher Schwammhändler außerhalb der Touristensaison für ein paar Tage zum eigenen Vergnügen auf Tauchreise.

Inzwischen gibt es auf Kálymnos schon Firmen, die billige und minderwertige Naturschwämme aus Kuba importieren, verpacken und als griechische Schwämme an Touristen weiterverkaufen. Es wird sogar von Fällen berichtet, in denen deutschen Exportfirmen kubanische Schwämme, griechischen Lieferungen untergeschuggelt, verkauft wurden. Zudem neigen die kalymnischen Schwammexporteure dazu, sogenannte Fischer- oder Kapitänspackungen anzubieten: Mischungen aus Schwämmen ganz unterschiedlicher Qualität und in Größen von 10 – 40 cm Durchmesser. Importfirmen hingegen kaufen bevorzugt nach Größe und Qualität sortiert. So versuchen sich immer mehr kalymnische Schwammtaucher und -händler im Direktverkauf an den Urlauber, z. B. auch in den Häfen von Rhodos, Sými und Kos.

Bei der Auswahl eines guten Schwamms (griechisch: *sfungári*) muß man vor allem auf eine gleichmäßige Struktur achten. Ein guter Schwamm sollte rund und gewölbt, nicht flachgedrückt sein; er darf keine Schnittstellen aufweisen.

Bau des **Kulturclubs** von Kálymnos, in dessen gepflegtem, traditionellen Kafeníon auch Fremde willkommen sind.

Die Platía Eleftherías endet auf einem kieselsteineingepflasterten Platz, dessen Mitte die 1861 erbaute **Christuskirche** (Christós) als Bischofskirche der Insel einnimmt. Den Platz säumen italienische Gebäude im orientalisierenden Zeitstil. Sie beherbergen u. a. die Landkreisverwaltung und – direkt über der städtischen Markthalle – die Stadtverwaltung. In der Nordostecke des Platzes beginnt die Odós El. Venizélou, die als zweite Hauptstraße ins Stadtinnere zur Platía Kýprou und weiter nach Chóra und an die Westküste führt.

In ihrem weiteren Verlauf verbreitert sich die Uferstraße: Wo hier im Sommer die Tische und Stühle zahlreicher Ouzerien und Tavernen stehen, werden im Oktober die Fangerträge der Schwammfischer zum Trocknen ausgebreitet. Schwämme bedecken dann das Pflaster auf über 100 m Länge. Die Uferstraße endet an der **Städtischen Fischmarkthalle,** die zu besuchen meist nur am Morgen lohnt. Manchmal werden Dutzende von Schwertfischen angelandet. Dann kann man zusehen, wie ihnen die Schwerter abgesägt und die ausgenommenen Tiere in Kisten für den Export gelegt werden. Im Oktober/November werden im Schatten der Fischmarkthalle auch die für den Export bestimmten Schwämme zu Ballen gepreßt und in Säcke verpackt.

Folgt man ein Stück der Odós El. Venizélou, so stößt man bald auf einen Wegweiser, der zum kleinen **Vouvális-Museum** leitet (geöffnet: Di–So 10–14 Uhr). In den Räumen der Villa eines kalymnischen Kapitäns werden Funde aus der Inselgeschichte gezeigt, darunter die Köpfe zweier antiker Statuen der Hygieia und der Aphrodite.

Am äußersten Stadtrand von Póthia liegen links oberhalb der Straße zur Westküste, an der gerade das neue Seefahrtsmuseum der Insel entsteht, die Burgruine von **Péra Kástro** und das Nonnenkloster **Panagía Eleoússa**. Drei restaurierte Windmühlen unterhalb der Burgmauer machen das Ensemble zum fotogenen Motiv, zwei mit Fresken aus dem 14.–16. Jh. ausgestattete Kapellen zum Besichtigungsziel für kunsthistorisch Interessierte. Der Schlüssel zu beiden Kirchen wird im benachbarten modernen Nonnenkloster verwahrt.

Strände fehlen im Ortsbereich von Póthia. Man fährt zum Baden entweder hinüber an die Westküste oder zur Insel Psérimos.

Chóra und Kástro

Fährt man von Póthia in Richtung Westküste, liegt rechts der Straße das weitläufige, längst mit Pó-thia nahtlos zusammengewachsene Großdorf **Chóra** (2600 Ew.), über dem auf einem rostbraunen Fels hoch über den Häusern die Mauern und Ruinen einer ausgedehnten Burg erkennbar sind. Innerhalb dieser Burgmauern lebten die Kalymnier vom 13. bis 18. Jh. Bereits im 17. Jh. kam es zu einer ersten Dorfbildung unterhalb der Burg, die den Kern der Chóra bildete. Nach 1850 verlor die alte Inselhauptstadt dann zunehmend an Bedeutung, weil sich immer mehr Bewohner im neugegründeten Póthia niederließen, das dann in italienischer Zeit auch zur offiziellen Inselhauptstadt erhoben wurde.

In den engen Gassen der Chóra geht es noch immer dörflich-ländlich zu; der Tourismus hat hier noch nicht so recht Fuß gefaßt. Ein guter Fußweg führt von der Chóra zum Eingangstor des jederzeit frei zugänglichen **Kástro** hinauf, das die Johanniter in seiner noch heute erkennbaren Form erbauen ließen. Innerhalb der Burgmauern führen Trampelpfade zu neun immer noch gut gepflegten mittelalterlichen Kapellen, in denen z. T. spärliche Freskenreste auszumachen sind. Die Kapellen sind allerdings zumeist verschlossen und werden nur geöffnet, wenn die alte Küsterin kommt, um sie zu reinigen und Öl für die Lampen nachzugießen. Dennoch lohnt sich der Aufstieg bis zum höchsten Punkt der Burg. Man sieht zahlreiche Ruinen von Häusern und Zisternen, entdeckt Wappentafeln von Johanniterrittern

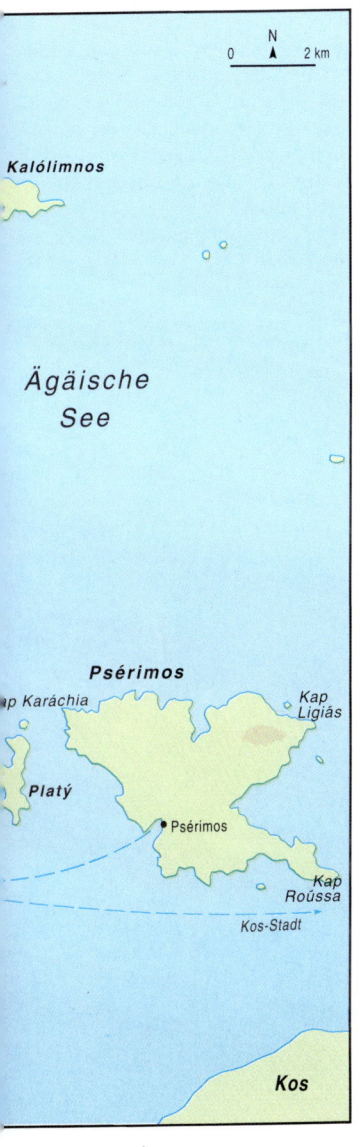

Kalólimnos

Ägäische
See

Psérimos

ap Karáchia

Kap
Ligiás

Platý

● Psérimos

Kap
Roússa

Kos-Stadt

Kos

und genießt prächtige Ausblicke auf Chóra, Póthia sowie über das gesamte Tal, bis hinüber zur Westküste und in die kalymnische Bergwelt mit steilen Felswänden und kleinen, grünen Tälern.

Das Hochtal von Árgos

Von der Hauptstraße zwischen Póthia und der Westküste zweigt hinter dem großen Friedhof von Chóra eine Asphaltstraße zu dem unvollendeten Flughafen und in das Hochtal von Árgos ab. Die schon asphaltierte Piste des zukünftigen Airports dient an Abenden und Wochenenden der Inseljugend als Motorradrennbahn.

Direkt an der Abzweigung zum Flughafen steht das älteste Kloster der Insel, **Ágii Apóstoli**, den Aposteln und der Panagía geweiht. Es wurde von Christódoulos, dem ersten Abt des Johannesklosters auf Pátmos, Ende des 11. Jh. gegründet. Heute ist es unbewohnt. In der der Panagía geweihten Kapelle sind noch einige Wandmalereien aus dem 16. Jh. erhalten (geöffnet: täglich ca. 16–19 Uhr).

Durch das stille, weltabgeschiedene Dorf Árgos führt die Straße

Kálymnos, Psérimos
und Télendos

auf der anderen Seite des Hochtals zum Verkündigungskloster **Moní tou Evangelismoú** aus dem Jahr 1878, das noch etwa zehn Nonnen bewohnen. Im nördlichen Schiff der Klosterkirche hängen an der rechten Wand zwei interessante, 1961 gemalte Ikonen. Die eine zeigt die hl. Paraskeví, eine zypriotische Märtyrerin, der beide Augen ausgestochen wurden. Auf der Ikone trägt sie diese als Attribut ihres Martyriums auf einer Schale vor sich. Die andere Ikone ist Maria von Ägypten geweiht, einer Prostituierten aus Alexandria, die während einer ›Dienstreise‹ ins Heilige Land bekehrt wurde und anschließend jahrzehntelang als Eremitin in der Wüste lebte.

Entlang der Westküste

An der Straße von Póthia und Chóra zur Westküste liegt das bedeutendste Relikt der Insel aus frühchristlicher Zeit, die gut erhaltene Apsis der Basilika **Christós tis Jerusalím.** Das Gotteshaus aus dem 5. Jh. n. Chr. wurde an die Stelle eines antiken Apollon-Tempels gesetzt, von dem zahlreiche Spolien in der Basilika verbaut wurden. Über der Apsis wächst heute ein mächtiger Eukalyptusbaum, unmittelbar an die archäologische Stätte grenzt ein einfacher Bauernhof, auf dem Schweine zwischen antiken Trümmern grunzen und Hühner auf antiken Architraven hocken.

Kein Schild macht auf diese ›Idylle‹ aufmerksam: Kommt man aus Richtung Póthia, passiert man zunächst den großen Friedhof von Chóra, hinter dem eine ausgeschilderte Straße in das Hochtal von Árgos abzweigt. 150 m weiter stehen rechts der Straße leicht erhöht drei Häuser, hinter denen eine schmale Zementstraße steil bergan führt. Hier führen links der Hauptstraße fünf weiß gekalkte Stufen mit leichtem Schwung auf einen hohen Eukalyptusbaum zu, der die in ihrer ursprünglichen Höhe erhaltene Apsis beschattet. In ihrem Halbrund sind noch die Subsellien erhalten, eine doppelte steinerne Sitzreihe entlang des Halbrunds. Auf ihnen nahm während der Gottesdienste der Klerus Platz. Schaut man sich die Apsismauern und den Boden genauer an, entdeckt man überall in den Steinquadern Inschriften, die noch vom antiken Apollon-Heiligtum stammen. Nur für die Halbkuppel der Apsis ver-

Die Westküste bei Myrtiés, Blick gen Télendos

wendete man neu gebrannte Ziegelsteine, ansonsten war der Bau aus den Steinen des heidnischen Tempels errichtet.

In ihrem weiteren Verlauf führt die Hauptstraße direkt in die Siedlung **Panórmos.** Wer einen Abstecher zum Kloster Ágios Pandelímonas unternehmen will, muß auf das auffällig alte, traditionelle Kafeníon mit grüner Fassade links der Straße achten (schräg gegenüber liegt eine Bushaltestelle). 350 m weiter zweigt nämlich kurz vor einem kleinen Supermarkt nach rechts eine unbeschilderte, schmale Straße ab, die nach 1 km vor dem Kloster endet.

Das erst 1968 gegründete Mönchskloster **Ágios Pandelímonas** liegt über einem Taleinschnitt mit schönem Pinienwald. Stufen führen hinauf zur schon sehr viel älteren Kapelle des namengebenden Heiligen, die in eine kleine Grotte hineingebaut wurde. In dieser Grotte fand man im 13. Jh. auf wundersame Weise eine Ikone des hl. Pandelímonas. Sie wird heute im Katholikon des Klosters verwahrt.

Panórmos geht nahtlos in die Siedlung **Eliés** über, von wo aus eine Stichstraße zu den drei **Sandstränden von Platý Gialós** (sprich: Platí Jalós, 1700 m), **Linária** (700 m) und **Kandoúni** (1100 m) führt. Oberhalb des Kandoúni-Strands klebt hoch oben am Hang das heute unbewohnte Kloster **Moní Stavroú,** zu dem man in ca. 30 Min. emporsteigen kann.

Hinter Eliés überwindet die Westküstenstraße einen Bergrücken

und schlängelt sich dann in die grüne Küstenebene von Myrtiés und Massoúri hinab. Ihr gegenüber ragt das Inselchen **Télendos** hoch aus dem Meer auf und läßt die gesamte Bucht wie einen großen Binnensee erscheinen. Bevor die Straße die Küstenebene erreicht, zweigt am Restaurant *Panórama* nach links ein Feldweg ab. Er erreicht nach etwa 800 m einen kleinen Friedhof, auf dem Überreste der frühchristlichen Basilika **Ágios Jánnis Melitsáchas** zu finden sind. Auf einigen Steinplatten sind schöne frühchristliche Reliefs zu entdecken. Der Blick über die Westküste der Insel ist grandios.

Sandstrände sind hier allerdings nicht mehr zu finden. Gerade an der touristisch am stärksten entwickelten Küste zwischen Melitsáchas und Kastélli gibt es nur steinige Buchten, die im Sommer mit Liegestühlen und Sonnenschirmen vollgestellt sind. Hinter **Kastélli,** der Endstation der Buslinie an die Westküste, wandelt sich die Landschaft völlig. Hier wird Kálymnos wieder steinig-kahl. Die Straße umrundet den tief eingeschnittenen Fjord von **Arginóndas,** an dessen Ende der gleichnamige kleine Weiler mit 150 m langem Kiesstrand und einigen Tavernen liegt. Auf der anderen Seite des Fjords geht es dann oberhalb der Küste weiter am Weiler Skaliá vorbei bis nach **Embórios,** das man von Massoúri und Myrtiés aus auch mit dem Ausflugsboot erreichen kann. Vor der Küste arbeiten einige Fischzuchtstationen, mehrere Dorfbewohner sind eifrige Imker. Der lange, schattige Kiesstrand unmittelbar im Ort wird auch von Tagesausflüglern genutzt; die kleinen Kiesstrände noch weiter nördlich, zu denen man nur über eine schlechte Piste gelangt, werden nur von den wenigen frequentiert, die länger im stillen Embórios verweilen.

Klöster und Küsten im Inselsüden

Der Süden der Insel mit seinen beiden Frauenklöstern und den Stränden von Vlichádia ist ein schönes Ziel für einen Halbtagesausflug per Moped bzw. für eine ganztägige Wanderung. Erstes Ziel ist das weithin sichtbare Kreuz auf dem Hügel über dem Fähranleger, das zum Allerheiligen-Kloster **Moní ton Agíon Pándon** gehört. Sämtlichen Heiligen eine Kapelle zu errichten ist den Nonnen zwar noch nicht gelungen; immerhin verfügen sie hier aber schon über sechs Kirchen und Kapellen. Die neueste steht außerhalb des Klosters und wurde 1994 prunkvoll ausgestattet. Die übrigen Kapellen stammen ebenfalls aus diesem Jahrhundert, das Kloster wurde erst 1912 gegründet. Hauptanziehungspunkt für die Pilger und damit auch bedeutendste Geldquelle sind die Reliquien des Ágios Sávas, eines wunderwirkenden Lokalheiligen (geöffnet: täglich von Sonnenauf- bis -untergang; s. Titelbild).

Die schmale Straße schlängelt sich über eine kleine Hochebene weiter nach **Vothýni,** dem einzigen Weiler in diesem Inselteil. Hier gabelt sich die Straße. Links führt sie durch eine kleine Schlucht nach **Vlichádia** hinunter, einer reinen Villensiedlung ohne Fremdenzimmer. An den beiden kurzen, von Tamarisken gesäumten Sand-Kies-Stränden tummeln sich fast nur Kalymnier, die Fischgerichte der beiden Tavernen sind zu empfehlen.

Bleibt man in Vothýni auf der Hauptstraße, die die Hochebene weiter durchquert, gelangt man an ihrem Endpunkt zum Kloster **Agía Ekateríni.** Der weitläufige Komplex wirkt von außen wie ein großer Bauernhof, zumal in der näheren Umgebung ständig Schafe und Ziegen weiden. Die Nonnen sind streng ›orthodox‹, d. h., sie stellen unziemlich Gekleideten keinerlei Tücher und Röcke zur Verfügung, lassen sich auch gar keinen Fall fotografieren. Dem angemessen gekleideten Fremden zeigen sie aber gern die vier aus diesem Jahrhundert stammenden Klosterkirchen und das moderne Baptisterium.

Ins Mandarinental von Vathý

Die Straße nach Vathý beginnt auf der Nordseite des Hafens von

Póthia. Zunächst führt sie an einigen kleineren Buchten vorbei, dann hoch über der Küste durch die Berge zur 8 km entfernten **Aktí-Bucht**, die am einsamen Kiesstrand nur eine schlichte Sommertaverne bietet. Anschließend geht es noch einmal bergan und schon erblickt man tief unter sich die fjordähnliche ›Schlauchbucht‹ von Vathý und ein 6 km weites und etwa 1 km breites grünes Tal. Dieses ist locker besiedelt, zwischen den 30 000 Mandarinen- und rund 7000 Orangen- sowie ein paar hundert Zitronenbäumen stehen vereinzelt immer wieder Häuser und Villen. Die Plantagen werden künstlich bewässert und wirken wie eine Oase inmitten kahler Berge. Über 500 Menschen leben hier, mehr als 1000 Leute aus diesem Tal ziehen jedoch ein Leben in Australien dem Dasein hier vor.

Von dem Hafenkai in **Vathý** steuern im Sommer Ausflugsboote die kleinen Kiesstrände von Aktí, Kámbi, Armourés und Drosónda an. In der Bucht von Vathý kann man nur hier am Kai baden. Es gibt ein Hotel und ein paar Tavernen.

Folgt man von Vathý aus der Straße in Richtung Talende, passiert man zunächst die Platía von **Plátanos** und dann zwei kleine Kapellen etwa 100 m rechts oberhalb der Straße. Gleich hinter der zweiten ist von der Straße aus deutlich ein gut erhaltenes Teilstück einer hellenistischen Mauer aus regelmäßig behauenen Quadern zu erkennen. Sie gehört wohl zu einer antiken Stadt, die noch nicht freigelegt wurde.

Praktische Informationen

Schiffsverbindungen: Die kleine Autofähre *Nisos Kálymnos* befährt ganzjährig 3 Routen je 2 × wöchentlich: Kálymnos – Astypálea; Kálymnos – Kos – Níssyros – Tílos – Sými – Rhodos – Kastellórizo; Kálymnos – Kos – Kálymnos – Léros – Lípsi – Pátmos – Agathoníssi – Pythagório/Sámos. Die kleine Autofähre *Olympios Apollon* verbindet Kálymnos mit Mastichári auf Kos je nach Saison 1–3 × täglich. Ein Kaiki fährt im Sommer täglich, im Winter 2–3 × wöchentlich nach Psérimos. Ein anderes Kaiki verbindet im Sommer Myrtiés täglich mit Xerókambos auf Léros.

Große Autofähren verbinden Kálymnos im Sommer 12–14 × wöchentlich mit Piräus, Kos und Rhodos; 9–10 × wöchentlich mit Léros und Pátmos; 2–3 × wöchentlich mit Níssyros, Náxos, Páros, Sýros und Tílos; 1 × wöchentlich mit Astypálea, Lípsi, Chálki, Irákli/Kreta, Kárpathos, Kastellórizo und Sými.

Tragflügelboote verbinden Kálymnos im Sommer 3–4 × täglich mit Kos; 2 × täglich mit Léros, Pátmos und Sámos; 1–2 × täglich mit Lípsi; außerdem 12 × wöchentlich mit Rhodos; 9 × wöchentlich mit Sými; 3 × wöchentlich mit Foúrni; 2 × wöchentlich mit Ikaría und Níssyros; 1 × wöchentlich mit Agathoníssi, Astypálea, Chálki, Ikaría und Tílos. Ausflugsboote fahren 1–2 × täglich nach Kos.

Sonstige Verkehrsmittel: Linienbusse drehen zwischen 7 und 22 Uhr stündlich ihre Runde zwischen Hafen, Chóra, Myrtiés und Kastélli. Der Inselbus verkehrt 4 × täglich von Póthia nach Vathý und an 4 Wochentagen 2 × täglich nach Embórios.

Ein Kleinbus fährt von Mitte Juni bis Mitte September 3 × täglich von Póthia nach Vlichádia sowie 2 × täglich nach Árgos und Platý Gialós. Mopeds und Leihwagen kann man in Póthia und in den Badeorten an der Westküste mieten.

Unterkunft in Póthia: *Evanik,* modernes Stadthotel im Ortszentrum an der Straße, die von der *National Bank* am Hafen ortseinwärts zur Platía Kýprou führt (21 Zimmer, ☎ 2 20 57, DZ ca. 50 DM).

Stémi: Kleine, moderne Pension mit netten Wirtsleuten mit 5 Zimmern und Apartments, z. T. mit schönem Blick über den Ort. 500 m vom Hafen entfernt im Viertel Enoría Theológou, dort nach Stamátia Gínni fragen (☎ 2 83 61, DZ ca. 27 DM, 4-Bett-Apartment ca. 40 DM).

Themelína: Stimmungsvolles und ganz ruhig gelegenes Hotel in einer alten Villa mit eigenem Garten. Zimmer unterschiedlicher Größe, alle unterschiedlich eingerichtet. Gelegen unmittelbar neben dem privaten Vouvális-Museum in der Odós Th. Kolokotróni (20 Zimmer und Apartments, ☎ 2 26 82, DZ ab 50 DM).

... in Embórios: *Astéri,* absolut ruhig am äußersten Dorfrand hoch über dem Strand gelegenes Hotel mit 3 Zimmern und 11 Studios. Hier klingelt nicht einmal ein Telefon (Reservierungen über einen Freund des Hoteliers in der Cafeteria *Cove* an der Hafenstraße in Póthia, ☎ 2 20 34, DZ ca. 40 DM).

Paradise: Der Wirt dieser Taverne (s. u.) vermietet Zimmer und Apartments in eigenen und von ihm verwalteten Häusern (☎ und Fax 4 74 34, DZ ab 35 DM).

... in Kandoúni: *Kalýdna Island,* Hotel- und Apartmentanlage um schönen Poolbereich mit Bäumen und Blumen im Ortsteil Kandoúni. Bushaltestelle vor dem Hotel, 150 m zum Strand (22 Zimmer und 19 Studios für 2–3 Personen, ☎ 4 78 80, Fax 2 98 91, DZ ca. 65 DM).

... in Melitsáchas: *Dream,* gute Pension direkt am Strand zwischen Kandoúni und Mirtiés (14 Zimmer, ☎ 7 41 05, DZ ca. 40 DM).

... in Massoúri: *Plaza,* dreigeschossiges Strandhotel mit Süßwasser-Pool, Planschbecken und Pool-Bar, viele Zimmer mit schönem Blick hinüber nach Télendos (62 Zimmer, ☎ 4 71 34, DZ ca. 70 DM).

Essen und Trinken in Póthia: *O Kseftéris,* die älteste Taverne in Póthia ist nicht schön, aber urig: Man sitzt auf einer Terrasse im Erdgeschoß eines unfertigen Hauses. Die nackte Betondecke hat Wirt Manólis hinter einem Bambusdach verborgen. Man findet die Taverne, wenn man vom italienischen Verwaltungsgebäude aus etwa 50 m in nördliche Richtung ortseinwärts geht.

Naftikós Ómilos: Einen schönen Hafenblick genießt man auf der Terrasse dieser gepflegten Taverne, wenige Schritte vom Anleger in Richtung Therme entfernt. Das *soúvlaki* ist hier besonders gut.

O Fláskos: Die besten Grillhähnchen bei besonders freundlichen Wirten ißt man in dieser einfachen Taverne unmittelbar gegenüber vom Hafentor am Zollamt.

Ursula's Restaurant Garden: Deutsche und griechische Gerichte sowie holländische Pfannkuchen und indisch angehauchte Curries werden hier täglich von 10–15 und 19–1 Uhr serviert. Man sitzt sehr schön in einem großen Garten an der Straße, die von der Platía Kýprou zur *National Bank* am Hafen führt.

… in Massoúri: *Kokkinídis,* die Taverne zeichnet sich durch ein besonders großes Angebot an griechischen Gerichten aller Art aus. Selbst im Hochsommer wird hier abends das dann selten zu findende *kokorétsi* serviert (Innereien am Spieß). Ab 3 Personen wird auf Vorbestellung jedes gewünschte Gericht zubereitet. Man sitzt auf einer schattigen, mit Zierkürbissen in verrücktesten Formen geschmückten Terrasse unmittelbar oberhalb der Straße gegenüber vom Hotel *Massoúri Beach.*

… in Embórios: *Paradise,* die Taverne trägt ihren Namen zu Recht: Man sitzt in einem blühenden Garten mit Ölbäumen, Hibiskus und Bougainvillea an der Straße, die zum Anleger führt, und genießt die gute griechische Küche.

Bárba Nikóla: Einen besonders schönen Ausblick und stets frischen Fisch bietet diese Taverne am nördlichen Dorfrand hoch über dem Meer.

… in Vothýni: *Kalí Kardiá,* das Kafeníon an der Straße zum Kloster Agía Ekateríni, lohnt einen Stopp. Man sitzt auf einer schönen, sehr ruhigen Terrasse; Mutige können das nach hauseigenem Rezept in alten Retsinaflaschen mit Öl konservierte Muschelfleisch kosten.

 Geldwechsel: Mehrere Banken am Hafen von Kálymnos, EC-Automat an der *National Bank.*

  Post/Telefon: Die Post und das Telegraphenamt liegen abseits des Hafens im Ortszentrum von Póthia nahe der Platía Kýprou.

Feste: Zu Ostern wird jetzt zugleich auch das traditionelle Fest gefeiert, das früher kurz vor dem Auslaufen der Schwammfischer veranstaltet wurde. Auf der Platía wird das traditionelle, mit Reis und Kräutern gefüllte, gebackene Osterlamm serviert; man singt und tanzt nach alten Melodien. Am 26. Juli Kirchweihfest am Kloster Ágios Pandelímonas mit Jahrmarkt im Wäldchen unterhalb des Klosters; Musik und Tanz. Am 14./15. August Kirchweihfeste in Arginóndas und an der Kirche Panagía tin Kyrá Psilí nördlich von Vathý.

Auskunft: Touristeninformation der Gemeinde in Póthia, an der Uferstraße vom Anleger ins Zentrum kurz vor dem Hotel *Olympic,* ☎ 2 93 10, Fax 2 84 40.

Kartenmaterial: Am besten ist die gelbe Karte ›Welcomes you to Kálymnos‹ aus dem Verlag *Ping Pong Neofitos.*

Ausflug nach Psérimos

Psérimos ist den Winter über und sogar im Sommer zwischen vier Uhr nachmittags und zehn Uhr morgens eine der stillsten Inseln des Dodekanes. Seine 70 Bewohner müssen ihr Wasser noch von den beiden öffentlichen Zapfstellen am Strand holen, zu denen schmackhaftes Trinkwasser aus einer zu Fuß 20 Min. entfernten Quelle geleitet wird. Kein Auto stört die Ruhe, Asphaltstraßen gibt es auf dem 17 km² kleinen Eiland nicht. Elektrischer Strom wird seit kurzem durch ein Unterseekabel von Kos her bezogen.

Die paar einfachen Häuser des Inseldorfes säumen den feinsandigen Strand am inneren Ende der kleinen, völlig windgeschützten **Avláki-Bucht**. Ein paar weitere lie-

Am Anleger
von Psérimos

gen an der unbefestigten Dorfstra-
ße, die zur 1830 erbauten Kirche
Kímisis tou Theotókou (»Mariä Entschlafung«) führt. Sie steht in einem
paradiesisch grünen Garten mit Zypressen, Feigen-, Öl- und Mandel-
bäumen, den Schilder ausdrücklich
als »Eigentum der Gottesmutter«
ausweisen.

Obwohl auf der Insel nur wenige Betten vermietet werden, hat
sich der Fremdenverkehr zur bedeutendsten Einnahmequelle der
Pserimioten entwickelt: Zweimal
täglich kommen Urlauberschwär-
me von Kos herüber und ergießen
sich wie Flutwellen über den
Strand, wo schon Hunderte von
Liegestühlen und Sonnenschirmen
und mehrere Tavernenwirte auf sie
warten. Psérimos ist dennoch ein
lohnendes Reiseziel, auch für mehrere Urlaubstage: z. B. für Eltern
mit kleinen Kindern. Das Ufer in
der Avláki-Bucht fällt extrem sanft
ab, so daß auch Kleinkinder schon
gefahrlos baden können, ohne daß
ständig jemand in unmittelbarer
Nähe sein muß.

Praktische Informationen

Schiffsverbindungen: Ganzjährig
täglich Bootsverbindung mit
Kálymnos; im Sommer täglich Ausflugsboote von und nach Kos (Entfernung jeweils 13 km).

Unterkunft: Im Dorf werden ca.
40 Fremdenbetten vermietet. Telefonisch vorreservieren kann man die
5 kleinen Zimmer (davon nur 2 mit
Dusche/WC) oberhalb der Taverne *Kalí
Kardiá* direkt am Strand, ✆ 0243/
2 34 97.

Geldwechsel: Auf Psérimos gibt
es weder Bank noch Post; Bargeld wechseln die Tavernenwirte.

Feste: Großes Kirchweihfest am
14./15. August an der Kímisis tou
Theotókou.

157

Léros – besser als sein Ruf

Ágios Issídoros

Das Schicksal hat es in diesem Jahrhundert mit Léros nicht gut gemeint. Im Krieg hart umkämpft, diente es später als Umerziehungs- und Häftlingsinsel für politische Gegner. Vor allem aber litt und leidet Léros unter all den Vorurteilen, die dem Standort einer großen und noch dazu übel beleumdeten psychiatrischen Klinik hier wie überall auf der Welt entgegenschlagen. So ziehen die Urlauberscharen noch immer an Léros vorbei, obwohl die Insel an der meistbefahrenen Schiffahrtsroute des Dodekanes liegt.

Haupthafen ist seit der italienischen Besatzungszeit Lákki am Innenrand einer 3 km langen Bucht. Sie zählt zu den besten Naturhäfen der Ägäis. Auf den Ankömmling wirkt der Ort befremdlich: Auf der übermäßig breiten Uferstraße herrscht kaum Verkehr, die Häuser geben sich mit ihren Kolonnaden, Rundungen und monotonen Fronten gänzlich ungriechisch. Die viel zu breiten Straßen im Städtchen werden zwar von hohen, alten Bäumen beschattet, aber kaum von Autos und Menschen genutzt. Die Sitzbänke am Ufer bleiben ebenso leer wie die meisten Stühle in den wenigen Lokalen auf den vielen Plätzen. Lákki ist eine Siedlung vom Reißbrett italienischer Städteplaner, womit sich die Einheimischen bis heute kaum anfreunden konnten.

Einheimische Zentren sind der nur 4 km entfernte, alte Hauptort Plátanos und sein Hafen Agía Marína geblieben. Wer dort mit dem Ausflugsdampfer oder Tragflügelboot ankommt, gewinnt einen völlig anderen Eindruck von Léros; ein Bild, das dem Ägäisreisenden längst

---

Léros in Zahlen
(Inselkarte s. S. 165)

Fläche: 52 km²
Höchster Berg: Skoumpárda
  (327 m)
Küstenlänge: 71 km
Einwohner: 8000 (Volkszählung 1991: 7953)
Telefonvorwahl: 02 47
Entfernungen von Lákki:
– Póthia/Kálymnos   41 km
– Kos   68 km
– Skála/Pátmos   41 km
Entfernungen von Plátanos:
– Alínda   3 km
– Lákki   4 km
– Flugplatz   7 km
– Xerókambos   7 km

vertraut ist: Hoch über den dicht aneinander gedrängten Häusern des mit seinem Hafen zusammengewachsenen Binnendorfes erhebt sich eine mittelalterliche Festung. Erst bei genauerem Hinsehen fallen zwischen den weiß gekalkten Bauten die meist ockerfarbenen Villen mit rotem Ziegeldach auf, die sich im Ausland (vor allem in Ägypten) zu Wohlstand gekommene Lerier zwischen 1880 und 1935 erbauen ließen. Es gäbe noch einige mehr davon, wäre Léros nicht im Zweiten Weltkrieg die am härtesten umkämpfte Insel des Dodekanes gewesen. Die deutschen Bombardements vom Herbst 1943 sind den älteren Insulanern noch in lebhafter Erinnerung, ein britischer Soldatenfriedhof in Alínda erinnert an einige der Opfer.

Seinen schlechten Ruf erwarb sich Léros aber erst in Nachkriegszeiten. Noch während des griechischen Bürgerkrieges (1945–49) richtete die bürgerliche Regierung Griechenlands in leerstehenden italienischen Kasernen die »Königlichen Technischen Schulen« ein. In ihnen wurden Kinder ermordeter, gefallener, vermißter, inhaftierter oder emigrierter linker Partisanen und Politiker streng antikommunistisch erzogen. Etliche von ihnen sollten ihre Eltern nie wiedersehen.

1958 wurden zahlreiche Gebäude in Lákki und Lépida zur größten psychiatrischen Klinik Griechenlands umfunktioniert. Über 3200 kranke Männer, Frauen und Kinder aus dem ganzen Land wurden in heruntergekommenen italienischen Kasernen einquartiert. Wirtschaftlich bedeutete das für Léros einen gewaltigen Aufschwung. Der Handel profitierte, die Kliniken beschäftigten über 800 Menschen. Während der Zeit der Juntaherrschaft von 1967 bis 1974 wurde Léros darüber hinaus zum Internierungslager. Die Obristen ließen etwa 3000 politische Gegner, darunter viele Frauen mit ihren Kindern, in alten italienischen Bauten in Parthéni und Lákki internieren und foltern. Ein Denkmal hat man ihnen auf Léros bis heute nicht errichtet, das Thema ›Juntazeit‹ wird wie überall in Griechenland gern totgeschwiegen. Nur einige Wandmalereien in der Kapelle Panagía Kioúra erinnern an jene Jahre.

Die Klinik und die Erinnerungen an die Vergangenheit wirken sich lediglich auf den Massentourismus nachteilig aus – mit Vorteilen für Individualreisende: Selbst im August sind meist noch einige Zimmer frei; Kreuzfahrturlauber bleiben der Insel völlig, Tagesausflügler weitgehend fern. Weil die Lerier ähnlich wie die Kalymnier weniger vom Fremdenverkehr abhängig sind als die Bewohner der Nachbarinseln, erscheinen die Menschen noch gastfreundlicher, wirkt das Leben noch ursprünglicher. Nur in Alínda, dem Urlaubszentrum der Insel, prägen die vielen Tavernen, kleinen Hotels und Pensionen das architektonische Erscheinungsbild. Hier lockt ja auch der längste der insgesamt nur mittelmäßigen Inselstrände.

Hoch über Plátanos thront das mittelalterliche Kástro

Plátanos und das Kástro

Dreh- und Angelpunkt des Insellebens ist die kleine **Platía Roússou**
in Plátanos mit ihren zwei modernen Kaffeehäusern, der Metzgerei,
den Obst- und Gemüsehandlun-
gen, dem Souvláki-Imbiß, der
Schneiderei und dem Kiosk. Der
Ortsverein der sozialistischen Partei PASOK ist mit einem Büro vertreten, hier findet man die Natio-
nalbank, einen Briefkasten, zwei
Kartentelefone, einen Schmuck-
und Geschenkartikelhändler und
die lauteste Pension der Insel. Geórgios, der Kräuterhändler der In-

sel, kommt mehrmals täglich auf
seinem Lastenmoped angeknattert
und verkündet laut, daß er »Óla ta
Vótana«, also alle Kräuter verkauft.
Zwischen seinen Transaktionen
hilft er nebenbei auch noch in einem der Cafés als Kellner aus.

Die Westseite des Platzes wird
vom stattlichen, klassizistischen
Rathaus begrenzt, das ein in Ägypten lebender Lerier um 1900 seiner
Heimat schenkte. Viele Lerier waren im frühen 19. Jh. an den Nil
ausgewandert und dort zu Wohlstand gekommen. In Kairo hatten
sie 1873 eine lerische Bruderschaft
gegründet, die mit bedeutenden
Zuwendungen den Bau von Schulen und die Unterstützung von Ar-
men und Kranken auf der Heimat-
insel förderte. Die Bruderschaft
sorgte z. B. dafür, daß Arztbesuche
und Medikamente auf Léros für je-

den kostenlos waren und daß das Dampfschiff des Österreichischen Lloyd auf seiner zweiwöchentlichen Fahrt von Alexandria nach Konstantinopel auch Léros ansteuerte.

Neben dem Rathaus treffen sich im Kafeníon des *Clubs der Lerier* vor allem ältere Insulaner. In einem Hinterzimmer spielen sie Karten. An der Platía beginnt auch der gut markierte, etwa 800 m lange Fußweg über 300 Stufen hinauf zum **Kástro**. Die mittelalterliche Burg thront auf dem völlig kahlen Gipfel des 154 m hohen Pitýki (eine Straße führt von Pandéli aus hinauf). Schon in der Antike stand hier zumindest ein Wachturm, in byzantinischer Zeit eine erste Festung. Die Johanniterritter bauten sie aus, Italiener und Briten verschanzten sich in ihr, die Deutschen bombardierten sie und erneuerten noch während des Krieges ihre Mauern.

Im Vorhof der Burg steht das ehemalige Kloster der **Panagía tou Kástrou**, dessen Kirche in die Zeit um 1300 datiert wird. Ihr wertvollster Besitz ist eine heute nahezu vollständig mit reichverziertem Silberoklad bedeckte, wunderwirkende Marienikone vom Typus der Panagía Odogítria, die aus dem 8. Jh. stammen soll. Der Legende nach wurde sie in der Zeit des Ikonoklásmos an die Küsten von Léros gespült (geöffnet: Mi, Sa, So 14–19 Uhr).

Um 1300 ›drängte‹ die Ikone in die Johanniterburg. Dort fand sie der Festungskommandant eines Morgens neben zwei brennenden Kerzen im Pulvermagazin. Er befahl sofort ihre Rückführung ins Dorf, doch am nächsten Morgen war sie trotz intensiver Bewachung des Munitionsdepots wieder dort. Der Kreuzritter akzeptierte das Wunder und ließ die Lerier an der Stelle des Pulvermagazins eine Kirche für die Marienikone erbauen.

Einen anderen Typus der Marienikone stellt die Panagía Glikofiloússa (14. Jh.) an der Ikonostase dar: Maria und das Kind sind liebkosend Wange an Wange dargestellt, eine Hand des Kindes liegt in der Hand der Mutter, mit der anderen greift es zärtlich nach ihr.

In einem Nebenraum der Kirche ist ein kleines **Sakralmuseum** eingerichtet. Besonders interessant ist hier die Ikone der ›Entschlafung der Gottesmutter‹ in der Mitte der Längswand. Wie üblich haben sich Apostel und Kirchenväter am Sterbebett Mariens versammelt. Ungewöhnlich ist jedoch die perspektivische Darstellung einer Stadt im Hintergrund. Besonders dramatisch ist die übliche Nebenszene im Vordergrund geraten: Ein Engel hat dem Juden Jephonias, der das Sterbebett der Gottesmutter durch Berührung entweihen wollte, die Hände abgeschlagen – sie klammern sich aber noch an das mit Blumen bestickte Bettuch, aus den Stümpfen strömt Blut (Kirche und Museum geöffnet: täglich 8.30–12.30 Uhr; mittwochs, samstags und sonntags auch 16–20 Uhr, Eintritt frei).

163

Das Innere der Burg wird noch immer militärisch genutzt und ist daher nicht zugänglich. Man kann jedoch an den Burgmauern entlanggehen und dabei den weiten Blick genießen, der an klaren Tagen bis nach Kálymnos, Pátmos und zur Türkei reicht.

Agía Marína
und Pandéli

Die Platía von Plátanos liegt auf dem Scheitelpunkt eines Bergsattels, der gen Norden und Süden sanft zum Meer hin abfällt. Beide Hänge sind mit Häusern bedeckt: Auf der einen Seite geht Plátanos nahtlos in Agía Marína über, auf der anderen in **Pandéli**, den Fischerhafen der Insel. Am kurzen, überwiegend kiesigen oder steinigen Strand stehen mehrere gute Fischtavernen, ansonsten hat Pandéli nichts zu bieten. **Vromólithos** in der Nachbarbucht ist eher eine Sommerfrische denn ein lebendiger Ort; der Sand-Kiesel-Strand genügt einfachen Ansprüchen.

Agía Marína erreicht man von der Platía aus nicht nur über die Autostraße, sondern auch durch eine am oberen Platzende nach links abzweigende Ladengasse. Die Gasse passiert die heutige **Bischofskirche** der Insel, Mariä Verkündigung geweiht, und das einzig originelle Souvenirgeschäft auf Léros, *Katí to Oreon*, in dem Kóstas

und seine Frau Willi erlesenes Kunsthandwerk aus ganz Hellas anbieten. Wendet man sich dann am Anleger von Agía Marína ostwärts und geht die kleine Uferstraße bis ans Ende, erreicht man bei einer ehemaligen Kaiki-Werft die spärlichen Überreste der kleinen **Festung Proútzi** aus türkischer Zeit. Fotogener ist die alte **Windmühle** vom Anfang des 20. Jh., die am anderen Ende von Agía Marína ganz dicht vor dem Ufer im Meer steht.

Alínda
und der Inselnorden

Die Küste zwischen Agía Marína und Alínda, die beide an der gleichen Bucht liegen, ist nur locker bebaut. Kein Schild markiert Anfang und Ende der Orte oder weist gar auf Krithóni hin, die Siedlung, die beide nahtlos miteinander verbindet. Ursprünglich bestand Alínda nur aus einigen, in Küstennähe gelegenen Villen und Bauernhäusern; heute säumen vor allem Pensionen, Hotels und Geschäfte die mehr als 1 km lange Uferstraße, die unmittelbar am schmalen, anfangs sandigen, später kiesigen Strand verläuft, auf dem unter Tamarisken auch die Tische und Stühle vieler Tavernen stehen.

Archángelos

Petalí   Trípiti

Plakoússa

Faradoníssia   Strongíli

Bucht
von   Panagía
Parthéni   Kíoúra

Fischzucht ■   Pleroúndi

Ag. Kíoúra

Parthéni

Markéllos
(264 m) ▲   Artemis-
            Tempel

            Klidí
            (320 m) ▲   Kryfós

            Bellenis'
            Tower ■

            Alínda
            ■ Soldatenfriedhof
Ag. Issídoros   Kokkáli
            Krithóni   Proútzi

Bucht von   Ag. Marína   Kástro
Gournás
            Plátanos   Pandéli

Ag.   Drymónas   Vromólithos
Nikólaos   ✕ Mýli   Bucht von
                            Pandelioú
Panagía
Monís   Ag.
                                Kyriakí
Katsoúni
(152 m) ▲   Koulóúki
                Louloúki   Lákki

            Bucht von   Teménia
            Lákki
                    Lépida

Ägäische   Panagía sto
                        ● Paleókastro
See   Xerókambos   Piganoússa

            Skoumpárda   Panagía tis
            (327 m) ▲   Kavourádenas

                            Gabianí

                    Velóna

0   N   2 km   Kálpi   Glaroníssia
        ▲

Gleich am Ortsausgang passiert man den durch ein hohes, weißes Kreuz markierten **Soldatenfriedhof**, auf dem 179 britische, zwei kanadische und zwei südafrikanische Soldaten bestattet sind. Nebenan folgt die **Villa Boulaféndis**, eines der für Léros typischen klassizistischen Häuser. Ein berühmter lerischer Herzspezialist ließ sich in den 30er Jahren erbauen. Eine weitaus ausgefallenere Villa steht etwa 500 m weiter links an der Uferstraße: **Bellenis' Tower**. Ihre Fassade wird im wesentlichen von einem runden und einem rechteckigen, jeweils zinnenbekrönten Turm gebildet. Der Lerier

Paríssis Bellénis (1871–1957) ließ sie sich 1925/26 erbauen, nachdem er durch viele öffentliche Bauaufträge in Ägypten zu Geld und durch Bauten zum Wohl kleinasiatischer Flüchtlinge in Thrakien zu Ruhm gekommen war. Sie birgt heute das historische und volkskundliche Museum der Insel. Auf zwei Etagen werden historische Druckmaschinen, Musikinstrumente, Web- und Stickarbeiten, Trachten und vor allem Fotos und Dokumente aus der Zeit der türkischen, italienischen und deutschen Besetzung gezeigt (geöffnet: täglich 10–12 und 18–21 Uhr, Eintritt ca. 2 DM).

Bellenis' Tower beherbergt heute ein historisches und volkskundliches Museum

Folgt man der Uferstraße noch weiter, gelangt man unterhalb einer kleinen Marienkapelle zum winzigen **Sand-Kies-Strand von Panagiés** und von dort zu Fuß in wenigen Minuten über einen Hirtenpfad zum **Kieselsteinstrand Kryfós**.

Biegt man hingegen in Alínda gleich hinter der Villa Boulaféndis nach links ab, steigt die Straße zunächst leicht an und führt dann als Allee weiter in den Inselnorden. Kurz vor der Landebahn des Inselflugplatzes leitet ein Wegweiser die an Archäologie interessierten Besucher zu den Überresten eines antiken Bauwerks, die als **Ruinen des Artemis-Tempels** ausgeschildert sind. Daß es einen solchen Tempel auf Léros gab, bezeugen schriftliche Quellen; wo er stand, ist unter Archäologen aber immer noch umstritten. Die spärlichen Mauerreste aus maximal drei Lagen regelmäßig behauener Quader, die auf dem Hügel über der Landebahn zu entdecken sind, gehören nach Meinung von Fachleuten jedenfalls nicht dazu.

Die Straße, die von der Hauptstraße zum vermeintlichen Artemis-Tempel abzweigt, endet an einer der größten Fischzuchtstationen Griechenlands. Auf dem Küstenstreifen zwischen dieser Station und dem meerseitigen Ende der Landebahn können unentwegte Hobby-Archäologen ein paar Überreste einer frühchristlichen Basilika entdecken.

Folgt man der Hauptstraße am Flugplatz vorbei weiter, gelangt man in der Gemarkung **Parthéni** an eine kleine Kreuzung. Geradeaus geht es weiter zur Panagía Kioúra, nach rechts an Kasernen vorbei, die der Junta als Gefängnisse dienten, bis zur Bucht Plefoúndi mit einer an einem von Tamarisken beschatteten Kiesstrand gelegenen Taverne. In der Kapelle **Panagía Kioúra** erwartet den Besucher Sakralkunst ganz besonderer Art. Die wenigen Fresken an den Wänden muten expressionistisch an, erinnern fast an Ernst Barlach. Politische Häftlinge malten die Frauengestalten, die Grablegung Christi und Mariä Entschlafung. Niemand pflegt diese einzigartigen Dokumente der Juntazeit, sie sind dem Zerfall preisgegeben.

Die Bucht von Gournás

Die weite Bucht von Gournás an der Westseite der Insel ist touristisch bisher kaum erschlossen. Zu bieten hat sie zwei fotogene Kapellen und einen guten Strand. Der Anblick von **Ágios Issídoros** (s. S. 158/159) erinnert an das kleine Kloster Vlachérnas – ein weithin bekanntes Postkartenmotiv – auf Korfu. Wie jenes ist auch die Kapelle des hl. Issídoros auf einem Felsinselchen vor der Küste erbaut. Ein 50 m langer, oft leicht vom Meer überspülter Zementdamm führt zu dem innen schmucklosen Bau aus dem Jahr 1892. Ágios Issídoros er-

Psychiatrie in Griechenland

1989 geriet Léros ins Rampenlicht der Weltpresse. Journalisten aus England, Deutschland und Holland berichteten über die skandalösen Verhältnisse, die in den psychiatrischen Kliniken der Insel herrschten. Für die über 1000 psychisch Kranken gab es nur zwei Psychiater, von den 800 Krankenpflegern und Wärtern war nur eine Handvoll fachlich ausgebildet. »Bauern, Hirten und Fischer sind die Hüter der Kranken«, schrieb der *Spiegel*. Und er zitierte einen jungen griechischen Mediziner mit den Worten: »Diese Wärter wissen nicht, was Geisteskrankheit ist. Medikamente kennen sie nur nach der Farbe: eine rote, zwei weiße, zwei rosa.« Ein britischer Arzt befragte die Wärter nach ihrer Arbeit. »Es ist, wie wenn man Tiere hütet«, bekam er des öfteren zu hören. Besonders entsetzt war man über die Unterbringung der Kranken in Sälen mit bis zu 80 Betten und über die ›Abteilung 16‹, in der 80 besonders schwere Fälle nackt in unsäglichem Gestank dahinvegetierten.

In Fachzeitschriften waren die Defizite der griechischen Psychiatrie schon Jahre zuvor angesprochen worden: Es gab zu wenig Fachkliniken, das Bettenangebot war zur Hälfte auf Athen konzentriert. Die beiden größten Kliniken auf Léros und am Olymp seien völlig veraltet und dienten, so die Athener Tageszeitung *Elefthérotypia*, als »Mülleimer der anderen psychiatrischen Anstalten«, deren Patienten im Durchschnitt schon über 22 Jahre einsaßen. Sie hatten zumeist keinerlei Kontakt zu Angehörigen mehr, weil die Kliniken zu weit von ihren Heimatorten entfernt waren. Kleinere, über das ganze Land verstreute

reicht man über den ausgeschilderten Weg nach Kokkáli.

Von der Hauptstraße zweigt noch in Alínda eine andere Asphaltstraße ab, als deren Ziel ein Wegweiser »Gournás« nennt. Ein gleichnamiges Dorf gibt es freilich nicht, **Gournás** ist nur eine sehr lockere Streusiedlung. Hier säumt ein langer, weitgehend schattenloser Sand-Kies-Strand das Ufer, an dem auch einige Liegestühle und Sonnenschirme vermietet werden. Unterkünfte und Tavernen fehlen.

Folgt man der Straße weiter Richtung Süden, erreicht man den Weiler **Drymónas**. Die Hauptstraße steigt hier wieder bergan, eine kleine Nebenstraße durchquert Drymónas und endet an der Kapelle **Ágios Nikólaos** direkt am Meer.

Einheiten fehlten, eine Möglichkeit zur ambulanten Versorgung und Betreuung gab es außerhalb Athens überhaupt nicht. Wer seinen kranken Angehörigen nicht abschieben wollte, mußte selbst für ihn sorgen.

Eine 1992 veröffentlichte britische Untersuchung ergab, daß 25 % der Patienten auf Léros durchaus selbständig außerhalb der Klinik leben und zu ihren Familien zurückkehren könnten, wenn es Möglichkeiten zur ambulanten Versorgung gäbe. Weitere 21 % könnten in betreuten außerklinischen Gemeinschaften leben. Nur 8 % waren jemals als gemeingefährlich oder auch nur gewalttätig aufgefallen.

Das griechische Parlament hat inzwischen eine Reihe von Gesetzen erlassen, die eine bessere psychiatrische Versorgung ermöglichen sollen. Dazu gehören die flächendeckende Schaffung kleiner psychiatrischer Abteilungen in den allgemeinen Krankenhäusern, die Einrichtung von Tageskliniken und die Arbeitsplatzbeschaffung für psychisch Kranke. Aber wie so vieles in Hellas scheitert die Umsetzung der Pläne am Geldmangel und am Schlendrian der Bürokratie.

Inzwischen ist die Patientenzahl verringert worden. Patienten sind an Kliniken in der Nähe ihrer Heimatorte überwiesen oder in betreuten Häusern außerhalb des Krankenhauses untergebracht worden. Doch die EU-Programme, mit denen solche Maßnahmen gefördert werden, laufen aus. Manche Lerier fürchten, daß die alten Zustände bald wieder einkehren. Manch andere wären darüber froh: Noch 1989 lebten 57 % aller erwerbstätigen Lerier von den Kliniken. 38 % waren dort direkt angestellt, 19 % erzielten als Händler und Handwerker den größten Teil ihres Umsatzes mit ihnen. Der Tourismus hat für die verlorengegangenen Arbeitsplätze noch längst keinen Ausgleich geschaffen. So ist es verständlich, daß viele Lerier gegen Erwägungen protestieren, die Kliniken ganz zu schließen.

Einen Abstecher in eine unvermutet einsame, nahezu unbesiedelte Landschaft unternimmt, wer von der Hauptstraße zwischen Drymónas und Lákki aus dem Wegweiser nach **Panagía Monís** folgt. Neben der kleinen Kapelle dieses Namens stehen noch geringfügige Reste eines mittelalterlichen Klosters. Der schöne Blick über Felder und Weiden auf die Bucht von Gournás lohnt die Fahrt hinauf. Ebenfalls der Aussicht wegen lohnt es sich, kurz darauf an der Hauptstraße dem Wegweiser mit der Aufschrift »Mýli« zu folgen. Er führt zu einer defekten **Windmühle** auf einem Hügelkamm, von der aus man die Buchten von Alínda, Gournás und Lákki überblickt.

Lákki
und der Inselsüden

Lákki ist die einzige Stadt auf den griechischen Inseln, die von europäischen Stadtplanern am Reißbrett entworfen und dann auch gebaut wurde. Anders als auf Kos, Kálymnos und vor allem Rhodos, wo sich die italienischen Bauten aus der Besatzungszeit eher verspielt geben und bewußt orientalisierend wirken wollen, waren die Architekten in Lákki vom Internationalen Stil beeinflußt. Dieser in Amerika für die moderne Architektur des zweiten Viertels unseres Jahrhunderts formulierte Begriff kennzeichnet eine Richtung, die eine Vorliebe für asymmetrische Formen, kubische Bauten, weißen Verputz und lange Fensterfronten entwickelte und bewußt auf Ornament und Profilierung verzichtete.

Ein großer Teil der italienischen Bauten wurde im Krieg zerstört, andere wurden später erheblich umgebaut. Nahezu unverändert erhalten hat sich aber die **Markthalle** mit dem Uhrturm (1934–36), deren runder Innenhof von Säulen umstanden ist. Durch ihre vier Eingänge tritt kaum noch jemand ein, die an den beiden Palmen im Hof aufgehängten Kleider und T-Shirts finden selten Käufer. Man kann sich kaum noch vorstellen, daß hier vor dem Krieg an den Ständen von Metzgern, Obst-, Gemüse- und Fischhändlern emsiges Treiben herrschte.

Jeglichen Glanz verloren hat auch das **Hotel Roma** (1936/37), das heute schlicht *Hotel Léros* heißt. Das Kino mit dem halbrunden Abschluß zum Meer hin wird heute wegen der Zerstörung seines Daches als Freilichtkino weiter betrieben. Andere Bauten aus jenen Jahren sind das ehemalige **Marinekommando** in dem langgestreckten zweigeschossigen Bau neben der Taverne *Yacht Limán* und die **Volksschule** am jenseitigen Ende der viel zu breiten Uferstraße. Eine **Gedenkstätte** auf der Uferstraße erinnert an die Toten des griechischen Torpedoschiffes *Vassílissa Olga*, das am 26. September 1943 im Hafen von Lákki von deutschen Fliegern versenkt wurde.

Am Fähranleger von Lákki beginnt eine schmale Küstenstraße, die schon nach 300 m den winzigen **Kiesstrand Kouloúki** passiert. Sie führt später am kurzen **Kiesstrand von Meríkia** mit Ruinen italienischer Lagerhallen im Hinterland vorbei und endet dicht unterhalb des bewaldeten Berges **Katsoúni** (152 m). Dort liegen vier kleine, nur über Ziegenpfade erreichbare, völlig weltabgeschiedene Sand-Kies-Buchten. Folgt man der Uferstraße aus Lákki hinaus um das innere Ende der Bucht herum, passiert man in **Teménia** das Inselkraftwerk und eine Limonadenfabrik, die ebenfalls noch aus italienischer Zeit stammen. In **Lépida** führt die Straße dann am Eingang zu einer Abteilung der psychiatrischen Klinik vorbei. In italienischer

Zeit standen hier mehrere Hangars für Wasserflugzeuge und zahlreiche Wohnblocks für Marineoffiziere.

Xerókambos ist das südlichste Dorf der Insel, Kálymnos zugewandt. Auf einem 80 m hohen Hügel am nordöstlichen Dorfrand leuchtet das rote Dach der **Panagía sto Paleókastro**. Ein anfangs zementierter Fahrweg führt vom Ortseingang aus hinauf. Das Gotteshaus

ren Ende der Bucht lockt mit seinen verkümmernden Tamarisken nur zu einem kurzen Bad. Schnorchler ziehen es ohnehin vor, auf der schmalen Straße am Ostufer der Bucht bis zur Kapelle der **Panagía tis Kavourádenas** weiterzufahren, wo man von der Felsküste aus ins Wasser gelangt. Zudem ist die zwischen Felsen gezwängte und zum Teil in eine Grotte hineingebaute Kapelle am Meer ein kunsthisto-

Uferstraße in Lákki

risch zwar uninteressantes, aber idyllisch gelegenes Ausflugsziel.

aus dem 11. Jh. ist verschlossen, doch wer es umrundet, erkennt zwei Abschnitte einer hellenistischen Mauer aus großen, regelmäßig behauenen Steinquadern. Sie bildeten den Unterbau eines Wachturms. Von der Siedlung, die die Lerier um 1090 hier oben nach ihrer Vertreibung durch patmische Mönche aus dem nördlichen Inselteil errichtet hatten, sind keine Spuren geblieben.

Der etwa 150 m lange Sand-, Erd- und Kieselsteinstrand am inne-

Praktische Informationen

Flugverbindungen: Im Sommer 9 × wöchentlich mit Athen durch 18sitzige Propellermaschinen der *Olympic Airways*. Flugzeit ca. 1 Std., einfacher Flugpreis ca. 115 DM. Kein Flughafenbus, nur Taxis bei Ankunft.

Schiffsverbindungen: Die kleine Autofähre *Nisos Kálymnos* verbindet Léros ganzjährig 2 × wöchentlich mit Kálymnos, Kos, Lípsi, Pátmos, Agathoníssi und Pythagório/Sámos. Große Autofähren verkehren im Som-

171

mer 10–11 × wöchentlich zwischen Léros und Piräus, Kos, Kálymnos, Pátmos und Rhodos; 2 × wöchentlich zwischen Léros, Páros und Náxos; 1 × wöchentlich zwischen Léros, Lípsi, Sýros, Chálki, Kárpathos, Níssyros, Tílos, Sými, Kastellórizo und Irákliо/Kreta. Im Winterhalbjahr existiert 6 × wöchentlich eine Fährverbindung mit Pátmos, Lípsi, Kálymnos, Kos und Rhodos.

Im Sommerhalbjahr verkehrt außerdem täglich ein kleines Kaiki zwischen Xerókambos und Myrtiés auf Kálymnos (ab Léros 7 Uhr, Rückkehr ca. 14 Uhr).

Im Sommerhalbjahr steuern Tragflügelboote 2 × täglich Sámos, Pátmos und Kálymnos an; 1 × täglich Lípsi und Kos; 3 × wöchentlich Foúrni, 2 × wöchentlich Ágios Kírykos/Ikaría und 1 × wöchentlich Agathoníssi. Achtung: Einige Tragflügelboote laufen Lákki, andere Agía Marína an!

Sonstige Verkehrsmittel: Der Inselbus verkehrt im Sommer 6 × täglich, im Winter 2–3 × täglich zwischen Plátanos, Alínda und Parthéni sowie zwischen Plátanos, Lákki und Xérokambos. Der Fahrplan ist nicht auf die Schiffsankünfte abgestimmt. Außerdem verkehren auf der Insel 27 Taxis, die auch in der Hauptsaison leicht zu bekommen sind. Vorbestellungen für Hafen oder Flughafen unter ✆ 2 30 70 und 2 33 40.

Zahlreiche Mopeds und Fahrräder sowie einige wenige, zumeist ältere Mietwagen werden in Alínda, Lákki und Plátanos vermietet.

Unterkunft: Insgesamt werden auf Léros etwa 1100 Fremdenbetten vermietet. Wer einen relativ guten Strand in der Nähe wünscht, wohnt am besten im Gebiet von Krithóni und Alínda; wer eher das Dorfleben von

Plátanos und das ›Nightlife‹ von Pandéli schätzt, quartiert sich in Pandéli oder Vromólithos ein.

. . . in Alínda und Krithóni: *Boulaféndis Bungalows*, Apartmenthotel am südlichen Ortseingang von Alínda, gleich neben dem britischen Soldatenfriedhof. An der Küstenstraße steht die alte Villa Boulaféndis mit Rezeption und Restaurant, dahinter ziehen sich die zweigeschossigen Apartmentbauten landeinwärts. Vermietet werden 22 Studios für 2 Personen, 15 Apartments für 4–6 Personen und 1 Suite. ✆ 2 35 15 und 2 32 90, Fax 2 45 33, Studio ca. 65 DM.

Carína: Pension in Alínda mit schöner Frühstücksterrasse in gepflegtem Garten, nahe dem Museum, etwa 100 m vom Strand entfernt. (19 Zimmer, ✆ 2 27 16, DZ ab ca. 30 DM).

Georgía: Moderne, absolut ruhig gelegene Pension, leicht erhöht über dem Ufer und einem kleinen Strand kurz vor der Kirche von Panagiés erbaut, 1 km von Alínda entfernt (7 Zimmer, ✆ 2 38 33, DZ ca. 40 DM).

Iríni: Hotel in Alínda mit 20 Apartments für 2–4 Personen in drei Gebäuden um einen blumenreichen Innenhof, etwa 120 m vom Strand entfernt. ✆ 2 41 64 und 2 32 59, Fax 2 41 70, Apartment für 2 Pers. ca. 65 DM.

Marilen: Erstklassige Apartmentanlage mit Pool, Planschbecken und Pool-Bar in Alínda, etwa 700 m vom Strand entfernt. Insgesamt stehen 68 Betten in 2- und 4-Bett-Apartments zur Verfügung. ✆ 2 41 00, Apartment für 2 Pers. ca. 70 DM.

Outópia: Kleine, sehr geschmackvoll eingerichtete und gut erhaltene Apartmentanlage in Krithóni mit 17 Wohneinheiten für bis zu 3 Personen. 100 m vom Strand, 750 m von Alínda entfernt (✆ 2 43 44, Studio für 2 Pers. ab ca. 50 DM).

. . . in Pandéli und Vromólithos: *Kávos*, Pension über einem Café in einem Haus am östlichen Ende der Uferstraße über dem Strand von Pandéli. Alle Zimmer mit Balkon (9 Zimmer, ☎ 2 32 47, DZ ca. 40 DM).
Ródon: Pension auf einem Felsvorsprung über dem Strand von Vromólithos, 5 Min. zu Fuß von Pandéli entfernt. Frühstücksterrasse mit Meerblick; Gemeinschaftskühlschrank. Kleine Zimmer, teilweise mit Balkon (14 Zimmer und 1 Apartment für 4 Personen, ☎ 2 20 75, DZ ca. 45 DM).

Camping: Ein schattiger, kleiner Zeltplatz mit 30 Stellplätzen liegt in Xerókambos, etwa 500 m vom Strand entfernt an der Hauptstraße von Lákki her (*Léros Camping*, ☎ 2 33 72).

Essen und Trinken in Alínda: *Boulaféndis*, im Restaurant an der Uferstraße von Alínda speist man stilvoll, aber zwanglos in einer fast 70 Jahre alten Villa. Zweimal wöchentlich kocht die mexikanische Wirtin Spezialitäten aus ihrer Heimat (nur abends geöffnet).
Konstantínos: In der Taverne an der Uferstraße sitzt man unter Tamarisken direkt auf dem schmalen Strand und genießt neben einer großen Auswahl von gut gewürzten Speisen auch den Blick auf Plátanos und die Burg. Besonders empfehlenswert sind die *scaloppine lemonato* und die *sousoukákia*.
. . . in Krithóni: *Esperíthes*, das gepflegte Restaurant an der Uferstraße hat sich auf Steaks spezialisiert. Nur abends geöffnet.
. . . in Lákki: *Yacht Limán*, die Taverne an der Uferstraße nahe dem Anleger bietet ein einfaches griechisches Menü und eine gute Auswahl an frischen Fischen an. Wirt Gavríil und seine Frau Maria sprechen gut Deutsch. Gavríil ist

nebenbei auch eine große Hilfe für Yachturlauber mit technischen oder logistischen Problemen.
. . . in Plefoútis: *I Théa Artemís*, in der Taverne am Strand von Plefoútis treffen sich überwiegend Griechen an jedem Samstagabend ab etwa 21.30 Uhr zu griechischer Live-Musik, zu der sie auch eifrig tanzen. Das Essen ist dann wegen des großen Andrangs schlecht und teuer; wer frischen Fisch genießen möchte, muß ihn samstags schon am Mittag auswählen und vorbestellen. Das echt griechische Volksleben entschädigt jedoch für den mangelnden kulinarischen Genuß.

 Geldwechsel/Post/Telefon: Geld kann in den Postämtern und Banken von Plátanos und Lákki getauscht werden, die *National Bank* bietet einen EC-Automaten. Telefon- (OTE) und Postämter gibt es nur in Lákki und Plátanos.

Feste: Das bedeutendste Kirchweihfest wird am Abend des 14. August auf der Burg und in Plátanos gefeiert. Zum Vespergottesdienst läuft man zum Kástro hinauf, anschließend Musik und Tanz in Plátanos. Weitere Kirchweihfeste: Agía Marína am 17. Juli in Agía Marína, Ágios Fanoúrios am 27. August in Xerókambos. In Alínda werden seit 1907 im August die ›Alíndia‹ veranstaltet (Segelregatta, Schwimm- und Windsurfwettbewerbe).

Auskunft: Das städtische Touristeninformationsbüro im modernen Hafengebäude auf dem Anleger von Lákki ist zwar liebevoll eingerichtet, aber fast immer geschlossen (☎ 2 29 37).
Kartenmaterial: Die auf Léros erhältliche Inselkarte von Dimítrios Daváris ist äußerst unvollkommen und zudem veraltet. Der Kauf lohnt nicht.

Pátmos –
Heilige
Insel im
Wandel

Skála und Chóra

Kloster der Apokalypse
und Johanneskloster

Von Skála
in den Inselnorden

Nach Gríkou und
in den Inselsüden

Blick über das Dach des Johannesklosters

Das griechische Parlament hat Pátmos 1983 per Gesetz zur Heiligen Insel erklärt. Hier wurde Johannes vor 1900 Jahren das letzte Buch der Bibel offenbart: die Apokalypse. Seit über 900 Jahren leben Mönche im Johanneskloster, einem Hort orthodoxer Traditionen und Kultur. Doch der moderne Massentourismus rüttelt an seinen Grundfesten.

An den Stränden von Pátmos verbieten Schilder mit Hinweis auf die Heiligkeit der Insel das Nackt- und Oben-ohne-Baden. Einige Meter weiter liegen griechische und ausländische Urlauber wie Analphabeten in der Sonne. Pilger, die Kerzen entzünden, Gebete sprechen und Ikonen küssen wollen, müssen sich gedulden, bis die Reiseleiter der Kreuzfahrttouristen und Ausflügler von anderen Inseln verstummen und die Reisegruppen die Kirchen an den heiligen Stätten wieder freimachen. Wenn die Mönche an hohen Feiertagen in feierlicher Prozession mit einer Ikone durchs Dorf ziehen und auf den kleinen Plätzen liturgische Gesänge anstimmen, stört das Klicken der Fotokameras jeden Anflug von Andacht.

Fromme Pilger sind auf Pátmos nur noch eine Minderheit. Neugierige Tagesbesucher und ganz normale Badeurlauber prägen im Sommer das Bild. Die Mönche geben dem Druck der Einheimischen, die am Fremdenverkehr verdienen, immer mehr nach. Noch Ende der 80er Jahre waren Diskotheken auf der Insel verpönt; jetzt werden sie wie überall anders geduldet. Das Kloster, in dem noch etwa 20 Mönche und Novizen leben, verkauft immer mehr Land an bauwillige Ausländer und Insulaner und fördert damit sogar noch den sommerlichen Ansturm. Das Johanneskloster ist während seiner Öffnungszeiten teilweise zum reinen Mu-

Pátmos in Zahlen
(Inselkarte s. S. 177)

Fläche: 34 km²
Höchster Berg: Profítis Ilías
   (269 m)
Küstenlänge: 63 km
Einwohner: 2700
   (Volkszählung 1991: 2720)
Telefonvorwahl: 02 47
Entfernungen von Skála:
– Léros   41 km
– Kos   88 km
– Piräus   300 km
... zu anderen Orten der Insel:
– Chóra   4 km
– Gríkou   4 km
– Páno Kámbos   7 km

Livádi
Kalógiron

Panagía
Lámbi

Megális
Panagía

Léfkes

Páno
Kámbos

Vagiá

Taxiárchis

Káto
Kámbos

Ág.
Georgios

Panagía
Geranoú

Agriolivádi

Ág.
Georgíou

Bucht
von Mérika

Bucht von
Kámbos

Meloï

Panagía
Koumaná

Bucht von
Chochláka

Skála

Ägäische See

Apokálipsis

Evangelismós

Chóra

Profítis Ilías
(269 m)

Gríkou

Chiliomódi

Tragoníssi

Bucht von
Stavrós

Bucht von
Stavrós Diakófti

Psilí
Ámmos

N

0   2 km

Pátmos

seum degradiert, das der Besucher nur auf genau vorgeschriebenen Wegen beschreiten kann. Längst sind die Dachterrassen des Klosters für Fremde gesperrt, nachdem sich dort mehrmals gedankenlose Urlauberinnen direkt über den Mönchszellen in der Sonne aalten.

Lohnenswert ist der Besuch der Insel dennoch. Die Einfahrt in die Hafenbucht von Skála gehört zu den schönsten Erlebnissen jeder Ägäis-Reise, ob bei Tag oder Nacht. Schon von weitem erkennt man das Johanneskloster, das wie eine mächtige Kreuzritterburg trutzig aus dem kykladisch-weißen Häusergürtel der Chóra herausragt. Terrassenfelder und kleine Kiefernwälder bedecken den Hang zwischen der Chóra und dem Hafenort Skála, an dem bei näherem Hinsehen dann auch das Kloster der Apokalypse auszumachen ist.

177

Archäologische Befunde und die Worte des Evangelisten beweisen, daß Pátmos schon in der Antike besiedelt war. Die Polis lag auf dem Hügel Kastélli oberhalb des heutigen Skála, zählte über 10 000 Einwohner und stand meist unter dem Einfluß des kleinasiatischen Stadtstaats Milet. Folgenreichstes Ereignis in der antiken Inselgeschichte war die Verbannung eines gewissen Johannes nach Pátmos, die in die Jahre 95/96 n. Chr. datiert wird. Für die orthodoxe Kirche steht fest, daß dieser Johannes, der die Vision der Apokalypse empfing und sie seinem Schüler Próchoros diktierte, mit dem Autor des Johannes-Evangeliums identisch ist (s. S. 186).

Das Wissen um Pátmos als Insel der apokalyptischen Vision blieb das erste Jahrtausend über wach. Aber erst durch Christódoulos, Abt eines Klosters bei Milet, erlangte sie den Ruf einer heiligen Insel. Er erbat vom byzantinischen Kaiser das Recht, auf dem unbewohnten Pátmos ein Kloster gründen zu dürfen. Aléxios Komnénos I. gewährte es ihm und stattete das Kloster mit großem Landbesitz aus. Ganz Pátmos, die kleinen Nachbarinseln Lípsi, Arkí und Agathoníssi und ein Teil von Léros wurden dem Kloster geschenkt. Die Klostergründung war dem Kaiser nicht nur aus religiösen Gründen genehm: Kleinasien wurde immer wieder von Seldschukenheeren bedroht und verwüstet; viele Christen waren an die Küste und auf die ägäischen Inseln geflohen. Durch die Gründung be-festigter Klöster konnten Inseln nicht nur wiederbelebt, sondern auch zu Bollwerken ausgebaut werden.

Noch während der Bauarbeiten mußten Christódoulos und seine Mönche im Winter 1092/93 Pátmos wegen eines Seldschukenüberfalls verlassen. Sie zogen sich auf die Insel Euböa vor der Küste Attikas zurück, wo der Abt am 16. März 1093 starb. Kurz darauf erfüllten ihm seine Brüder den letzten Wunsch, überführten nach Abzug der Seldschuken seine Gebeine nach Pátmos und fuhren mit dem Klosterbau fort. Arbeiter und Soldaten, die anfangs noch weit entfernt von den Mönchen siedeln mußten, durften 1132 Chóra als Schutzgürtel für das Kloster gründen. Pilger, deren Gebete nach einer Wallfahrt erhört worden waren, schenkten dem Kloster Ländereien in Kleinasien und Rußland, auf Kreta, Sámos und vielen anderen Inseln.

Sein Ruf als Ort göttlicher Offenbarung bewahrte Pátmos nach 1204 vor der Eroberung durch Venedig oder fränkische Ritter und hinderte ein Jahrhundert später auch die seit 1309 auf Rhodos ansässigen Johanniter daran, Pátmos ebenso wie die übrigen Inseln des Dodekanes zu besetzen. Als 1453 Konstantinopel fiel und Byzanz unterging, wurde Pátmos dem Osmanischen Reich zwar eingegliedert, blieb aber frei von türkischer Besiedlung. Über all die Jahrhunderte hinweg sicherte geschickte Diplomatie dem Kloster das Recht auf freien Handel, den es eifrig zur Mehrung seines Reichtums nutzte.

Die relative Freiheit und Sicherheit der Insel lockte wohlhabende Flüchtlinge an. Die ersten kamen aus Konstantinopel, wo es ja auch nach 1453 noch eine große griechische Gemeinde gab. Weitere folgten, als Rhodos 1522 und Kreta 1669 türkisch wurden. Damit entstand auf der Insel aber auch eine laizistische Opposition, die den Mönchen das alleinige Recht auf Handel und Landbesitz streitig machte. 1722 kam es endlich zu einer Teilung des Bodens zwischen

---

Skála, der Hafen von Pátmos

Kloster und sonstigen Inselbewohnern. Während des griechischen Freiheitskampfes verhielten sich die Patmier weitgehend ruhig, um keine türkischen Privilegien zu verlieren. Mit der Gründung des freien Griechenland, der Herausbildung der neuen Zentren Sýros und Athen und dem Aufkommen der Dampfschiffahrt begann der wirtschaftliche Niedergang der Insel, den erst der Tourismus stoppen konnte.

Skála und Chóra

Über Jahrhunderte hinweg war Skála nur der Handelshafen der Insel mit kleinen Werften, Boots-

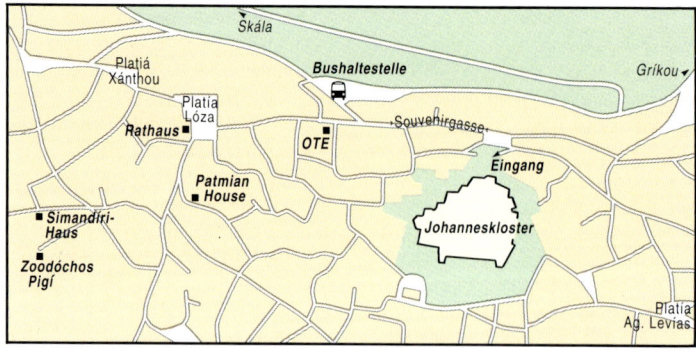

Chóra

schuppen und Lagerhallen. Heute ist es der lebhafteste Ort und das Touristenzentrum von Pátmos. Am Kai vor dem *Café Árion,* das den ansprechend restaurierten Innenraum eines Lager- und Kontorhauses aus dem letzten Jahrhundert einnimmt, drängen sich Yachten und kleine Ausflugsboote, die jeden Morgen vollbeladen die verschiedensten Inselstrände ansteuern. Ein paar Schritte weiter warten vor dem Hafengebäude aus italienischer Besatzungszeit die Taxis, machen am Anleger Autofähren, Tragflügelboote und große Kreuzfahrtschiffe fest. Oft ist gar nicht genug Platz für alle; viele große Passagierschiffe liegen am Eingang der Bucht auf Reede und booten ihre Passagiere für den Landausflug aus. Wieder ein paar Schritte weiter sitzen Fischer auf der Mole, flicken und sortieren ihre Netze und blik-

ken dabei auf die leicht erhöht auf einem Felsen erbaute, blendend weiß gekalkte Kapelle der **Agía Paraskeví,** den schönsten Platz in Skála zur Zeit des Sonnenuntergangs.

Um das innere Ende der Bucht herum führt die Uferstraße an einem kurzen, gut besuchten Sand-Kies-Strand vorbei in den Inselnorden, nach Melóï und zum Kloster Panagía Koumána, das abends zur Landmarke wird: Der einzige Mönch des Klosters hat auf einem niedrigen Fels im Klosterhof ein großes Holzkreuz errichtet und dieses mit Neonröhren bestückt, die jede Nacht ein violettes Kreuz über der Bucht von Skála schweben lassen.

Von Skála führen eine kurvenreiche Asphaltstraße und der größtenteils schattige und gepflasterte Fußweg nach Chóra hinauf. Beide passieren auf halbem Weg das Offenbarungskloster Moní tis Apokálypsis aus dem 17. Jh. Die **Chóra** von Pátmos ist eins der schönsten ägäischen Inselstädtchen. Kein moderner Neubau zwängt sich zwischen die meist jahrhundertealten Häuser, die größtenteils gut gepflegt oder ansprechend restauriert worden sind. Souvenirgeschäfte sind auf die Gasse beschränkt, die von der Bushaltestelle zum Kloster führt; Tavernen und Cafés konzentrieren sich hier und am Hauptplatz, der **Platía Agías Levías.** Der überwiegende Teil des Dorfes wirkt ursprünglich und unverfälscht. Im Westen des Klosters gibt es sich besonders ländlich; hier begegnen dem Spaziergänger noch immer Bauern auf Eseln, die ein paar Ziegen durch die Gassen treiben oder Futter für die Haustiere vom Feld geholt haben.

Von der Bushaltestelle aus kann man zunächst der **Souvenirgasse** folgen, von der auch der Aufgang zum Kloster abzweigt. Sie führt dann weiter an der Dorfbäckerei vorbei zur Platía Agías Levías. Geht man von der Bushaltestelle aus nicht nach links in Richtung Kloster, sondern nach rechts, gelangt man schon nach wenigen Schritten zur **Platía Lóza** mit dem klassizistischen **Rathaus** und von dort weiter, den Schildern folgend, zum **Simandíri-Haus.** In diesem noch bewohnten Privathaus kann man sehen, welch großzügige Räume sich hinter den abweisenden Mauern der Herrenhäuser verbergen (geöffnet: täglich 9–15 und 17–20 Uhr, Spende von 300 Drs./Person wird erwartet).

Unmittelbar in der Nähe dieses *archontikó* steht das Nonnenklo-ster **Zoodóchos Pigí** aus dem Jahre 1607 mit blumenreichem Innenhof (täglich 8–12 und 15–19 Uhr). Von hier aus kann man in etwa 20 Min. durch ländliche Gefilde zum 1937 gegründeten **Nonnenkloster Evangelismós** hinunterwandern. Der Klosterhof öffnet sich zum Meer hin; in der Klosterkirche sind sehr schöne Wandmalereien im traditionellen byzantinischen Stil zu sehen. Sie wurden 1980/81 von der im Kloster lebenden, aus Kreta stammenden Nonne Olympias geschaffen (täglich 9–11 Uhr, kein Zutritt für Damen in Miniröcken, Shorts oder langen Hosen).

Kloster der Apokalypse und Johanneskloster

Das **Kloster der Apokalypse** (Moní tis Apokálypsis) am Weg zwischen Skála und Chóra wirkt mit seinen verschachtelten, blendend weiß gekalkten Bauten wie ein Kykladendorf en miniature. In vergangenen Jahrhunderten lebten hier bis zu 30 Mönche, heute sind es nur noch zwei. Stufen führen hinunter zur Grotte, in der Johannes seinem Schüler Próchoros seine Vision der Apokalypse diktiert haben soll. Die Grotte ist heute in eine kleine Doppelkirche integriert, deren linkes Schiff der hl. Anna und deren rechtes Schiff Johannes geweiht ist.

An der Decke der Grotte bemerkt man im Fels einen Riß, ei-

nem Mercedes-Stern ähnlich. Er soll während eines Erdbebens entstanden sein, das mit der Offenbarung einherging, und wird als Symbol der Heiligen Dreifaltigkeit gedeutet. Zwei Nischen in der rechten Felswand gleich neben der Ikonostase, mit Silber umrahmt, kennzeichnen die Stellen, auf die Johannes bei Müdigkeit sein Haupt bettete und auf die er seine Hand beim Diktieren abstützte. Auf dem

◁ Die Entschlafung Mariens, hier auf einer Ikone des 15. Jh. dargestellt, zeigt die trauernden Apostel und Christus. Dieser trägt die Seele der Entschlafenden wie eine Neugeborene gen Himmel

---

natürlichen Felspult daneben, das jetzt mit einem Altartuch bedeckt ist, soll Próchoros den Text der Apokalypse auf Pergament geschrieben haben.

Zwei Ikonen an der Ikonostase zeigen, wie Johannes dem Próchoros diktiert. Eine dritte Ikone stellt Maria mit dem Kind und die heilige Wurzel Jesse dar: Jesse entstammte einer jüdischen Sippe in Bethlehem, aus der gemäß einem Wort des Propheten Jesaja als »Reis aus der Wurzel Jesse« der Messias erstehen sollte. Die größte und bedeutendste Ikone an der Ikonostase entstand Ende des 16. Jh. und ist von Thomás Vathás signiert, der einer kretischen Malerfamilie entstammte und 1599 in Venedig starb. Diese Ikone gibt exakt die Schilderung des ersten Kapitels der Offenbarung wieder.

Das Kloster der Apokalypse gehört zum **Johanneskloster** in Chóra, der Hauptsehenswürdigkeit der Insel. Seine zinnenbekrönten Mauern sind im wesentlichen ein Werk aus der Gründungszeit des Klosters; sie dürften noch zu Lebzeiten des hl. Christódoulos vollendet worden sein. Innerhalb der Mauern galt es, Räume mit den verschiedensten Funktionen auf kleinstem Raum unterzubringen. Im Laufe der Jahrhunderte kam es zwangsweise immer wieder zu Veränderungen, Um- und Anbauten; noch zwischen 1957 und 1961 wurden mehrere alte Bauelemente abgerissen und entweder aus neuen Materialien wiedererrichtet oder durch andere Räume ersetzt. Als älteste Teile des Klosters, die noch aus dem späten 11. Jh. stammen, gelten heute das Katholikon, die darunterliegende Zisterne, einige Mönchszellen im südlichen Flügel und Teile des Refektoriums. Aus dem 12. Jh. stammen die ans Katholikon angebauten Kapellen der Panagía und des hl. Christódoulos, der Éso- und vielleicht auch der Éxonarthex sowie das Refektorium insgesamt.

Rundgang durch das Johanneskloster

Der Eingang zum Kloster liegt auf der Nordseite. Das **Klostertor (1)** mit seiner Pechnase, durch die Angreifer mit heißem Öl übergossen werden konnten, wird von zwei Türmen eingerahmt. Durch einen gedeckten **Gang (2)** gelangt man in den überraschend engen **Klosterhof (3),** auf dem ein Zisternenschacht deutlich ins Auge fällt. An der Ostseite flankiert ihn der **Exonarthex (4),** also die offene äußere Vorhalle des Katholikons. Sie ist mit Fresken aus dem 17.–19. Jh. geschmückt. Man achte auf die Säulen und die Balustrade des Exonarthex: Sämtliche Bauelemen-

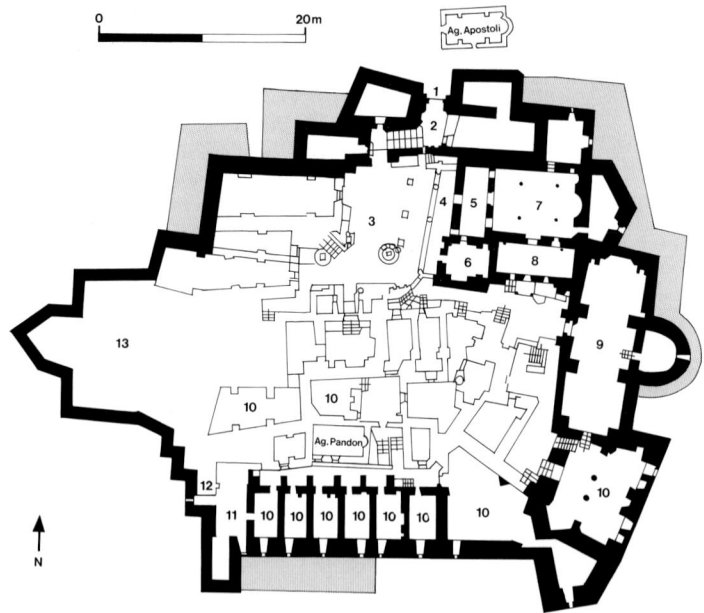

Johanneskloster, Rundgang

---

te stammen von antiken Gebäuden. Der **Esonarthex (5),** also die geschlossene innere Vorhalle des Katholikons, ist mit Fresken aus der Zeit um 1600 ausgemalt.

Im Süden des Esonarthex führt eine kleine, kunstvoll geschnitzte Holztür, die ebenso wie die reich ornamentierte Türrahmung aus Marmor aus dem Jahre 1806 stammt und stilistisch dem türkischen Barock zugerechnet wird, in die **Kapelle** des Klostergründers Christódoulos **(6).** Hier ruhen in einem hölzernen, mit getriebenem Silber überzogenen Reliquiar aus dem Jahre 1796, das auf einem älteren Marmorsarkophag aufliegt, seine Gebeine. Auf dem Reliquiar dargestellt sind die Kreuzigung Christi und der Tod des Christódoulos in Anwesenheit des Evangelisten Johannes und dessen Schülers Próchoros. Christus steht hinter dem Sterbebett, um die Seele des Christódoulos in Empfang zu nehmen.

Die Hauptkirche des Klosters, das **Katholikon (7),** ist ein schlichter und im Vergleich zu anderen

Klosterkirchen des späten 11. Jh. ärmlicher Bau. Die einzigen verzierten Bauteile sind Spolien aus spätantiker und frühchristlicher Zeit. Ganz offensichtlich war Christódoulos auf eine schnelle Fertigstellung des Gotteshauses bedacht. Der schöne Marmorfußboden der Kirche mit Einlegearbeiten ist denn auch erst ein Werk des 12. Jh. In jener Zeit wurde die Kirche auch erstmals mit Fresken ausgeschmückt, die aber alle um 1600 neu übermalt wurden. In der Kuppel ist Christus als ›Allherrscher‹, als Pantokrator, dargestellt. Darunter folgen das heilige Abendmahl, Engel und Propheten. Das Gewölbe über dem Kirchenschiff zeigt die Verklärung Christi, den Zwölfjährigen im Tempel, den verdorrten Feigenbaum, die Kreuzigung, die Jakobsleiter, den ›Alten der Tage‹, die Gottesgebärerin, die Gastfreundschaft Abrahams, die Heilung des Kranken und des Mondsüchtigen, den ungläubigen Thomas, das ›Noli me tangere‹ und das Gleichnis vom verlorenen Schaf. Rechts von der im Jahre 1829 geschnitzten Ikonostase ist der Evangelist Johannes zu sehen, der dem Próchoros hier nicht etwa wieder die Apokalypse, sondern sein Evangelium diktiert. Man erkennt das am Text, den Próchoros schreibt, nämlich die Anfangsworte des Johannes-Evangeliums: »Am Anfang war das Wort.«

An die Hauptkirche schließt sich südlich eine **Marienkapelle (8)** mit Wandmalereien aus dem 12. Jh. an.

Hier ist an der Ostwand eine besonders schöne Darstellung der Gastfreundschaft Abrahams zu sehen.

Nach der Besichtigung der Kirchen kann man noch einen Blick in das **Refektorium (9)** aus dem 11./12. Jh. werfen, in dem heute zahlreiche Freskenfragmente ausgestellt sind. Dann folgt man den Hinweisschildern zur Schatzkammer treppauf. Man passiert einige **Zellentrakte** und **Wirtschaftsräume (10),** darunter die **Backstube (11)** aus dem 12. Jh. mit ihrem **Original-Backofen (12)** aus jener Zeit. Seine Rückwand ragt in die Schatzkammer hinein.

In der klimatisierten **Schatzkammer (13)** liegen einige der über 1000 Handschriften und der über 3000 gedruckten Bücher aus dem Klosterbesitz aus. Besonders wertvoll sind eine illuminierte Pergamenthandschrift des Buches Hiob aus dem 7./8. Jh. und ein Evangeliar aus den Jahren 1334/35. Die aufgeschlagene Seite zeigt den Evangelisten Matthäus, der gerade die Anfangsworte seines Evangeliums schreibt. Die älteste Handschrift ist der Codex Purpurensis aus der Zeit um 500 mit einem Fragment aus dem Markus-Evangelium. Weitere Exponate von besonderem Wert sind eine Mosaikikone des hl. Nikolaus aus dem 11. Jh. und ein beidseitig bemaltes Triptychon (um 1580/1600). Der Maler des Triptychons, Geórgios Klóntzas, stammte aus Kreta; sein Werk ist denn auch ein markantes Beispiel für die sogenannte ›Kretische

Schule‹, deren Vertreter die traditionelle byzantinische Kunst mit italienischen Einflüssen zu einem eigenständigen Stil verbanden.

Zu den weiteren Ausstellungsobjekten in der Schatzkammer gehören liturgische Geräte und Gewänder, wertvolle Patriarchen- und Bischofsstäbe mit kostbaren Einlegearbeiten sowie Weihkreuze mit kunstvoll geschnitzten Miniaturdarstellungen biblischer Szenen. Besonders schön ist auch der Schmuck in der letzten Vitrine am vorgeschriebenen Rundgang: Prunkstücke sind zwei Ohrgehänge aus dem 17. Jh. in Gestalt patmischer Segelschiffe.

Pátmos und die Bibel

Die Offenbarung des Johannes bildet das letzte Buch des Neuen Testaments. Sie ist an die sieben großen christlichen Gemeinden Kleinasiens adressiert: Ephesos, Smyrna, Pergamon, Thyatira, Sardes, Philadelphia und Laodikeia. Zunächst schildert Johannes, unter welchen Umständen er die apokalyptische Vision empfing und was er anfangs sah. Dann folgen sieben kurze Mitteilungen an die einzelnen Gemeinden, die ihm von einer Stimme diktiert wurden. Darin wird vor allem die gegenwärtige öffentliche Verfassung der Gemeinden kritisiert und davor gewarnt, Häretikern zuzuhören und Fleisch vom Altar der heidnischen Götter zu essen.

Anschließend wendet sich Johannes wieder an alle Gemeinden. Seite für Seite entwickelt er ein Szenarium des Schreckens. Die Apokalyptischen Reiter richten mit Hunger, Pest und Schwert, die Sterne stürzen auf die Erde herab, die Posaunen der Engel künden Feuer und Hagel an. Die alte Welt wird vernichtet, das sündhafte Rom zur Einöde. 1000 Jahre lang bleibt die Erde tot. Nur die, die den Märtyrertod erlitten hatten, weil sie »an dem Zeugnis Jesu und am Wort Gottes festgehalten hatten«, werden bereits in einer Art erstem Gericht mit dem ewigen Leben belohnt und dürfen an Christi Herrschaft teilhaben. Nach diesen 1000 Jahren kommt es zur Entscheidungsschlacht zwischen dem Satan, der die Völker verderben will, und den himmlischen Heerscharen. Die Mächte des Himmels obsiegen, der Teufel wird in einen See von brennendem Schwefel geworfen, wo er Tag und Nacht gequält wird – in alle Ewigkeit, wie es ausdrücklich heißt. Dann kommt es zum Jüngsten Gericht (das ja oft in orthodoxen Kirchen Thema von Wandmalereien ist). Die Toten stehen vor dem Richterthron,

Öffnungszeiten der Klöster:
Apokalypse- und Johanneskloster
sind Mo, Mi, Sa und So von
8.30–14 Uhr geöffnet, Di und Do
von 8.30–13 und 16–18 Uhr und
So von 9–12.30 und 16–18 Uhr.
Kostenpflichtig ist nur der Eintritt
zur Schatzkammer (ca. 3,30 DM);
angemessene Kleidung erwünscht.

Von Skála in den Inselnorden

Kámbos ist das dritte Inseldorf neben Skála und Chóra. Die Straße
dorthin führt durch sanftes Hügel-
land; etwa auf halber Strecke
zweigt eine Asphaltstraße zum lan-

die Bücher des Lebens werden aufgeschlagen, jeder wird nach seinen
Werken gerichtet. Dann ziehen die Seligen ins Neue Jerusalem ein, in
eine himmlische Stadt aus Edelsteinen, Gold und Perlen, in der nie
Dunkelheit herrscht, da Gottes Herrlichkeit sie erleuchtet. Die Offenbarung endet mit der Mahnung, ihren Worten nichts hinzuzufügen
und nichts aus ihr zu streichen, und mit der Ankündigung der baldigen
Wiederkehr Jesu.

Nehmen wir einmal an, der Text der Offenbarung sei Menschen-
werk, nicht göttliche Vision. Wer war dann jener Johannes, was be-
zweckte er mit seinen apokalyptischen Zeilen? Historisch sicher ist
nur dies: Jener Johannes lebte in den Jahren 95/96 als Verbannter auf
Pátmos. Allein vom Lebensalter her kann er mit dem Jünger Christi
also kaum identisch sein. Stilistisch und theologisch unterscheidet er
sich so sehr vom Verfasser des Johannes-Evangeliums und der drei
Johannes-Briefe, daß die Forschung die Annahme eines identischen
Verfassers ablehnt.

Wahrscheinlich war der Johannes der Apokalypse ein Judenchrist,
der als Wanderprediger durch Asien zog und in den Gemeinden dort
beträchtlichen Einfluß gewann. Im Zuge der Christenverfolgungen unter Kaiser Domitian nach Pátmos verbannt, versuchte er, mit der Offenbarung seine Arbeit fortzusetzen und die Gemeinden zur Festigkeit
aufzurufen. Ein qualvoller Tod soll sie nicht schrecken: Märtyrern wird
in der Offenbarung ja eine besondere Belohnung in Aussicht gestellt.

Während die Offenbarung des Johannes im Westen bereits im 3. Jh.
in den Kanon des Neuen Testaments aufgenommen wurde, lehnten
die östlichen Kirchenväter ihre Geltung als ›Heilige Schrift‹ noch strikt
ab. Erst 692 wurde sie auf einem Konzil verbindlich kanonisiert. Allerdings wird sie in der Ostkirche bis auf den heutigen Tag weder in got-
tesdienstlichen Lesungen noch in der Liturgie berücksichtigt.

gen **Strand von Agriolivádi** ab. Er besteht aus Grobsand mit vielen Steinchen, ist im Wasser sandig und wird von vielen Tamarisken beschattet. Es gibt zwei Tavernen, Tretboote und Kanus; auf einem kleinen Strandabschnitt werden auch Liegestühle und Sonnenschirme vermietet. Etwa 2 km weiter zweigt von der Hauptstraße nach links eine kleine Straße zum steinigen, völlig schattenlosen **Strand von Léfkes** ab.

Kámbos gliedert sich in zwei Teile: das größere Binnendorf Páno Kámbos und die kleine Strandsiedlung Káto Kámbos. An der schönen Platía von **Páno Kámbos** mit ihren Tavernen zweigt eine ausgeschilderte Nebenstraße ab, die später in eine holprige Piste übergeht und zur **Bucht Livádi Kalógiron** mit Steinstrand und einem idyllisch um eine Kirche gruppierten Bauernhof führt. Die Hauptstraße senkt sich hinab zum Strand von **Káto Kámbos** (Grobsand und Kieselsteine, Liegestühle und Sonnenschirme in Doppelreihe, Tavernen, viele Wassersportmöglichkeiten) und gabelt sich dann. Nach rechts geht es hier über den Weiler **Vagiá** an die Nordostspitze der Insel und zu mehreren unterhalb der Straße gelegenen, wenig besuchten Sand- und Kieselsteinstränden. Nach links kommt man zur **Bucht von Lámbi** (Tavernen, keine Liegestüh-

le), die wegen ihrer schön gefärbten Kieselsteine gerühmt wird.

Wo die Straße von Skála nach Kámbos das Ufer der Bucht von Skála verläßt, kann man geradeaus weiterfahren und erreicht, an der Inseltankstelle vorbei, die Bucht von **Melóï** (sprich: *Meläu*) mit Tamarisken-bestandenem Sandstrand (Tavernen, Campingplatz, keine Liegestühle).

Von der Straße nach Melóï zweigt an einer Dreifachkirche nach rechts eine kleine Straße zum **Kloster Koumaná** ab, das im Gegensatz zum Apokalypse- und Johanneskloster ein ausgesprochen heiterer Ort ist. Der Mönch, der es bewohnt, gehört dem Johanneskloster an, das ihm sein Hobby finanziert: Er liebt Pflanzen, Tiere und Kitsch. (geöffnet: täglich 9–13 und 17–20 Uhr).

Nach Gríkou und in den Inselsüden

Gríkou war ursprünglich nur der Fischerhafen der Chóra. Heute ist es der neben Skála bedeutendste Urlaubsort der Insel. Entlang der weiten Bucht von Gríkou, die durch das vorgelagerte Inselchen Tragoníssi weitgehend vom offenen Meer abgeschirmt wird, findet sich eine ganze Reihe langer Kies- und Kieselsteinstände, die im Wasser zumeist steinig sind und die teilweise von alten Tamarisken be-

◁ An der Bucht von Stavrós

schattet werden. Am Hauptstrand direkt vor der Siedlung können Surfbretter, Kanus, Tretboote, Boots-taxis, Liegestühle und Sonnenschir-me gemietet werden; hier gibt es auch mehrere – allerdings nicht sehr gute – Tavernen.

Von Gríkou aus kann man in etwa 45 Min. über eine mittelalter-liche Straße nach Chóra hinauf- und in ca. 2 Std. über kleine Wege und Pfade zum schönsten Insel-strand, **Psilí Ámmos,** wandern. Von der Straße zwischen Skála und Chóra zweigt aber auch eine Piste in Richtung Psilí Ámmos ab, die auf der Landenge zwischen der Stavrós- und der Diakófti-Bucht en-det. Von hier aus kann man auf ei-nem ausgetretenen Pfad in etwa 45 Min. zu Fuß an den weitläufigen Sandstrand von Psilí Ámmos ge-hen, der neben einer Taverne viel Platz zu bieten hat (FKK verboten, aber im hinteren Strandteil üblich).

Praktische Informationen

Schiffsverbindungen: Die kleine Autofähre *Nisos Kálymnos* ver-bindet Pátmos ganzjährig 2 × wöchent-lich mit Lípsi, Agathoníssi, Sámos, Léros, Kálymnos und Kos. Im Sommer ergänzt eine kleine Autofähre der *Mi-niotis Lines* diese Verbindungen, und zwar 3 × wöchentlich mit Sámos; 2 × wöchentlich mit Ikaría, Foúrni und Sámos sowie 1 × wöchentlich mit Lípsi und Agathoníssi.

Große Autofähren verbinden Pátmos im Sommer 11 × wöchentlich mit Pi-räus; 8–9 × wöchentlich mit Léros, Kálymnos, Kos und Rhodos; 2 × wö-chentlich mit Lípsi, Náxos, Páros und Sýros; 1 × wöchentlich mit Níssyros, Tílos, Sými, Kastellórizo, Chálki, Kár-pathos, Irákli/Kreta, Mýkonos, Tínos, Thessaloniki, Chíos, Lésbos, Ágios Ef-strátios und Límnos.

Tragflügelboote unterhalten im Som-mer 20 × wöchentlich Anschluß nach Sámos; 14 × wöchentlich nach Léros, Kálymnos und Kos; 9 × wöchentlich nach Foúrni; 7 × wöchentlich nach Lípsi; 6 × wöchentlich nach Chíos und Ikaría; 1 × wöchentlich nach Aga-thoníssi.

Außerdem existieren im Sommer täg-liche, im Winter 2 × wöchentliche Kai-ki-Verbindungen mit Arkí. Des weiteren steuern im Sommer Ausflugsboote täg-lich Lípsi, 4 × wöchentlich Sámos, 3 × wöchentlich Kos und 2 × wöchentlich Léros und Kálymnos an. Ausflugsboote nach Kusadasi/Türkei: 3 × wöchentlich.

Sonstige Verkehrsmittel: Der einzige Linienbus der Insel ver-kehrt im Sommer von 7.40 bis 23 Uhr 12 × täglich zwischen Skála und Chóra sowie von 9.15 bis 21.45 Uhr 7 × täg-lich zwischen Skála und Gríkou. In der Vor- und Nachsaison sowie im Winter herrscht ein stark eingeschränkter Fahr-plan.

Die 10 Inseltaxis sind im Sommer-halbjahr häufig durch Passagiere von Kreuzfahrtschiffen blockiert. Wer auf ein Taxi angewiesen ist, um ein Schiff zu erreichen, sollte es unbedingt mit Hilfe des Hoteliers oder Zimmervermie-ters im voraus bestellen und genug Ver-spätung des Fahrers einplanen! Zwei Autovermietungen bieten in Skála ihre Dienste an, Mopedvermietungen gibt es zudem in Gríkou und Kámbos.

Unterkunft: Auf ganz Pátmos werden ca. 2800 Fremdenbetten vermietet.

... in Chóra: In Chóra werden nur Privatzimmer angeboten. Eine Liste der Vermieter kann in der Touristeninformation in Skála eingesehen werden. Bei der Vermittlung ist aber auch Vangélis aus der gleichnamigen Taverne an der Platía Agías Lévias in Chóra behilflich.

... in Gríkou: *Golden Sun,* gepflegtes, terrassenförmig angelegtes Hotel oberhalb der Bucht von Gríkou, 3 Min. zu Fuß vom Strand und 35 Min. zu Fuß von Chóra entfernt. Bushaltestelle vor der Haustür. Deutsch-griechische Hotelleitung (25 Zimmer, ✆ 3 23 18, Fax 3 23 19, DZ ca. 82 DM).

... in Kámbos: *Pátmos Paradise,* 300 m oberhalb des Strandes von Kámbos und 1 km von diesem Dorf entfernt an einem Hang erbautes Hotel mit Meerwasserpool, Tennisplatz und Squashhalle (45 Zimmer, ✆ 3 26 24, Fax 3 27 40, DZ ca. 190 DM).

... in Lámbi: *Dolphin of Lámbi Beach,* kleine Pension im Garten der gleichnamigen Taverne unmittelbar am Strand von Lámbi. Da kein Ort in der Nähe liegt und auch kein Bus nach Lámbi fährt, sollte man für die Aufenthaltsdauer ein Moped mieten (6 Zimmer, ✆ 3 19 51, Fax 3 13 63, DZ ca. 40 DM).

... in Skála: *Blue Bay,* kleines, freundliches Hotel am Ortsausgang von Skála, unmittelbar an der Straße nach Gríkou gelegen (20 Zimmer, ✆ 3 11 65, DZ ca. 75 DM).

Castelli: Ruhig am oberen Ortsrand von Skála gelegenes Hotel, etwa 5 Gehminuten vom Hafen entfernt (45 Zimmer, ✆ 3 13 61, Fax 3 16 56, DZ ca. 60 DM).

Skala: Großes Hotel am Hafen, aber von der Uferstraße gut abgeschirmt. Im blumenreichen Garten Meerwasserpool (78 Zimmer, ✆ 3 13 43, Fax 3 17 47, DZ ca. 110 DM).

Summer: Ruhig gelegenes Hotel nahe dem Chochláka-Strand, etwa 10 Gehminuten vom Hafen entfernt (21 Zimmer, ✆ 3 17 69, DZ ca. 50 DM).

Camping: *Patmos Flower,* der einzige Zeltplatz der Insel, liegt 2 km außerhalb von Skála am Strand von Melóï. Die Stellplätze werden durch hohe Rohrhecken unterteilt und teilweise durch Rankgewächse beschattet. Es gibt einen kleinen Lebensmittelladen, eine Taverne und eine Gemeinschaftsküche mit Kühlschrank. Der Bus des Campingplatzes steht zu den meisten Schiffsankünften am Hafen.

Essen und Trinken in Chóra: *Panthéon,* schon am Weg von der Bushaltestelle zum Kloster und zur zentralen Platía Agías Levías locken in der Chóra mehrere Tavernen mit herrlichen Aussichtsterrassen. Für Oúzo und gegrillte Krake ist das *Panthéon* ideal.

Vangélis: Die Traditionstaverne der Insel an der Platía Agías Levías mit Tischen auf dem romantischen Platz und in einem üppig grünen Garten serviert traditionelle griechische Gerichte.

Stóa und *Café 1673:* Am gleichen Platz liegen die Bars *Stoa* und *Café 1673,* In-Treffs vor allem griechischer Schickeria.

Patmian House: Als stilvollstes Restaurant der Insel gilt das nur abends geöffnete *Patmian House* mit nur wenigen Tischen in einem idyllischen Innenhof und kreativer griechischer Küche, die internationale Anregungen aufnimmt. Tischreservierung ist dringend zu empfehlen (✆ 3 11 80).

Alóni: Außerhalb der Chóra liegt an der Straße nach Gríkou die Abendtaverne *Alóni* mit großer Aussichtsterrasse. Mittwochs und samstags finden hier ab etwa 22.30 Uhr Folkloreabende mit einer exzellenten Tanzgruppe statt (Tischreservierung ✆ 3 10 07).

... in Skála: *Old Harbour,* das nur abends geöffnete Restaurant an der

Uferstraße nahe dem Hotel *Skala* ist ein Treffpunkt der Feinschmecker. Man sitzt auf einer Terrasse im ersten Stock und überblickt den ganzen Hafen. Tischreservierung ist dringend zu empfehlen (✆ 3 11 70).

To Pirofáni: Die Fischtaverne an der Uferstraße unmittelbar im Zentrum gilt unter Einheimischen als beste der Insel.

To Kyma: Frischen Fisch auf einer luftigen Terrasse direkt am Meer und den schönsten Blick über die Bucht von Skála auf die Chóra bietet diese Taverne 2,5 km außerhalb des Ortes am nördlichen Eingang der Bucht. Sie ist von der Straße aus zu erreichen, die nach Melóï führt.

Vila Zacháro: Eine kleine Auswahl an echt italienischen Gerichten, preiswerten Pizzen und Nudelgerichten serviert abends das *Vila Zacháro* in Skála an der Straße nach Chóra.

... in Agriolivádi: *O Gláros,* in dieser besonders urigen Fischtaverne trifft man fast nur Einheimische. Sie liegt am südlichen Rand der Bucht von Agriolivádi. Besonders empfehlenswert ist die griechische Variante der Fischsuppe, *kakaviá.*

 Geldwechsel: Im Postamt und in Banken in Skála. Ein EC-Automat der *National Bank* befindet sich am italienischen Hafengebäude.

  Post/Telefon: Postamt im italienischen Hafengebäu-de von Skála, Telefonamt im Ortszentrum von Skála (ausgeschildert mit OTE).

 Feste: 15./16. März: Todestag des Klostergründers Christódoulos, spätnachmittags jeweils Gottesdienste im Kloster. 7./8. Mai: Festtag des Evangelisten Johannes; am späten Nachmittag des 7. Mai und am frühen Morgen des 8. Mai Gottesdienste in der Grotte der Apokalypse. Erster Sonntag nach Pfingsten: Allerheiligen, Kirchweihfest im Kloster Koumaná. 5. August: Kirchweihfest Verklärung Christi (Metamórfosis) mit Musik und Tanz in Páno und Káto Kámbos. 15. August: Morgens gegen 10 Uhr Prozession von der Kirche Megáli Panagía in Chóra aus durch das ganze Dorf; abends Musik und Tanz am Strand von Káto Kámbos. 22. August: Vespergottesdienst im Kloster Koumaná. 13. September: Vorabend des Festtags der Kreuzeserhöhung; Musik und Tanz an der Kapelle Stavrós auf der Landenge von Diakófti.

 Auskunft: Touristeninformation der Gemeinde Skála auf der Rückseite des italienischen Hafengebäudes, 10 m vom Taxistand. ✆ 3 16 66, in der Hauptsaison geöffnet Mo–Sa 9–14 und 18–20.30 Uhr, sonst Mo–Fr 7.30–14 Uhr.

Kartenmaterial: Beste Inselkarte ist die Karte aus der Reihe ›The Pale Collection‹.

Lípsi, Arkí und Aga- thoníssi – Inseln am Rande

Lípsi – Badeinsel für Individualisten

Arkí – kein Hafen für Linienschiffe

Agathoníssi – 150 Menschen in drei Dörfern

Taverne in Lípsi

Lípsi – Badeinsel für Individualisten

Unter Rucksacktouristen wird Lípsi als ›Geheimtip‹ gehandelt: Hier geht's urig zu! Kleinlastwagen brausen als Busersatz über staubige Pisten zu guten Stränden, an denen Camper ebenso geduldet werden wie Esel, die in den Taschen der Urlauber nach Eßbarem suchen. Pauschalurlauber sind auf der Insel unbekannt.

Vor gut 20 Jahren gab es in der Ägäis noch mehrere Inseln, auf denen Lastwagen auch für den Personentransport zuständig waren. Heute ist Lípsi die einzige, auf der Fahrgäste auf der offenen Ladefläche japanischer Kleintransporter befördert werden, die außerhalb der Saison in der Landwirtschaft eingesetzt werden. Taxis und Busse gibt es nicht. Das halbe Dutzend Pickups der Insel steht an der Platía aufgereiht am Hafen. Die Fahrer rufen ihr Ziel aus und brausen los, sobald eine Handvoll Passagiere auf den auf der Ladefläche angebundenen Sitzbänken Platz genommen hat. Auf den Pisten zu den Stränden ziehen sie Staubfahnen hinter sich her; durch die engen Gassen des Dorfes zwängen sie sich wie Champions im Geschicklichkeitsfahren. Bezahlt wird erst auf der Rückfahrt zum vorher vereinbarten Zeitpunkt: So wollen die Fahrer verhindern, daß ihr Kunde dafür einen Konkurrenten wählt.

Lípsi ist eine Insel der kleinen Entfernungen. Bis zur entlegensten Bucht geht man vom Dorf aus nicht länger als 1$^1/_2$ Std. Die niedrigen Hügel mit sanften Hängen stellen keinerlei Anforderungen an die Kondition, Wege und Pfade bieten aber nur wenig Schatten. Nur stellenweise gedeihen Öl- und Feigenbäume, wird ein wenig Getreide angebaut. Noch während der italienischen Besatzungszeit war Lípsi für seinen Wein berühmt, 300 t Trauben konnten jährlich geerntet werden. Lípsi belieferte in jenen Jahren den Vatikan mit Meßwein.

Lípsi in Zahlen
(Inselkarte S. 197)

Fläche: 16 km², mit unbewohnten Nebeninseln 21 km²
Höchster Berg: Skáfi (277 m)
Küstenlänge: 35 km
Einwohner: ca. 650
Telefonvorwahl: 02 47
Entfernungen von Lípsi:
– Skála/Pátmos   20 km

Lípsi

Heute reichen die Erträge der Weingärten im Inselsüden gerade für den Eigenbedarf der Winzer und fürs jährliche Weinfest im August aus. In Tavernen ist der einheimische Wein nicht zu haben.

Viele Lipsioten leben im Ausland. Schon während der italienischen Besatzungszeit emigrierten sie nach Australien und in die USA. In den 60er und 70er Jahren gingen viele nach Deutschland, wo sie insbesondere in Bremen, Kiel und Hannover Arbeit fanden. Emigranten, die zu Wohlstand kamen, stifteten eine Vielzahl von Kapellen auf der Insel; viele erbauten sich auch Häuser, die sie nur während der Sommerferien bewohnen. Ein Lipsiote aus Bremen erzählte mir, sein in Deutschland lebender Vater baue für jeden seiner drei Söhne ein Haus auf der Insel – obwohl die sich längst als Bremer fühlen und um keinen Preis je wieder auf Lípsi leben wollen.

Am Hafen von Lípsi

Lípsi ist ein Reiseziel für Indivi-
dualurlauber. Nur ein britischer
Reiseveranstalter hat als einziger
die Insel im Programm; das einzige
Inselhotel wird nur bescheidenen
Komfortansprüchen gerecht. Sein
Name, *Kalypso,* verweist auf den
manchmal von Lipsioten erhobe-
nen Anspruch, ihr Eiland sei das
von Homer beschriebene Ogygia
aus der Odyssee, also die Heimat-
insel der Nymphe Kalypso. Die
Lipsioten leiten ihren Anspruch
schlicht vom Inselnamen *(Ka-Lyp-
so)* ab, haben aber viel Konkur-
renz. Im Kreis derer, die glauben,
Homer habe eine ganz bestimmte
Insel im Auge gehabt, gilt die Insel
Gozo vor Malta als Insel der ver-
liebten Nymphe.

Das Dorf

Schon bei der Einfahrt in die Hafenbucht ist das Dorfzentrum deutlich auszumachen. Es wird durch
die blaue Kuppel und die beiden
Glockentürme der Mitrópolis markiert, die auf einer leichten Erhe-
bung über dem Ufer steht. Sie
grenzt an die **Platía Xanthoú**, den
Hauptplatz des Ortes mit Kaffeehäusern, Postamt und Museum.

Die Mitrópolis von Lípsi ist Johannes dem Theologen geweiht.

Sie wurde 1931 fertiggestellt; die zu ihrer Erbauung notwendigen 35 000 Dollar spendeten nach Amerika ausgewanderte Lipsioten. Die Kirche wird von den Einheimischen ihrer Hauptikone wegen auch **Panagía ti Mávri** genannt. Die ›Schwarze Allheilige‹ stammt aus der Zeit um 1500; ihr Name leitet sich von den dunklen Tönen ab, in denen die Gesichter Mariens und des Jesuskindes gehalten sind. Der Rest der Malerei ist heute nicht mehr zu erkennen, da er unter einem reich verzierten Oklad verborgen liegt.

Eine zweite, für die Gläubigen noch bedeutendere Ikone ist in dieser Kirche aus Sicherheitsgründen zu Gast: die Panagía tou Charoú. Die an westlichen Vorbildern orientierte Darstellung ist äußerst ungewöhnlich: Maria hält ein Kruzifix in den Händen, also den ans Kreuz geschlagenen Christus. Die Ikone hat eindeutigen Bezug zum Namen der Kirche; denn Panagía tou Charoú bedeutet »Allheilige des Todes«.

Die Ikone gehört eigentlich in die gleichnamige Kirche außerhalb des Dorfes, kehrt jetzt aber nur noch zu ihrem Kirchweihfest dorthin zurück, weil man sie in der Hauptkirche besser vor Dieben schützen kann. Der künstlerische Wert des erst 1905 gemalten Bildes ist zwar gering, doch: Seit 1943 wirkt die Ikone Wunder. Im April jenes Kriegsjahres hatte jemand blühende weiße Lilien unter das Glas gelegt, das die Ikone bedeckt. Im Laufe der Wochen vertrockneten die Blumen, doch im Juli begannen sie plötzlich erneut zu knospen. Zum Festtag der Ikone am 23. August erblühten sie wieder in voller Pracht. Dieses Wunder wiederholt sich seitdem alljährlich, wie die Gläubigen versichern. Während sich das Wunder vollzieht, ist nach ihrem Verständnis ganz offenbar eine mystische Kraft in der Kirche gegenwärtig – und das ist ein hervorragender Anlaß, seine Bitten und Gebete erfolgversprechend vorzubringen. So pilgern Tausende orthodoxe Christen am 22./23. August nach Lípsi und feiern hier im Anschluß an den Vespergottesdienst zugleich das größte Kirchweihfest des nördlichen Dodekanes.

Nur wenige Schritte von der Mitrópolis entfernt steht das kleine, erst 1977 gegründete **Inselmuseum** mit einer sehr bescheidenen Sammlung von Ikonen aus dem 16./17. Jh., archäologischen und volkskundlichen Objekten. Besonders stolz ist man auf ein ionisches Kapitell aus dem 4. Jh. v. Chr. mit den typischen spiralförmigen Voluten, das im Nordosten der Insel gefunden wurde. Ein kleines, hölzernes Kreuz aus dem 17. Jh. stammt aus einer Einsiedelei am Kímisis-Strand; das dazugehörige *kombolói* besteht aus 33 Holzperlen, einer für jedes irdische Lebensjahr Christi.

Strände und Kapellen

Für ein schnelles Bad zwischendurch eignen sich die ortsnahen **Strände Liendoú** und **Kámbos**. Sie sind jeweils etwa 100–150 m lang, bestehen aus Sand und Kies und bieten kaum natürlichen Schatten. Vom Hafen aus geht man etwa 5–10 Min. dorthin. Die Piste, die an den beiden Stränden vorbeiführt, überquert kurz darauf die Insel und verläuft dann an der Nordküste entlang zur schönsten Sandbucht der Insel, **Platýs Gialós** (auch *Platís*

Jalós geschrieben; zu Fuß ab Hafen ca. 1 Std.). Das Wasser schimmert in zahllosen Blau- und Türkistönen, das Ufer fällt so extrem flach ab, daß man im Wasser hervorragend Ball spielen kann. In der schmalen Küstenebene hinter dem Strand spenden junge Olivenbäume willkommenen Schatten. Ein halbes Dutzend Esel darf hier ständig frei weiden. Die Tiere wissen längst, daß die Strandbesucher Eßbares dabei haben, und wühlen ganz unverfroren in den abgelegten Kleidungsstücken und Picknickbeuteln auf der Suche nach

Leckereien wie Melonen und Keksen. Im Olivenhain steht ein kleines, modernes Kirchlein, dem hl. Konstantin geweiht. Die 1970 erbaute Kapelle **Ágios Konstantínos** ist Privatbesitz der Familie des Wirts, der die ausgezeichnete Strandtaverne betreibt.

Von Platýs Gialós führt ein Feldweg weiter zur um 1650 von patmischen Mönchen erbauten Kapelle **Ágios Theológos tou Moschátou**, von der aus man zur Bucht von Moscháto mit kleinem Kiesstrand hinabsteigen kann (ca. 90 Min. zu Fuß vom Hafen). Zwi-

schen dem Dorf und Platýs Gialós zweigt ein Feldweg nach links in die Berge ab, der dann durch eine Geröllschlucht zum hellen Kieselsteinstrand in der **Foundána-Bucht** an der Südküste hinabführt. Nach Osten begrenzt den Strand die 1770 von patmischen Mönchen erbaute Kapelle **Evangelismós**, landläufig auch als »Káto Kímesis« bezeichnet. Die Mönche lebten als Einsiedler in einer kleinen Grotte oberhalb des Kirchleins. Vom Westende der Foundaná-Bucht führt ein steiniger Pfad in etwa 20 Min. zu Fuß hinauf zur **Páno Kímesis** genannten Einsiedelei, die bereits um 1600 von patmischen Mönchen begründet und noch bis 1979 von einem Eremiten bewohnt war. Um den Ausblick, den er in dieser wilden Felslandschaft hoch über dem Meer hatte, war er sicher zu beneiden.

Zahlreiche weitere Strände und Badebuchten säumen den Ostteil der Insel. Kleine Kiesstrände und glatte Felsschollen locken nach **Monódendri**, wo außerhalb der Hauptsaison auch hüllenlos gebadet wird. Die Flur trägt ihren Namen »Einsamer Baum« zu Recht: Das kleine Bäumchen auf einer ins Meer vorspringenden Felszone ist in der Tat weit und breit das einzige Grün. Die unbewohnten **Vória Asproníssia** im Hintergrund machen den Fleck zu einem äußerst fotogenen Motiv.

Schönster Strand: Platýs Gialós

Winter auf einer griechischen Insel

Regen prasselt gleichmäßig auf die von Sonne und Wind ausgedörrte, verkrustete Erde. Die kargen Felsen glänzen in schiefergrauen Farben, und die sonst stachelig-staubige Macchia leuchtet in frischem Grün. Es ist Mitte Oktober, und auf den Inseln des Dodekanes ist der ›Winter‹ mit seinen frühlingshaften Regenfällen eingebrochen. Der Winter ist hier ein Frühling.

Die letzten Touristen haben die Insel verlassen. Die meisten Läden und Tavernen sind geschlossen. Nachmittags gegen fünf Uhr beginnt es zu dunkeln und die Abende werden lang. Die Einheimischen gehen nur noch selten aus. Sie bleiben lieber zu Hause und sehen fern.

Im Winter bestimmt das Fernsehen den Feierabend; das ist verständlich, wenn man bedenkt, daß es auf den Inseln weder Kinos, Theater noch andere Unterhaltungsmöglichkeiten gibt. Und da die Griechen neugierig wie kleine Kinder sind, wollen sie einfach alles sehen, was die vier bis fünf Programme zu bieten haben. Wenn das Fernsehprogramm nicht fesselnd genug ist oder man keine angenehme Gesellschaft von Freunden zum Abendessen bei sich hat, geht man früh schlafen. Doch die Schlafzimmer sind ungeheizt und daher kalt. Wer Glück hat, kuschelt sich an einen geliebten Partner; wer allein lebt, wärmt sich mit genügend Wein oder Oúzo auf. Man schläft bis tief in den Morgen hinein, denn man hat ja so unendlich viel Zeit im Winter.

Zumindest kann man sich in dieser touristenarmen Zeit endlich wieder mit seinen Freunden im Kafeníon treffen und über Sport und Politik diskutieren oder sich den neuesten Inseltratsch zuflüstern. Die Männer hocken den ganzen Tag lang in den Kaffeehäusern, schlürfen ihren griechischen Kaffee oder ihren Oúzo und spielen Karten. Die Frauen bleiben in ihren Häusern, besuchen einander, tratschen mit den Nachbarn oder spielen mit ihren Freundinnen Karten.

Nach fast fünf Sommermonaten ohne einen einzigen Regentropfen fallen die ersten Schauer meist sintflutartig und überschwemmen das Land im Nu. Die Straßen verwandeln sich in reißende kleine Bäche. Vom Regen mitgerissener Unrat verstopft die Gullys. Unversehens stehen die unteren Räume der Häuser unter Wasser. Doch nach wenigen Stunden strahlt meist wieder die Sonne, und eine Art Wunder geschieht: Aus der ausgezehrten Erde sprießen nach wenigen Tagen erste zarte, grüne Gräser, winzige Blumen zeigen ihre farbigen Blütenköpfchen. Das staubig-erdige Braun der Landschaft verwandelt sich mit jedem Regenguß mehr und mehr in liebliches Grün. Wie frisch lackiert sieht die Welt nach den langen Monaten der matten, müden Farbtöne aus. Auch die Lebensgeister der Inselbewohner erwachen von neuem in der von Hitze und Staub befreiten, würzig riechenden, klaren Luft. Man freut sich, daß der heiße, anstrengende Sommer überstanden ist, man freut sich auf den Winter, der ein Frühling ist.

Ab Mitte Dezember schwärmen die Einheimischen auf die inzwischen üppig grünen Wiesen aus, um kleine Anemonen, Narzissen, Siegwurz zu pflücken und um *chórta* zu sammeln, Wildgemüse, das so köstlich schmeckt und so urgesund ist. Die Sonne beschert, vor allem über Mittag, meist noch sehr angenehme Temperaturen von etwa 15–20 °C. Leichtgekleidet kann man bis Ende Dezember durch die Wiesen gehen und sich an der Schönheit und dem Reichtum der Natur erfreuen. Sogar das Meer ist um diese Zeit noch badefreundlich.

Recht ungemütliche Monate sind hingegen Januar und Februar. Die Temperaturen sinken auf 6–12 °C. Kalte Stürme umbrausen die nur für den Sommer gebauten Häuser. Jetzt müssen Elektro- oder Gasöfen die Stuben erwärmen. Doch das ist ein Kapitel für sich. Die extreme Hitze im Sommer und die sehr feuchte und salzhaltige Luft im Winter haben im Lauf der Jahre das Holz der Fenster- und Türrahmen austrocknen lassen. Das Holz hat sich verzogen, und große Fugen sind überall entstanden, durch die der Wind pfeift und der Regen eindringt. Oft ist der Wind so stark, daß er das Regenwasser in sämtliche großen und kleinen Holzfugen hineindrückt und sich braune Rinnsale an den weißen Wänden oder Lachen auf den Fußböden bilden und man manche Stunden mit Trockenwischen verbringen muß. Oft genug regnet es auch durch die ungenügend abgedeckten Dächer. Die Häuser beginnen feucht zu werden. Die Kleider in den Schränken und Truhen miefeln. Und die Betten sind am Abend kühl und klamm.

Ernsthaft krank darf man auf keinen Fall zur Winterszeit werden. Das kann katastrophale Folgen haben. Schon mancher Inselbewohner mußte das Zeitliche segnen, weil es im Winter keine ausreichende ärztliche Versorgung mehr gab oder die Fähren wegen tagelang anhaltender Stürme die Insel nicht anlaufen konnten.

Annulla, Pátmos

Dicht beieinander liegen die Strände an der Südküste des östlichen Inselteils. Sandig ist der etwa 250 m lange **Katsidiá-Strand** mit Taverne und Baumschatten im Hinterland; ein Spalier aus dem bambusähnlichen Spanisch-Rohr säumt den ebenfalls sandigen **Papandría-Strand**. Wer lieber auf schönen, weißen Kieselsteinen liegt, geht zum **Chochlakoúra-Strand**. Auf dem Weg dorthin passiert man die Kirche der **Panagía tou Charoú** aus der Zeit um 1600. Im weitgehend schmucklosen Innern hängt eine Kopie der wundertätigen Ikone, die ja in der Mitrópolis im Dorf verwahrt wird.

Praktische Informationen

Schiffsverbindungen: Im Hochsommer täglich morgens und nachmittags Ausflugsboote von und nach Pátmos, in der Vor- und Nachsaison mehrmals wöchentlich. Die *Nisos Kálymnos* stellt ganzjährig 2 × wöchentlich Verbindungen mit Pythagório/Sámos, Agathoníssi, Pátmos, Léros, Kálymnos und Kos her. Im Sommer außerdem 1× wöchentlich Fahrten mit einer kleinen Autofähre der *Miniotis Lines* von und nach Agathoníssi, Pátmos und Sámos.

Große Autofähren verbinden Lípsi ganzjährig 2 × wöchentlich mit Piräus, Pátmos und Sýros; 1 × wöchentlich mit Páros, Náxos, Pátmos, Léros, Kálymnos, Kos, Mýkonos, Níssyros, Tílos, Tínos, Rhodos und Kastellórizo.

Tragflügelbootverbindung 1 × täglich mit Léros, Kálymnos, Kos, Pátmos, Pythagório/Sámos und Vathý/Sámos so-

wie 2 × wöchentlich mit Ágios Kírykos/Ikaría und Foúrni.

Sonstige Verkehrsmittel: Pickup-Taxis warten an der Platía am alten Anleger auf Fahrgäste (Fahrt nach Platýs Gialós hin und zurück ca. 4 DM). Mopedvermietung an der Pension *Flísvos* am Hafen nahe dem alten Anleger.

Unterkunft: Einziges Hotel der Insel ist das preiswerte *Kalýpso* am alten Anleger (28 Betten, D-Kat., DZ in der Hauptsaison ca. 40 DM, ☎ und Fax 4 12 42). Gute Privatzimmer zum gleichen Preis bietet Iríni Isyhoú in ihren Pensionen *Foteiní* und *Panórama* am neuen Anleger (☎ 4 12 35 und 4 12 79). Etwas teurer ist die Pension *Flísvos* am Hafen (13 Zimmer, ☎ 4 12 61). Sehr einfache Zimmer mit Dusche im Garten vermietet die Taverne *Kambiéris* am Strand von Katsadiá. Insgesamt werden auf Lípsi etwa 150 Betten vermietet.

Camping: Offizielle Campingplätze gibt es nicht. Das Zelten wird aber unter Olivenbäumen neben der Taverne am Strand von Platýs Gialós und unter Kiefern oberhalb des Strandes von Katsadiá geduldet. Duschen sind nicht vorhanden; nur in Katsadiá können die Sanitäreinrichtungen der Taverne genutzt werden.

Essen und Trinken: Mehrere Tavernen am Hafen und an der Platía im Dorf sowie je eine Taverne an den Stränden von Platýs Gialós (preis- und empfehlenswert ist der frische Fisch) und Katsadiá.

Inselspezialität: *Xerotígano*, eine Art gerollte Waffel mit etwas Zimt und Zuckersirup. Nicht zu süß, aber eine gewaltige Portion.

Die Italiener auf dem Dodekanes

Die Zeit der italienischen Fremdherrschaft (1912–1943) hat insbesondere auf Léros, aber auch auf den anderen Inseln deutliche Spuren hinterlassen. Auf vielen Inseln stehen noch die verspielt wirkenden Verwaltungsbauten und Markthallen aus jenen Jahren. Orte wie Lákki auf Léros und Páli auf Níssyros lassen erkennen, daß sie auf dem Reißbrett italienischer Städteplaner entstanden sind.

Als die Italiener 1912 die Türken von den Inseln vertrieben, wurden sie von der griechischen Bevölkerung freudig begrüßt. Doch ihre Hoffnung, sich bald dem griechischen Mutterland anschließen zu dürfen, wurde arg enttäuscht: Die christlichen Brüder aus Italien dachten nicht daran, ihre Eroberungen in die Freiheit zu entlassen. Und die griechischen Truppen, die 1912/13 viele andere Inseln wie Ikaría, Sámos, Chíos und Lésbos von der türkischen Herrschaft befreiten, ließen den Dodekanes unangetastet – aus griechischer Sicht erlaubte die internationale Mächtekonstellation keinen militärischen Konflikt mit Italien.

Nachdem die italienische Vereinnahmung der Inseln durch den Vertrag von Lausanne 1923 international legitimiert worden war, begannen die fremden Herren mit der Italienisierung der Inseln. Sie gipfelte während der Amtszeit des Gouverneurs Cesare M. de Vecchio (1936–1943) im mißlungenen Versuch, sogar griechische Gottesdienste zu verbieten. Die örtlichen griechischen Gerichte, die von den Türken geduldet worden waren, wurden durch italienische ersetzt. Für Zivil- und Strafrechtsprozesse war ein Gericht auf Kos zuständig; für Berufungsverfahren mußte man sich an das Oberste Gericht auf Rhodos wenden. 1937 wurden die frei gewählten Bürgermeister durch Parteigänger der Italiener ersetzt, Bischöfe und Priester durften nur noch mit Billigung der Besatzungsbehörden ordiniert werden.

Bereits seit 1923 war ausschließlich Italienisch Amtssprache, unter de Vecchio wurde jeder griechischsprachige Schulunterricht verboten. Examina griechischer Universitäten wurden nicht mehr anerkannt: Sie mußten durch ein einjähriges Zusatzstudium an einem italienischen Lehrinstitut auf Rhodos und ein zweijähriges Studium an der Universität von Pisa ergänzt werden. Jeder Grieche war verpflichtet, die italienische Flagge zu grüßen; griechische Ladenschilder mußten gegen italienische ausgetauscht werden. Mischehen wurden durch Darlehen gefördert, wenn die griechische Frau zum römischen Katholizismus übertrat. Zudem erhielten alle Inseln italienische Namen.

An der Einsiedelei Páno Kímesis

  Geldwechsel/Post/Telefon: Geld kann im Postamt (☎ 4 12 49) an der Platía getauscht werden. Das Telefonamt OTE befindet sich im Postamt.

Feste: Weinfest an einem Tag zwischen dem 16. und 21. August auf der Platía am Hafen. Bedeutendes Kirchweihfest mit bis zu 4000 Pilgern von anderen Inseln am 23. August an der Marienkirche Panagía tou Charoú; gefeiert wird am Vorabend mit einem Vespergottesdienst an der Kirche und großem Volksfest auf beiden Dorfplätzen.

Weitere kleine Kirchweihfeste am späten Nachmittag des 1. Februar an der Kapelle Ipapándis im Nordwesten des Dorfes, am Morgen des 21. Mai an der Kirche Ágios Konstantínos am Strand von Platýs Gialós (Kaffee und Käse werden gereicht), am Abend des 20. Juli in der gleichnamigen Kapelle auf dem Profítis Ilías, am späten Nachmittag des 6. August am Kirchlein Christós am Küstenstrich Pláka nordwestlich des Dorfes, am Morgen des 17. August in der Einsiedelei Páno Kímisis oberhalb der Foundána-Bucht und am 20. August in der Kirche Káto Kímisis in der Foundána-Bucht. Zu den beiden letztgenannten Kirchweihfesten fahren die Pilger mit Booten.

Auskunft: Touristeninformationsbüro der Gemeinde an der Platía im Dorf, ☎ 4 12 50. Hier hängen auch die Schiffsfahrpläne aus.

Arkí – kein Hafen für Linienschiffe

Arkí ist die letzte Insel in der Ägäis, in deren Hafen noch kein Liniendampfer anlegen kann. Die Insulaner sind deshalb ganz auf das kleine Kaiki angewiesen, das auch im Winter 2 × wöchentlich die Verbindung mit Pátmos aufrechterhält.

Auf Arkí leben nur noch 50 Menschen. Der jährlich wechselnde, von der Regierung aus Athen geschickte Volksschullehrer unterrichtet nur drei Kinder; Arzt, Polizist und Priester gibt es nicht. Strom beziehen die Insulaner seit 1988 aus einer mit EU-Geldern finanzierten Solarenergieanlage, eine Tankstelle braucht man mangels Fahrzeugen nicht. Nicht einmal einen Lebensmittelladen gibt es auf Arkí, dafür aber zwei ganzjährig geöffnete Tavernen, deren Wirte Manólis und Lefthéris 90 % ihres Umsatzes im August machen.

Im Sommer ist Arkí ein Idyll für zivilisationsmüde Urlauber. Man wohnt in neuen, weißgekalkten, kleinen Häusern, die in den letzten Jahren zwischen den alten Natursteinbauten der Insulaner entstanden, geht in winzig kleinen Sand- und Kiesbuchten nahe dem Inseldorf baden oder schnorchelt an felsigem Ufer. Einzige Sehenswürdigkeit der Insel ist die **Marienkirche** 10 Gehminuten oberhalb des heutigen Dorfes, um die herum noch die Gemäuer eines älteren, inzwischen aufgegebenen Inseldorfes aufragen. Geschichte hat Arkí kaum: Früher gehörte die Insel dem Johanneskloster auf Pátmos. Im 19. Jh. ließen sich dann einige patmische Viehzüchter auf Arkí nieder, das Eiland ging in den Besitz der Gemeinde Pátmos über.

Im Sommer ist seit 1978 auch die noch viel kleinere Nachbarinsel **Maráthi** bewohnt, die nur zehn Bootsminuten entfernt liegt. Damals kehrten Pantélis und Katína aus Australien zurück und inve-

Arkí in Zahlen
(Inselkarte s. vordere Umschlaginnenklappe)

Fläche: 7 km^2, Archipel insgesamt 9 km^2
Höchster Berg: Bótsos (114 m)
Küstenlänge: 21 km
Einwohner: 50
Telefonvorwahl: 02 47
Entfernungen von Arkí:
– Skála/Pátmos 15 km
– Agathoníssi 30 km

In einer Taverne auf Arkí

stierten ihr Geld auf der bis dahin nur von Hirten besuchten Insel. Heute steht an ihrem 200 m langen, sehr schönen Sand-Kies-Strand an beiden Enden je eine Taverne, die auch Zimmer vermietet. Auch hier dient Solarkraft zur Energieerzeugung.

Praktische Informationen

 Schiffsverbindungen: Im Winter 2 × wöchentlich, im Sommer 1 × täglich per Kaiki mit Pátmos (Fahrzeit 70 Min.). Im Sommer auch Ausflugsverkehr mit Lípsi.

 Unterkunft: Auf beiden Inseln vermieten die Wirte der beiden Tavernen moderne Privatzimmer: etwa 15 auf Arkí und 12 auf Maráthi. Vorausreservierung ist im Juli und August unerläßlich.

 Essen und Trinken: Je zwei Tavernen auf Arkí (*Katsavídis*, ☎ 3 23 71); *O Melianós*, ☎ 3 22 30) und auf Maráthi (*Pantélis*, ☎ 3 26 09; *Micháli*, ☎ 3 15 80).

 Geldwechsel/Post: Bei den Tavernenwirten kann Bargeld gewechselt werden. Briefe können dem Kapitän des Kaikis nach Pátmos mitgegeben werden; Postsendungen liegen in der Taverne *O Melianós* aus.

Agathoníssi –
150 Menschen in drei Dörfern

Der Inselname bedeutet »gutmütige Insel«. Und wirklich: Die meisten ihrer Besucher loben die Freundlichkeit der Agathonissier überschwenglich. Außer ihrer Liebenswürdigkeit und der großen Ruhe hat Agathoníssi sonst auch nur wenig zu bieten.

Obwohl auf Agathoníssi nur noch etwa 150 Menschen leben, gibt es hier immerhin drei Dörfer. Das Schiff legt in der gut geschützten Bucht von **Ágios Geórgios** an. In dem guten Dutzend Häuser, die den gleichnamigen Hafenweiler bilden, findet der Gast, was er braucht: ein Bett für die Nacht und mehrere Tavernen. Wer sich hier für ein paar Stunden niederläßt, hat schnell die gesamte Inselbevölkerung kennengelernt, zu der auch fünf Schulkinder, ein Lehrer und ein Polizist gehören.

Der Inselpope, Papás Chrissóstomos, ist nicht mehr im Amt; für Gottesdienste muß jetzt ein Priester aus Pátmos oder Sámos anreisen. Der Inselbäcker, der sein Geschäft erst 1994 eröffnete, hat viel Freizeit, denn er backt nur jeden zweiten Tag. Die acht jungen Soldaten, die auf der der Türkei so nahen Insel Wacht fürs Vaterland halten, beleben den kleinen Kieselsteinstrand gleich neben dem alten Anleger, der sonst kaum jemanden

zum Baden reizt. Bessere Strände sind nur zu Fuß zu erreichen: der kleine **Sandstrand Ammoudáki** im Inselsüden (30 Min. zu Fuß) und die **Kieselbucht Chochlía** im Inselwesten (70 Min. zu Fuß).

Vom Hafen aus sind die beiden anderen Inseldörfer nicht zu sehen, obwohl man sie in 10–15 Min. bequem zu Fuß erreicht. Sie liegen hinter niedrigen Hügeln versteckt. **Mikró Chorió**, das »Kleine Dorf«, besteht aus einem Dutzend zu-

Agathoníssi in Zahlen
(Inselkarte s. vordere Umschlaginnenklappe)

Fläche: 13 km^2
Höchster Berg: Stifí (208 m)
Küstenlänge: 31 km
Einwohner: 150
Telefonvorwahl: 02 47
Entfernungen von Agathoníssi:
– Pythagório/Sámos   24 km
– Skála/Pátmos   44 km

Urlaub mit Kindern

Ein Urlaub mit Kindern ist in Griechenland herrlich unkompliziert. Man macht nicht viel Aufhebens um sie – weder positiv noch negativ. Kinderstühle in Restaurants, spezielle Kindermenüs oder Kindersitze in Mietwagen sind nahezu unbekannt; dafür können sie aber auch um Mitternacht noch mit an die Bar, ins Restaurant und häufig sogar in die Diskothek genommen werden. Man erwartet nur eins von ihnen: daß sie nicht lästig werden. Ungehorsame Kinder werden in Hellas leichter mit einem kleinen Klaps oder mit einem Ziehen an den Ohrläppchen zur Räson gebracht, als das bei uns der Fall sein sollte.

Kleinere Kinder werden sich daran gewöhnen müssen, daß Einheimische sie gern zärtlich in die Wange kneifen. Nützlich ist es, wenn sie im Umgang mit einheimischen Kindern drei Wendungen kennen: *Pos se léne?* – »Wie heißt Du?«, *Me léne* . . . – »Ich heiße . . .« und *Éla, péxoume!* – »Komm, laß uns spielen!«. Fast alles, was Kinder auch im Urlaub brauchen, ist in Griechenland erhältlich: Windeln und Babynahrung ebenso wie Schnorchel und Schwimmflossen, Puppen, Lego und Playmobil. Nur frische Milch ist bestenfalls auf Kos, nicht jedoch auf den kleineren Inseln aufzutreiben. Hier muß man mit H-Milch vorliebnehmen. Vorsicht ist bei Medikamenten angebracht, die griechische Ärzte Kindern verschreiben. Sie greifen oft zu Antibiotika, wo der heimische Kinderarzt noch homöopathische Mittel einsetzen würde. Für Erkältungen und kleinere Wehwehchen bringt man besser gewohnten Medikamente mit.

Kinder für den Besuch von Ausgrabungen und Kirchen zu begeistern ist häufig schwierig. Vielleicht hilft ja mein Rezept: In den Ausgrabungen auf der antiken Agorá von Kos habe ich kurzerhand ein Gebäude zum antiken Wohnhaus erklärt und meinen Kindern gezeigt, wo Wohn-, Kinder- und Schlafzimmer und vor allem die Küche waren. Sie haben das Haus sofort bezogen und in der Küche das Mittagessen vorzubereiten begonnen. Erst nach einer halben Stunde wurden wir herbeigerufen, um zum Essen (Gras mit Blüten) Platz zu nehmen. In den Kirchen schmücke ich die biblischen Geschichten aus, die auf den Ikonen ja so anschaulich und zum Teil auch drastisch dargestellt sind. Meine Kinder können die Ikonen inzwischen so gut beschreiben, daß sie manchmal in Klöstern die Welt auf den Kopf stellen: Statt von uns eine Spende zu erwarten, schenken die Mönche meinen Kindern eine Münze.

meist unverputzter Häuser; es gibt weder einen Laden noch ein Kafeníon. Meist zeugen nur Hunde und Truthähne davon, daß Mikró Chorió noch bewohnt ist.

Megálo Chorió, das »Große Dorf«, ist das eigentliche Zentrum des Insellebens. Seine Häuser sind farbenfroh verputzt, auf der winzigen Platía laden zwei knallgelb gestrichene Bänke zum Verweilen ein. Kommunikationszentren des Dorfes sind das Kafeníon *Ta Dekatría Adélfia* und die zeitlos scheinende Gemischtwarenhandlung des alten Bábis, in der überwiegend Konserven lagern. Das Geld, um bei ihm einzukaufen, verdient sich die Hälfte der Agathonissier auf griechischen Fähr- und Frachtschiffen; die übrige Inselbevölkerung lebt von der Fischerei und der Viehzucht. Ihre Vorfahren stammen zumeist von Pátmos, von wo aus Agathoníssi 1810 wiederbesiedelt wurde, nachdem es jahrhundertelang der Piratengefahr wegen unbewohnt geblieben war.

Praktische Informationen

Schiffsverbindungen: Die kleine Autofähre *Nisos Kálymnos* verbindet Agathoníssi ganzjährig 2 × wöchentlich mit Pythagório/Sámos, Lípsi, Pátmos, Léros, Kálymnos und Kos. Trag-

flügelboote verkehren im Sommer 1 × wöchentlich auf der gleichen Strecke. Eine kleine Autofähre der *Miniótis Lines* verkehrt im Sommer 1 × wöchentlich von und nach Pátmos, Lípsi und Sámos.

Unterkunft: 40 Betten in drei Pensionen: *María Kamítsi* (braune und blaue Fensterläden), ✆ 2 36 90; *Geórgios Kamítsis* (das Haus hinter dem von María Kamítsi), ✆ 2 43 85; *Theología Jaméou* (blaue Fensterläden), ✆ 2 36 92 und 2 36 87.

Die Zimmer in allen drei genannten Pensionen verfügen über Dusche/WC. Den Gästen von María Kamítsi und Theología Jaméou stehen eine Gemeinschaftsküche und mehrere Kühlschränke zur Verfügung; Geórgios Kamítsis vermietet auch ein kleines Apartment für 4 Personen mit Kochnische und Kühlschrank. DZ ab 40 DM in der Hauptsaison.

Essen und Trinken: Drei Tavernen im Hafenort Ágios Geórgios; beschränktes Essensangebot auch im Kafeníon von Mégalo Chorió.

 Geldwechsel/Post/Telefon: Bargeld kann, wenn nötig, nur privat gewechselt werden. Die Gemischtwarenhandlung *Bábis* in Mégalo Chorió ist zugleich Post- und Telefonamt von Agathoníssi.

Auskunft: Telefonisch bei der Gemeindeverwaltung, ✆ 2 37 91, Achtung: Hier versteht man nur Griechisch.

Erläuterung von Fach- und fremdsprachigen Begriffen (Glossar)

Agía/Ágios: Griechisch für Heilige/Heiliger

Ágii: Griechisch für Heilige (Plural)

Agorá: Wirtschaftlicher und politischer Versammlungsplatz der antiken Stadt

Apsis: Halbrunder Raum, besonders in Kirchen, der sich zum Hauptraum hin öffnet

Archontikó: Herrenhaus wohlhabender christlicher Bürger im Osmanischen Reich

Basilika: Meist langgestreckte Halle, die durch Säulen- oder Pfeilerstellungen in drei oder fünf Schiffe unterteilt wird

Bouzoúki: Griechisches Saiteninstrument; s. auch Tanzlokal mit griechischer Live-Musik, S. 45

Bukolik: Literarische Gattung der Antike, die die ›idyllische‹ Schilderung des ländlichen Lebens (vor allem der Hirten) zum Thema hat

Cella: Hauptraum des antiken Tempels, der das Kultbild barg

Evangeliar: Liturgische Handschrift des Mittelalters, welche die vier Evangelien enthält

Evangelismós: Verkündigung Mariä (12 Kirchenfeste)

Exedra: Halbrunde Nische ohne Dach

Fresko: Wandmalerei, auf feuchten Putz aufgetragen

Ikone: Geweihtes Tafelbild in der orthodoxen Sakralmalerei

Ikonostase: Im Westen übliche Bezeichnung für das *Templon,* also die Bilderwand zwischen dem Altar- und Gemeinderaum der orthodoxen Kirche

Isthmos: Landenge

Kaïki: Griechischer Bootstyp

Kapitell: Das Kopfstück eines Pfeilers oder einer Säule

Kímesis tou Theotókou: Entschlafung der Gottesmutter (12 Kirchenfeste). Die leibliche Himmelfahrt Mariens ist in der orthodoxen Kirche kein Dogma

Kirchenväter: Für die Herausbildung der christlichen Lehre bedeutende kirchliche Schriftsteller der ersten sieben nachchristlichen Jahrhunderte. In der orthodoxen Kirche sind das insbesondere Basilius der Große, Gregor der Theologe, Johannes Chrysostomos (alle aus Antiochia) sowie Athanasius und Kyrillos (beide aus Alexandria)

Klientelismus: soziologische Bezeichnung für ein politisches System, in dem der Politiker sich die Gunst seiner Wähler durch Gefälligkeiten erkauft

Konche: Halbkreisförmige Nische mit Halbkuppel als oberem Abschluß

Leofóros: Griechisch für »Boulevard«

Levante: Bezeichnung für die Mittelmeerländer östlich Italiens

Metamorfósis: Christi Verklärung auf dem Berg Tabor (12 Kirchenfeste)

Mitrópolis: Orthodoxe Bischofskirche

Moní: Griechisch für »Kloster«

Mythologie: Der gesamte Stoffkomplex überlieferter antiker Götter- und Heldensagen

Naos: Gemeinderaum in der orthodoxen Kirche

Narthex: Vorhalle der orthodoxen Kirche. Besitzt die Kirche zwei solcher Vorhallen, spricht man vom Exonarthex (äußerer Narthex) und Esonarthex (innerer Narthex)

Odós: Griechisch für »Gasse«, »Straße«

Oklad: Verkleidung von Ikonen aus zisiliertem, oft auch vergoldetem Silberblech, die die Darstellung der Ikone reliefartig wiederholt und nur die unbekleideten Teile der Figuren, also Gesicht und Hände, freiläßt

Panagía: Die Allheilige, also Maria

Pantókrator: Der Allesbeherrscher, also Christus. Meist als Brustbild mit Evangelienbuch und erhobener Rechten dargestellt, vor allem in der Kuppel der Kirche

Platía: Griechisch für »Platz«

Relief: Halbplastisch aus einer Fläche herausgearbeitetes Bild aus Stein, Metall, Gips oder Ton

Reliquie: Körperliche Überreste von Heiligen oder Gegenstände, die in naher Beziehung zu ihnen standen

Ringhalle: Um die Cella eines Tempels umlaufende Säulenstellung

Sarkophag: Prunksarg

Spolien: Wiederverwendete Bauteile aus älteren Gebäuden, z. B. Säulentrommeln, Quader, Statuenfragmente oder Grabplatten

Stele: Frei stehende, mit einem Relief oder einer Inschrift versehene Säule oder Platte als Votivstein oder Grabmal

Tambour: Zylindrischer Unterbau einer Kuppel

Taxiarchen: Erzengel

Tonnengewölbe: Gewölbe mit halbkreisförmigem Querschnitt; einfachste Gewölbeform

Literaturtips

Baumann, Hellmut: Die griechische Pflanzenwelt in Mythos, Kunst und Literatur, München 1982 (Hirmer). Ein Pflanzenbuch, das den botanischen Rahmen sprengt.

Beck, Hans-Georg (Hrsg.): Lust an der Geschichte. Leben in Byzanz, München 1982 (Serie Piper). Eine Auswahl ernster und heiterer byzantinischer Texte, die Aufschluß über das tägliche Leben, Kunst und Kultur, Politik, Kirche und Verwaltung geben.

Brödner, Erika: Die römischen Thermen und das antike Badewesen, Darmstadt 1983 (Wissenschaftliche Buchgesellschaft). Ein grundlegendes, leicht zu lesendes Buch für alle archäologisch Interessierten.

Ducellier, Alain: Byzanz. Das Reich und die Stadt, Frankfurt 1990 (Campus-Verlag). Sehr ausführliche Darstellung der byzantinischen Gesellschaft und Geschichte.

Eckhardt, Klaus: So singt Griechenland. Ein Liederbuch mit Noten, Köln 1993 (Romiosini). Über 160 Liedertexte in griechischer Original- und Lautumschrift mit Übersetzungen, Plattenhinweisen, Noten und Gitarrenakkorden – damit man endlich einmal versteht, was man dauernd hört.

Fernau, Joachim: Rosen für Apoll, Frankfurt/Main 1993 (Ullstein Taschenbuch). Vergnüglich und leicht zu lesende Geschichte der Griechen.

Gaitanides, Johannes: Griechenland ohne Säulen, München 1990 (List Bibliothek). Das Standardwerk über Land und Leute sowie über die neugriechische Geschichte.

Isichos, Manolis: Panorama of Leros, Leros 1992. Eine reich bebilderte und gut recherchierte Geschichte der Insel insbesondere zwischen 1829 und 1940.

Kästner, Erhart: Griechische Inseln, Frankfurt/Main 1975 (insel taschenbuch). Literarische Reiseaufzeichnungen aus dem Jahre 1944, in denen der Krieg nicht stattfindet.

Kominis, Athanasios D.: Patmos. Die Schätze des Klosters, Athen 1988 (Ekdotike Athenon S. A.). Ein prächtiger Bildband mit guten Texten, im Kloster auf Pátmos erhältlich (und dort auch mit Kreditkarte bezahlbar).

Slesin, Suzanne u. a.: Wohnkultur und Lebensstil in Griechenland, Köln 1991 (DUMONT). Ein schönes Fotobuch, das zeigt, wie die Häuser wohlhabender Griechen eingerichtet sind.

Störtenbecker, Rainer: Griechenland ganz anders. Kulte, Mysterien, Rituale, Buxtehude 1994 (Vis-á-Vis Verlag). Unglaubliche Geschichten über ein Land, das bis heute mit der Mystik lebt.

Abbildungs- und Quellennachweis

Tips und Adressen

◁ Die Weite des Dodekanes

Informationsstellen

Griechische Zentrale für Fremdenverkehr

... in Deutschland
60311 Frankfurt/Main
Neue Mainzer Straße 22
✆ 0 69/23 65 62–63
Fax 0 69/23 65 76

10789 Berlin
Wittenbergplatz 3A
✆ 0 30/2 17 62 62–63
Fax 0 30/2 17 79 65

20149 Hamburg
Abteistraße 33
✆ 0 40/45 44 98
Fax 0 40/44 96 48

80333 München
Pacellistraße 2
✆ 0 89/22 20 35–36
Fax 0 89/29 70 58

... in Österreich
1015 Wien
Opernring 8
✆ 02 22/5 12 13 57
Fax 02 22/5 13 91 89

... in der Schweiz
8001 Zürich
Löwenstraße 25
✆ 01/2 21 01 05
Fax 01/2 12 05 16

Botschaften der Republik Griechenland

... in Deutschland
53179 Bonn
An der Marienkapelle 10–12
✆ 02 28/8 30 10
Fax 02 28/35 32 84
... in Österreich
1040 Wien, Argentinier Straße 14
✆ 02 22/5 05 57 91
Fax 02 22/5 05 62 17
... in der Schweiz
3005 Bern, Jungfraustraße 3
✆ 0 31/3 52 16 37–38
Fax 0 31/3 52 05 57

Einreisebestimmungen

Zur Einreise genügt für Deutsche, Österreicher und Schweizer ein gültiger **Personalausweis.** Kinder unter 16 Jahren müssen im Paß der Eltern miteingetragen sein oder benötigen einen Kinderausweis (ab 10 Jahren mit Lichtbild).

Bei Einreise mit dem eigenen Fahrzeug müssen der nationale Führerschein und der Kraftfahrzeugschein mitgeführt werden. Die **Internationale Grüne Versicherungskarte** ist nicht zwingend vorgeschrieben, aber ebenso wie Zusatzversicherungen (Vollkasko, Auslandsschutzbrief) empfehlenswert. Für **Hunde** müssen mitgeführt

werden: ein internationaler Impf-
paß mit amtstierärztlichem Ge-
sundheitszeugnis (max. 14 Tage
alt) und Bescheinigung über erfolg-
te Tollwutimpfung (max. 12 Monate alt) in englischer oder französi-
scher Sprache.

Devisen und Zoll

In griechischer Landeswährung dürfen pro Person höchstens 100 000
Drachmen eingeführt werden. Da
der Wechselkurs in Griechenland
günstiger ist, empfiehlt es sich, nur
so viel Landeswährung mitzunehmen, um z. B. einen zweitägigen
Bankenstreik überstehen zu können. **Devisen** dürfen in unbe-
schränkter Höhe eingeführt werden. Wer pro Person mehr als den
Gegenwert von 1000 US-Dollar
auch wieder ausführen will, sollte
die Devisen bei der Einreise dekla-
rieren.

Zollbestimmungen: Im Verkehr
zwischen EU-Ländern bestehen
keine Mengenbegrenzungen für
Waren, die zum persönlichen Gebrauch bestimmt sind. Es gibt jedoch sogenannte ›Indikativmen-
gen‹: Wer mehr als 800 Zigaretten,
10 l Spirituosen oder 90 l Wein pro
Person mit sich führt, muß nach-
weisen, daß er damit keinen Handel betreiben will.

Für **Schweizer Staatsbürger** sowie für Waren, die in Duty-free-
Shops oder zollfrei an Bord von
Schiffen und Flugzeugen gekauft
wurden, gelten jedoch weiterhin

die alten Mengenbegrenzungen:
200 Zigaretten, 1 l Spirituosen und
2 l Wein.

Gesundheitsvorsorge

Besondere Schutzimpfungen sind
für die Einreise nach Griechenland
nicht erforderlich. In der Reiseapo-
theke mit den persönlichen Medikamenten sollte aber ein Mittel gegen Insektenstiche nicht fehlen;
Aspirin kann man in Griechenland
an Kiosken und in Apotheken sehr
viel billiger erstehen als zu Hause.
Griechische **Apotheken** (ΦΑΡΜΑ–
KEION, *farmakíon*) sind in der Regel gut bestückt, führen jedoch
nicht alle bei uns bekannten Medikamente. Wer auf ein bestimmtes
Mittel angewiesen ist, bringt es
besser mit. Auf den Inseln Arkí,
Agathoníssi, Psérimos und Télendos gibt es keine Apotheken. Griechische Ärzte verschreiben auch
schon bei leichten Infektionen gern
harte Antibiotika. Homöopathische
Medikamente sind in Griechenland kaum erhältlich. Wer also bei
kleinen Wehwehchen lieber seinen
Hausmitteln vertraut, muß sie mitnehmen.

Krankenschein: Zwischen Griechenland und Deutschland sowie
Österreich besteht ein Sozialversi-
cherungsabkommen; Deutsche und
Österreicher können sich also auch
in Griechenland auf Krankenschein behandeln lassen. In der
Praxis ist das jedoch kaum ratsam:
Die Zahl der Kassenärzte ist klein,

ihre Praxen sind meist überfüllt. Man muß zudem vor dem Aufsuchen des Kassenarztes den Auslandskrankenschein E 111 (erhältlich bei der heimischen Krankenkasse) noch von der griechischen IKA umschreiben lassen – so geht schnell ein Urlaubstag verloren. Darum schließt man besser für die Urlaubsdauer eine **Auslandskrankenversicherung** ab, zahlt Arzt- und Arzneikosten selbst und läßt sie sich später zurückerstatten. Wer mehrmals im Jahr ins Ausland reist, ist mit einer ganzjährigen Auslandskrankenversicherung besser bedient, die schon sehr preiswert angeboten wird.

Wer im Heimatland privat krankenversichert ist, braucht diese zusätzliche Versicherung nicht, da private Krankenversicherungen europaweit gültig sind.

Kleidung und Reisezeit

Kos und seine Nachbarinseln sind als Winterreiseziel nur bedingt geeignet. Die meisten Hotels und Tavernen sind zwischen November und März geschlossen, die Verkehrsverbindungen stark eingeschränkt. Es kann tagelang regnen, die Nachttemperaturen sinken unter 10° Celsius ab. Wenn die Sonne scheint, kann man tagsüber in Pullover oder Jacke durchaus im Freien sitzen; ist der Himmel aber bewölkt oder ist es sehr stürmisch, kann man auf den Inseln ebenso frieren wie in einem deutschen Frühjahr oder Herbst. Es gibt aber auch Vorteile von Winterreisen: Die Inseln sind grün, Museen und Ausgrabungsstätten sind fast menschenleer, und die Übernachtungspreise sind extrem niedrig. Gute Doppelzimmer in kleinen Pensionen findet man dann schon für etwa 15–20 DM.

Die Sommersaison beginnt für die Griechen mit dem griechischen Osterfest, das in der Regel später als das unsere gefeiert wird – oft erst gegen Ende oder nach unseren Osterferien. Im April und Oktober kann es noch häufig zu Regenfällen kommen. Im April liegen die Tageshöchsttemperaturen meist noch weit unter 20° Celsius, ein Bad im Meer ist dann nur Hartgesottenen zu empfehlen. Im Oktober sind die Luft- und Wassertemperaturen hingegen noch sommerlich warm. Dafür stehen die Inseln im April noch in voller Blüte, während sie im Oktober braun und verbrannt aussehen. Zwischen Mai und September regnet es kaum. Juli und August sind zwar die heißesten Monate, doch macht der nahezu ständig wehende, kühle Meltémi im Hochsommer die Temperaturen erträglich. Im Juni und September fehlen diese Winde, so daß die hohen Temperaturen in dieser Zeit als unangenehmer empfunden werden.

Neben Sommerkleidung – am besten aus leichten Baumwollstoffen – sollte man ganzjährig auch die passende Garderobe für kühlere Abende und eventuelle Regenschauer mitnehmen. Wer öfters spazierengehen oder wandern will, braucht mindestens Turnschuhe und im Sommer auf jeden Fall eine Kopfbedeckung. Da die Strände häufig steinig oder kieselig sind, gehören Badeschuhe ins Gepäck. Auf klimatisierten Schiffen, in Flugzeugen und bei Busfahrten mit geöffneten Fenstern schützt ein Halstuch vor Halsentzündungen.

Anreise nach Griechenland

Mit dem Flugzeug

Charterflüge verbinden in den Sommermonaten Kos mit nahezu allen Flughäfen im deutschsprachigen Raum. Wer per Linienflug anreisen möchte, muß in Athen umsteigen. Von Athen aus fliegt im Winter 1–2 ×, im Sommer 2–3 × täglich ein Jet. Léros und Astypálea werden mit 18sitzigen Propellermaschinen der *Olympic Airways* von Athen her angeflogen: Léros im Winter 4 × wöchentlich und im Sommer täglich; Astypálea ganzjährig 2 × wöchentlich.

Mit dem Schiff

Es gibt keine direkten Schiffsverbindungen aus dem Ausland nach Kos und zu den Nachbarinseln, so daß sich die Schiffsanreise bestenfalls für Interrailer oder Urlauber mit dem eigenen Fahrzeug lohnt. Schiffsverbindungen nach Igoumenítsa in Nordgriechenland, Pátras auf der Peloponnes und Athen bestehen von zahlreichen italienischen Adriahäfen aus. Kos und die Nachbarinseln erreicht man dann per Fähre von Piräus aus.

Mit dem Auto

Bei Redaktionsschluß war die Lage im ehemaligen Jugoslawien noch immer instabil. All denen, die die strapaziöse Autofahrt (Gesamtstrecke München – Athen 2190 km) nicht scheuen, empfiehlt der ADAC folgende Route:
München – Salzburg – Wien – Nikkelsdorf – Györ – Budapest – Szeged – Novi Sad – Belgrad – Niš – Gevgelija – Thessaloníki (Gesamtstrecke München–Thessaloníki 1711 km). Es empfiehlt sich, bei den Automobilclubs jeweils aktuelle Informationen zur Reiseroute und zu den Transitländern einzuholen.

Sicherer und bequemer ist auf jeden Fall die Reise durch Italien bis zu einem Adria-Fährhafen. Von Frankfurt bis Ancona sind es auf der Autobahn ›nur‹ 1210 km, von

Frankfurt bis Brindisi 1755 km. Die Mautgebühren betragen für einen Mittelklassewagen bis Ancona für Hin- und Rückfahrt zur Zeit (1995) ca. 166 DM, bis Brindisi ca. 260 DM (inkl. Brennerautobahn).

Informationen über die Durchreiseländer sind erhältlich bei:
Italienisches Fremdenverkehrsamt, Kaiserstraße 65, 60329 Frankfurt am Main
✆ 0 69/23 74 30
Fax 0 69/23 28 94
Österreich-Information, Postfach 12 31, 82019 Taufkirchen
✆ 0 89/66 67 01 00
Fax 0 89/66 67 02 00
Schweizer Verkehrsbüro, Kaiserstraße 23, 60311 Frankfurt/Main
✆ 0 69/25 60 01 35
Fax 0 69/25 60 01 38
Genaue Angaben über Autobahngebühren, Benzinpreise in den Durchreiseländern und Fährkosten können bei den Automobilclubs eingeholt werden.
Buchungsstellen für Fährverbindungen zwischen Italien und Griechenland sind: *DER Traffic,* Frankfurt/Main, ✆ 0 69/95 88 17 17; *Seetours,* Frankfurt/Main, ✆ 0 69/1 33 32 62; *Viamare,* Köln, ✆02 21/2 57 37 81.

Mit der Bahn

Eine Bahnfahrt nach Griechenland ist strapaziös und daher kaum empfehlenswert. Von München nach Athen ist man mindestens 40 Std. unterwegs. Mit der Bahn sind auch die Fährhäfen Ancona und Brindisi zu erreichen.

Mit dem Bus

Europabusse verbinden viele Städte in den deutschsprachigen Ländern ganzjährig mit Athen sowie mit Bari und Brindisi in Italien. Preis- und Fahrplanauskünfte gibt die *Deutsche Touring GmbH,* Am Römerhof 17, 60486 Frankfurt/Main, ✆ 0 69/70 47 14, Fax 0 69/70 60 79.

Reisen in Griechenland

Mit dem Flugzeug

Über Flughäfen verfügen Kos, Astypálea und Léros. Untereinander sind diese Inseln nicht per Flugzeug verbunden. Léros und Astypálea werden nur von Athen aus angesteuert (s. S. 221). Zwischen Kos und Rhodos verkehrt außerdem 2–3 × wöchentlich eine 18sitzige

Propellermaschine der *Olympic Airways.*

Auskunft erteilt *Olympic Airways* in:
Frankfurt/Main, ✆ 0 69/7 95 09 44/45;
Wien, ✆ 02 22/5 04 41 65;
Zürich, ✆ 01/2 11 37 37.

Mit dem Schiff

In den Sommermonaten ist das Reisen von Insel zu Insel völlig problemlos. Außer Astypálea und Agathoníssi sind sie alle täglich erreichbar. Man hat die Wahl zwischen großen und kleinen Autofähren, schnellen Tragflügelbooten und kleinen Ausflugsdampfern. In diesem Reiseführer sind in den Praktischen Informationen zu den jeweiligen Inselkapiteln sämtliche Schiffsverbindungen angegeben: Kos, s. S. 84, 91, 102; Níssyros, s. S. 123; Astypálea, s. S. 137; Kálymnos, s. S. 154; Psérimos, s. S. 157; Léros, s. S. 171; Pátmos, s. S. 191; Lípsi, s. S. 204; Arkí, s. S. 208; Agathoníssi, s. S. 211.

Fahrplanauskünfte: Es gibt auf keiner Insel ein zentrales Büro, das über alle Schiffsfahrpläne zuverlässig Auskunft geben könnte. Jedes Büro ist nur an den Schiffen interessiert, für die es auch Tickets verkaufen kann. Theoretisch sollte die jeweilige Hafenpolizei Bescheid wissen – doch in der Praxis ist man auch dort nur selten umfassend informiert und des Englischen nicht immer mächtig. Verkaufen mehre-re Reisebüros Tickets für das gleiche Schiff, werden zudem oft leicht voneinander abweichende Abfahrtszeiten genannt. Gedruckte Fahrpläne für ihre Schiffe halten nur wenige Reisebüros bereit; in der Regel werden die Abfahrtszeiten auf Kreidetafeln oder durch Aushänge bekanntgegeben.

Wer wissen will, wann er wohin fahren kann, muß Kugelschreiber und Papier zur Hand nehmen und damit von Reisebüro zu Reisebüro gehen, Schiffsnamen, Abfahrtszeiten und Ziele notieren und sich dann seinen eigenen vollständigen Fahrplan zusammenstellen. Glücklicherweise liegen die Büros meist dicht beieinander, so daß man wenigstens keine weiten Wege zurücklegen muß.

Schiffstickets: Für Autofähren und Tragflügelboote werden die Tickets in den von den jeweiligen Reedereien autorisierten Reisebüros verkauft. Tickets für Ausflugsboote bekommt man manchmal nur direkt an Bord. Kurz vor jeder Abfahrt von Autofähren und Tragflügelbooten kommt zudem ein Fahrkartenverkäufer an den Hafen, so daß man die Tickets auch kurzfristig erstehen kann. Tickets erst am Hafen zu kaufen ist besonders dann empfehlenswert, wenn Schiffe laut Fahrplan fast gleichzeitig abfahren. Man kann dann die Fahrkarte für das Schiff kaufen, das zuerst ankommt und braucht nicht auf ein eventuell verspätetes Schiff zu warten: Einmal gekaufte Tickets zurückzugeben, ist nämlich unmöglich. Eine rechtzeitige Vorausbuchung ist ohnehin nur dann nötig, wenn man mit dem Auto unterwegs ist oder einen Kabinenplatz buchen möchte. In der Hauptsaison und zu bestimmten Festtagen ist eventuell auch eine Vorausbuchung für Tragflügelboote ratsam, da sie nur so viele Passagiere mitnehmen, wie Sitzplätze vorhanden sind. Tickets erst auf dem Schiff zu kaufen ist teuer: Mit Ausnahme der *Nisos Kálymnos* wird dafür überall ein Aufschlag von 20–30 % verlangt.

Auf **kurzen Fahrstrecken,** wie z. B. von Kos zu einer Nachbarinsel, wird man in der Regel in der 3. Klasse reisen. Tickets der 1. und 2. Klasse lohnen nur für die langen Fahrten von und nach Piräus. Im Preis dieser Fahrkarten ist, sofern noch Betten frei sind, die Benutzung eines Kabinenbetts inbegriffen. Wer kein Bett bekommt oder beansprucht, zahlt dennoch den vollen Preis der 1. und 2. Klasse.

In aller Regel sind die **Fahrtkosten** auf Autofähren am niedrigsten. Ausflugsdampfer sind geringfügig, Tragflügelboote erheblich teurer. Hin- und Rückfahrtickets sind (außer für Tagesausflüge auf Ausflugsbooten) in Griechenland unbekannt, Fahrtunterbrechungen sind nicht gestattet. Wer beispielsweise von Kos zunächst nach Kálymnos, dann nach Léros und schließlich nach Pátmos weiterreisen möchte, muß jede Teilstrecke einzeln lösen.

Abfahrtszeiten und Verspätungen: Die auf dem Ticket angegebenen Abfahrtszeiten sind nur für den Fahrgast verbindlich, nicht aber für die Reederei. Verspätungen sind häufig, manchmal können Schiffe aber auch schon zu früh ankommen. Daher ist man verpflichtet, mindestens 30 Min. vor der auf dem Ticket angegebenen Abfahrtszeit am Hafen zu sein. Die meisten Griechen kommen lieber schon mindestens 1 Std. früher. Verspätungen werden nur selten angekündigt. Selbst die Hafenpolizei kann nur in Ausnahmefällen darüber Auskunft geben.

Essen und Trinken an Bord: Ausflugsdampfer und Tragflügelboote verfügen nur über eine kleine Bar, an der Bier und Erfrischungsgetränke sowie bestenfalls einige Kekse und Kartoffelchips verkauft werden. Auf allen Autofähren sind an den Bars auch Kaffee, Spirituosen, Croissants und Toasts erhältlich. Auf den großen Autofähren gibt es zudem Restaurants und Selbstbedienungs-Cafeterias, die Wein und warmes Essen bieten. Sie sind allerdings nur mittags und abends für jeweils etwa 1 Std. geöffnet (meist 12–13 und 18–19 Uhr). Selbstmitgebrachte Speisen und Getränke können überall an Bord außer in der Cafeteria oder im Restaurant verzehrt werden.

Mit dem Bus

Mit Ausnahme von Arkí, Agathoníssi, Psérimos und Télendos verkehren auf allen hier besprochenen

Inseln Linienbusse. Genauere Angaben sind unter den dem jeweiligen Inselkapitel beigefügten Praktischen Informationen verzeichnet. Tickets werden in aller Regel während der Fahrt beim Schaffner gelöst.

Mit dem Taxi

Taxis fahren auf allen Inseln außer Agathoníssi, Arkí, Psérimos und Télendos. Meist tragen sie nicht die Aufschrift »Taxi«, sondern »Agoraion«. Der Unterschied zwischen beiden ist folgender: Taxis sind mit einem Taxameter ausgerüstet, *agoréa* nicht. Die Fahrpreise sind jedoch identisch und sehr viel niedriger als bei uns. Reist man zu viert, zahlt man für ein Taxi kaum mehr, manchmal sogar weniger als für vier Busfahrscheine. Da die Tarife staatlich festgesetzt und die Taxifahrer in der Regel ehrlich sind, sind Preisverhandlungen nur dann üblich, wenn man ein *agoréon* für einen ganztägigen Ausflug anmieten will.

Weil die Taxitarife kaum zum Überleben reichen, versuchen die Fahrer gern, noch weitere Fahrgäste mitzunehmen, die in etwa das gleiche Ziel haben. Dabei zahlt jeder Fahrgast den vollen Fahrpreis. Machen die Fahrgäste jedoch den Eindruck, daß sie zusammengehören, ist nur der einfache Fahrpreis fällig. Taxis können an Warteständen bestiegen, am Straßenrand angehalten oder auch telefonisch

bestellt werden. In den Dörfern erkundige man sich am besten in einem Kaffeehaus nach dem Taxi.

Eine Quelle häufiger Mißverständnisse sind die zulässigen **Aufschläge.** In der Oster- und Weihnachtszeit sind etwa 1 DM als Festtagszuschläge zu zahlen; festgelegte Zuschläge sind auch für Nachtfahrten zwischen 0 und 5 Uhr, für Gepäck und für Fahrten von und zu Häfen und Flughäfen fällig. Die für ganz Griechenland einheitlichen Tariftabellen müssen in allen Taxis und *agoréa* zur Einsicht ausliegen.

Mit dem Auto

Die griechischen Verkehrsregeln gleichen im großen und ganzen den westeuropäischen – für uns freilich unter erschwerten Bedingungen, denn das griechische Verkehrsverhalten ist völlig anders. So dürfen die Griechen als Weltmeister im Kurvenschneiden gelten. Deswegen sollte man auf den schmalen und kurvenreichen Inselstraßen immer langsam und äußerst rechts fahren und vor unübersichtlichen Kurven sicherheitshalber hupen. Bei Nachtfahrten muß man jederzeit mit unbeleuchteten Zweirädern rechnen.

Die zulässige **Höchstgeschwindigkeit** beträgt innerorts 50 km/h, auf Landstraßen 80 km/h und auf den Festlandsautobahnen 100 km/h (Motorräder grundsätzlich nur 70 km/h). Als **Promillegrenze** sind 0,5 Promille festgesetzt.

Mit dem Leihfahrzeug

Außer auf Arkí, Agathoníssi, Lípsi, Níssyros, Psérimos und Télendos werden auf allen Inseln Pkw vermietet; Mopeds und Motorräder außerdem auch auf Lípsi und Níssyros. Mieter von Leihwagen müssen mindestens 21 Jahre alt sein, für Mopeds ist das 16. Lebensjahr Voraussetzung. Mopeds und Motorräder (ab 125 cm^3 ist offiziell ein Motorradführerschein erforderlich, der jedoch nicht immer verlangt wird) sollten vor der Übernahme gründlich auf den Zustand der Bremsen, Autos auch auf den Zu-

stand der Reservereifen untersucht werden. Zweiräder sind meist nur haftpflichtversichert; eventuelle Schäden am Fahrzeug muß der Mieter selbst tragen. Für Autos kann auf den meisten Inseln (nicht auf Astypálea und Léros) eine Vollkaskoversicherung abgeschlossen werden. Diese CDW *(Collision Damage Waver)* deckt jedoch keine Reifenschäden und keine Schäden an der Unterseite der Fahrzeuge ab.

Pkw können je nach Insel inklusive aller gefahrenen Kilometer ab ca. 50–70 DM/Tag gemietet werden, Mopeds und Vespas ab etwa 16 DM/Tag.

Unterkunft und Verpflegung

Zimmersuche

Unterkunftsmöglichkeiten gibt es auf allen Inseln. Schwierigkeiten, ein freies Zimmer zu finden, hat man nur zwischen Mitte Juli und Ende August, wenn Griechen, Italiener und Franzosen scharenweise auf den Inseln Urlaub machen. Ausgerechnet in dieser Zeit werden auch kurzfristige telefonische Vorausbuchungen nur ungern oder gar nicht angenommen, so daß die Zimmersuche vor Ort manchmal Stunden in Anspruch nehmen kann. Helfen können dabei manchmal Taxifahrer oder abreisende Indivi-

dualurlauber, die man fragt, wo sie gewohnt haben.

In der übrigen Zeit des Jahres sind Vorausbuchungen nur dann notwendig, wenn man ein ganz bestimmtes Quartier im Auge hat. Ansonsten warten meist schon einige Zimmervermieter und Hoteliers am Hafen und bieten freie Zimmer an. Manche haben Hausprospekte oder Alben mit Fotos ihres Apartments dabei, einige kommen sogar mit Kleinbussen an den Anleger und bringen Interessenten kostenlos in ihr Haus.

Hotels

Hotels sind auf allen Inseln – Arkí, Agathoníssi, Psérimos und Télendos ausgenommen – zu finden. Alle griechischen Hotels werden staatlicherseits klassifiziert: von der Luxus- über die A- bis zur E-Kategorie. Sauberkeit, Lage des Hauses, Qualität und Freundlichkeit von Inhaber und Personal spielen bei dieser Einstufung freilich keine Rolle, so daß die Kategorisierung nur begrenzte Aussagekraft hat. Sie informiert nur über die offizielle Preisklasse.

Für Hotels der Kategorien A bis C werden nämlich Mindestpreise festgesetzt. Die vom Hotelier nach dieser Richtlinie gestalteten Preise müssen einmal jährlich vom Staat genehmigt und dann eigentlich die ganze Saison über eingehalten werden. Doch kaum ein Hotelier hält sich daran: Oft offerieren sie in der Vor- und Nachsaison schon von sich aus erhebliche Preisnachlässe auf die Tarife, die in der Vor- und Nachsaison ohnehin um bis zu 40 % unter den Hauptsaisontarifen liegen.

Hotels der Kategorien D und E sind meist nur geringfügig billiger als einfache Häuser der C-Kategorie. Die in die Kategorie »Luxus« eingestuften Häuser sind oft doppelt so teuer wie Hotels der A-Kategorie, entsprechen im internationalen Vergleich aber nur First-Class-Häusern.

Für ein Zusatzbett im Zimmer können 20 % Aufschlag verlangt werden. Bei einem Aufenthalt von weniger als drei Nächten darf der Zimmerpreis um 10 % erhöht werden.

Pensionen und Privatzimmer

Pensionen und Privatzimmer findet man auf allen Inseln. Selten sind sie offiziell als Pensionen klassifiziert. In solchen Fällen entspricht ihre Kategorie der der nächsttieferen Hotelkategorie: Eine Pension der B-Kategorie z. B. entspricht in Standard und Preis einem Hotel der C-Kategorie.

Oft bezeichnen Privatzimmervermieter, die mehrere Zimmer zu vermieten haben, ihr Haus als Pension. Bei diesen Privatzimmern gibt es ebenfalls staatlich festgesetzte Kategorien: A, B und C. Auch hier gelten offizielle Zimmerpreise, an

Durchschnittliche Übernachtungspreise für Hotels in der Hauptsaison:		
Kategorie	Einzelzimmer	Doppelzimmer
A	100 DM	120 DM
B	75 DM	90 DM
C	50 DM	70 DM

227

die sich jedoch kaum jemand hält. In der Regel wird der Preis frei vereinbart. Ein gutes privates Doppelzimmer mit Dusche/WC kann man außerhalb der Hauptsaison ab ca. 15 DM/Person bekommen.

Studios und Apartments

Studios (gazoniéres) und Apartments (diamerísmata) liegen im Trend. Studios verfügen im Gegensatz zu Zimmern zumindest über eine kleine Kaffeeküche und einen Kühlschrank, Apartments in der Regel über eine voll ausgerüstete Küche, in der man auch Mahlzeiten zubereiten kann. Die Preise liegen nur geringfügig über denen für normale Zimmer.

Ferienhäuser

Freistehende private Ferienhäuser werden nur selten vermietet. Lokale Reisebüros können darüber Auskunft geben. In Deutschland vermitteln zwei Unternehmen einige Ferienhäuser auf Pátmos:
Helga Schneider-Erber, *Reisedienst für Feriendomizile,* Am Klostergarten 1, 81421 München,
✆ 0 89/83 30 84,
Fax 0 89/8 34 17 60.
Jassu-Reisen, Cäsariusstraße 79a
53639 Königswinter
✆ 0 22 23/2 52 50
Fax 0 22 23/2 52 05.

Jugendherbergen und Camping

Jugendherbergen gibt es auf Kos und den Nachbarinseln nicht. Das freie Zelten ist in Griechenland offiziell verboten, wird an entlegenen Stränden aber dennoch toleriert. Offizielle Campingplätze gibt es auf Kos, Astypálea, Léros und Pátmos.

Speiselexikon

Suppen
Domatósoupa – Tomatensuppe
Fasoláda – Bohnensuppe
Kakavjá – Eine Art Bouillabaisse mit Fisch nach Wahl, der auf einem getrennten Teller zur Suppe serviert wird
Kreatósoupa – Eine trübe Fleischbrühe
Patsá – Deftige Kuttelsuppe mit Innereien, besonders beliebt nach kräftigen Zechgelagen und als Frühstück für Marktbeschicker und -besucher
Psarósoupa – Eine fischarme Fischbrühe

Salate
Angoúri saláta – Gurkensalat
Domáto saláta – Tomatensalat
Hórta saláta – Mangoldsalat
Koriátiki saláta – Gemischter Salat mit Schafskäse
Láchano saláta – Krautsalat
Maroúli saláta – Endiviensalat
Patsárja saláta – Rote-Bete-Salat

Fisch und Meeresfrüchte

Astakós – Languste

Bakaljáros – Kabeljau

Barboúnja – Rotbarbe, ein kleiner und grätenreicher, aber feiner und bei Griechen besonders beliebter Seefisch der besten Kategorie

Garídes – Scampi

Glóssa – Scholle, Seezunge

Kalamarákja – Tintenfisch, meist fritiert oder in der Pfanne gebraten serviert (häufig in Ringform)

Kólljes – Makrele

Ksifías – Schwertfisch

Lavráki – Barsch

Mídja – Muscheln

Oktapódi – Krake (erhältlich als köstlicher Salat, gegrillt oder mit Gemüse gekocht)

Soupjés – Den *kalamáres* ähnlicher Tintenfisch, der meist im ganzen und manchmal auch gefüllt serviert wird

Strithjá – Austern

Tónnos – Thunfisch

Fleischgerichte

Arnáki, arní – Lammfleisch

Biftéki – Frikadelle

Brisóla – Kotelett (vom Rind oder vom Schwein)

Dolmádes – Warm in einer Ei-Zitronen-Soße servierte, mit Reis und Hackfleisch gefüllte Weinblätter

Gourounópoulo – Spanferkel

Jemistés – Mit Reis und Hackfleisch gefüllte Tomaten und/oder Paprikaschoten

Katsíki – Zicklein

Kefaláki – Gegrillter Lammkopf

Keftédes – Hackfleischbällchen

Kirinó – Schweinefleisch

Kokorétsi – Innereien am Spieß

Kounélli – Kaninchen

Láchano dolmádes – *Dolmádes*, für die Kohl- statt Weinblätter genommen werden

Kreatópitta – Blätterteigtasche mit Fleischfüllung

Loukanikó – Wurst

Makarónja karbonára – Spaghetti mit einer Sahne-Schinken-Pilz-Soße

Makarónja me kimá – Spaghetti mit Hackfleischsoße

Mouskári – Rindfleisch

Moussaká – Auberginenauflauf

Paidákja – Lammkoteletts

Pastítsjo – Nudelauflauf mit Hackfleisch

Sikóti – Gebratene Leber

Souvláki – Fleischspieß (vom Rind oder Schwein)

Stífado – Rindfleisch (manchmal auch Kaninchenfleisch) mit Zwiebelgemüse in einer Tomaten-Zimt-Soße

Vegetarische Gerichte

Bamjés – Okraschoten

Fassólja – Grüne Bohnen

Kolokithákja – Zucchini

Melindsánes – Auberginen

Tirópitta – Blätterteigtaschen mit Käsefüllung

Obst

Achládi – Birne

Fraúles – Erdbeeren

Karpoúsi – Wassermelone

Mílo – Apfel

Peppóni – Honigmelone

Portokáli – Orange

Síka – Feigen

Staffílja – Weintrauben

In Griechenland kommt man auch ohne griechische Sprachkenntnisse gut zurecht. In der Schule und durch die vielen angloamerikanischen Filme im Fernsehen sowie durch die mancherorts zahlreichen britischen Touristen ist Englisch die Fremdsprache Nummer Eins. Man spricht aber auch deutsch. Viele ältere Insulaner haben einmal in Deutschland gearbeitet, manche waren dort auch in Kriegsgefangenschaft, die jüngeren lernen es auf einer Abendschule, in Hotels, Restaurants und Diskotheken.

Fast alle **Hinweisschilder** sind in griechischer und in lateinischer Schrift abgefaßt, so daß auch die Orientierung keinerlei Schwierigkeiten bereitet. Vor Abzweigungen

Das griechische Alphabet

Großbuch-stabe	Kleinbuch-stabe	Ausspracheregeln	häufige Umschrift
A	α	kurzes a	a
B	β	zwischen v und w	v, w
Γ	γ	-g vor a, o, u, -j vor e und i	g, j, y
Δ	δ	stimmhaftes englisches th wie in ›the‹	d, dh
E	ε	kurzes e	e
Z	ζ	stimmhaftes s, wie in ›Sahne‹	z, s
H	η	i	i, e
Θ	ϑ	hartes englisches th, wie in ›thief‹	th
I	ι	i, wie j vor Vokal	i
K	κ	k	k
Λ	λ	l	l
M	μ	m	m
N	ν	n	n
Ξ	ξ	ks wie in ›Axt‹, nach m oder n weicher: gs	x, ks
O	o	kurzes, offenes o wie in ›Gott‹	o
Π	π	p	p

und Kreuzungen folgt die lateinische Umschrift allerdings oft erst dann auf die griechischen Hinweise, wenn es schon fast zu spät ist. Daher lohnt es sich, das griechische Alphabet ein wenig zu üben. Man fühlt sich dann auch nicht mehr als völliger Analphabet. Außerdem macht es Spaß, ein paar griechische Wörter und Sätze zu sprechen, denn gerade die Landbevölkerung freut sich über Besucher, die auf diese Weise Interesse für ihre Gastgeber bekunden.

Doch bietet gerade die **Umschrift** der griechischen Buchstaben einige Schwierigkeiten. Für die internationalen Organisationen der Vereinten Nationen und der Europäischen Union existiert zwar ein verbindliches Umschriftsystem, doch in Griechenland selbst scheint diese Regelung unbekannt zu sein. Sie hat außerdem den Nachteil, Besucher aus dem deutschen Sprachraum zu einer falschen Aussprache griechischer Wörter zu animieren.

P	ρ	gerolltes r	r
Σ	σ, ζ	scharfes s wie in ›Tasse‹	ss, s
T	τ	t	t
Y	υ	i, kein Anklang von ü	i, y
Φ	φ	f wie in ›falsch‹	f, ph
X	χ	ch wie in ›Bach‹ (vor a, o, u) ch wie in ›Milch‹ (vor e, i)	ch
Ψ	ψ	ps wie in ›Gips‹	ps
Ω	ω	offenes o wie in ›Gott‹	o

Buchstabenkombinationen

AI	αι	e wie in ›Brett‹	e, ä
ΓΓ	γγ	ng wie in ›lang‹	ng, gg
EI	ει	i wie in ›lieb‹	i
EY	ευ	ef wie in ›heftig‹	ef, ev, ew
MΠ	μπ	am Wortanfang: weiches b wie in ›Baum‹	B
		in der Wortmitte: mb wie in ›Amboß‹	mp, mb
NT	ντ	am Wortanfang: d wie in ›Dach‹	D
		in der Wortmitte: nd wie in ›Länder‹	nd, nt
OI	οι	i wie in ›Liebe‹	i
OY	ου	langes u wie in ›Lupe‹	u, ou

Diesem Buch liegt eine Umschrift zugrunde, die sowohl der Aussprache wie der Orientierung vor Ort Rechnung tragen soll. Um das Entziffern griechischer Ortsschilder und Karten zu erleichtern, werden im Routenteil Ortsangaben möglichst nah an der griechischen Schreibweise umschrieben (Κά–λυνμνος wird z. B. als Kálymnos transkribiert und Kálimnos ausgesprochen); die im praktischen Teil gegebenen Sprachhilfen orientieren sich hingegen an der möglichst korrekten Aussprache, Akzente markieren die betonte Silbe.

Eine Übersicht über gebräuchliche und mögliche Umschriften gibt die Tabelle auf S. 230/231.

Die wichtigsten Redewendungen

Ausspracheorientierte Umschrift; die richtige Betonung ist sehr wichtig, um verstanden zu werden.

Begrüßungsformeln
káli méra
  Guten Tag (bis etwa 17 Uhr)
káli spéra
  Guten Abend (ab etwa 17 Uhr)
káli níchta
  Gute Nacht (ab 22 Uhr, nur beim Abschied zu verwenden)
jássu
  Hallo, Tschüß, Prost (einem einzelnen gegenüber, Du-Form)
jássas
  Hallo, Tschüß, Prost (mehreren gegenüber, zugleich Sie-Form)

jámmas
  Prost (wörtlich: auf unsere Gesundheit)
chérete
  Seien Sie gegrüßt (nur auf dem Lande üblich)
ti kánis/ti kánete?
  Wie geht es Dir/Ihnen?
adío/adíosas
  Auf Wiedersehen (gegenüber einem/mehreren)

Höflichkeitsformeln
parakaló/efcharistó
  Bitte/Danke
nä/óchi
  Ja/Nein
típota
  Nichts
singnómi
  Entschuldigung
den pirási
  Macht nichts
endáxi
  In Ordnung, okay
kaló/kalí
  Gut (männlich/weiblich)
kakó/kakí
  Schlecht (männlich/weiblich)
den katálawa
  Ich habe nicht verstanden

Nationalitäten
jermanós, jermanída, jermanía
  Deutscher, Deutsch, Deutschland
anatolikí, ditikí
  Ost-, West-
afstriakós, afstriakí (afstriakiá), afstría
  Österreicher, Österreicherin, Österreich

elwetós, elwetída, elwetía
  Schweizer, Schweizerin,
  Schweiz
ápo pú ísse
  Woher kommst Du?

Reisen
limáni/karáwi
  Hafen/Schiff
stathmós/leoforío
  Station/Bus
aerodrómio/aeropláno
  Flughafen/Flugzeug
isitírio/ispráktoros
  Fahrkarte/Fahrkartenverkäufer
motosikléta/podílato
  Motorrad/Fahrrad
póte thá féwji?
  Wann fährt er/es ab?
póte thá ftáni?
  Wann kommt er/es an?
póssa chiliómetra sto …?
  Wieviel Kilometer bis …?
pú féwji tó leoforío já …?
  Wo fährt der Bus nach …?
póte féwji tó teleftéo leoforío já …?
  Wann fährt der letzte Bus
  nach …?
íne aftós ó drómos já …?
  Ist das der Weg nach …?
kaló taxídi!
  Gute Reise!

Bank, Post, Arzt
trápesa/sinállagma
  Bank/Geldwechsel
tachidromío/grammatósima (Pl.)
  Post/Briefmarken
thélo ná tilefonísso
  Ich möchte telefonieren
jatrós/jatrío/nosokomío
  Arzt/Praxis/Krankenhaus

thélo na wró éna farmakío
  Ich suche eine Apotheke

Einkaufen/Essen
períptero/magasí
  Kiosk/Laden
pandopolío/fúrnos
  Gemischtwarenhandel/Bäckerei
estiatório/tawérna
  Restaurant/Taverne
kafenío/sacharoplastío
  Kaffeehaus/Konditorei
kréas/psári
  Fleisch/Fisch
gála/tirí/awgá
  Milch/Käse/Eier
psomí/frúta/lachaniká
  Brot/Obst/Gemüse
tí thélete?
  Was wünschen Sie?
parakaló thélo …
  Bitte, ich möchte …
pósso káni aftó?
  Wieviel kostet das?
íne akriwós!
  Es ist teuer!
to logarjasmó parakaló!
  Die Rechnung, bitte!

Auskünfte, Adjektive
pú íne …?
  Wo ist …?
tí óra íne?
  Wie spät ist es?
thélo ná wró éna …
  Ich suche eine …
pú íne í tualéta parakaló?
  Wo ist die Toilette, bitte?
kalós/kakós
  gut/schlecht
megálos/mikrós
  groß/klein

233

néos/paliós
  neu/alt
mé/chorís
  mit/ohne

Wochentage
deftéra/tríti/tetárti
  Montag/Dienstag/Mittwoch
pémpti/paraskewí
  Donnerstag/Freitag
sáwato/kiriakí
  Samstag/Sonntag

Tageszeiten
to proí/to mísomeri
  Der Vormittag/Der Mittag
to apógewma/to wrádi
  Der Nachmittag/Der Abend
i níchta
  Die Nacht

Zahlen
  1 *éna, mía (w.)*
  2 *dío*
  3 *tría, tris*
  4 *téssera, tésseris*
  5 *pénde*
  6 *éxi*
  7 *eftá*

8	*októ*
9	*enéa*
10	*déka*
11	*éndeka*
12	*dodéka*
13	*dekatría*
14	*dekatéssera, usw.*
20	*íkossi*
21	*íkossi éna, usw.*
30	*triánda*
40	*saránda*
50	*penínda*
60	*exínda*
70	*eftomínda*
80	*októnda*
90	*enenínda*
100	*ekató*
200	*diakósja*
300	*triakósja*
400	*tetrakósja*
500	*pendakósja*
600	*exakósja*
700	*eptakósja*
800	*oktakósja*
900	*enjakósja*
1000	*chílja*
2000	*dio chiljádes*
3000	*trís chiljádes*
1 Mio.	*ekatomírrio*

Urlaubsaktivitäten

Baden und Tauchen

Kos ist mit Sandstränden reich gesegnet; auch auf dem kleinen Lípsi gibt es mehrere davon. Auf den anderen Inseln überwiegen Kies- und Kieselsteinstrände. Für einen Badeurlaub wenig geeignet sind Níssyros, Arkí und Agathoníssi. An den meisten Stränden auf Kos und

Kálymnos sowie an mehreren Stränden auf Léros und Pátmos kann man für ca. 3,50 DM je Person/Tag Liegestühle und Sonnenschirme mieten. Lebensretter oder auch nur fest installierte Rettungseinrichtungen wird man an den Stränden hingegen vergebens erwarten.

Tauchen mit Sauerstoffflaschen ist auf Kos und den Nachbarinseln verboten. Man fürchtet die Hobbytaucher, die archäologische Funde vom Meeresgrund bergen und illegal außer Landes bringen könnten. Schnorcheln ist erlaubt.

Surfen

Surfbretter werden zwar auch auf Astypálea, Kálymnos, Léros und Pátmos vermietet; gute Surfschulen, in denen man auch international anerkannte Scheine erwerben kann, gibt es jedoch nur auf Kos. Surfkurse bucht man am besten schon in Deutschland bei den im Sommer auf Kos ansässigen Spezialisten:
Happy Surf & Ski Tours
Hohentorsheerstraße 40–42
28199 Bremen
✆ 04 21/5 98 28 28
Fax 04 21/5 98 28 29
Overschmidt International, Hoppendamm 10, 48151 Münster
✆ 02 51/52 30 55
Fax 02 51/53 21 05

Segeln

Kos und die Nachbarinseln werden im Sommerhalbjahr von vielen Segelyachten angelaufen. Yachten können auf Kos und Kálymnos gechartert werden. Auskunft geben
... für Kos: *Sunsail, c/o Kuhnle Tours,* Nagelstr. 4, 70182 Stuttgart
✆ 07 11/16 48 40
Fax 07 11/1 64 82 60
Dieser Veranstalter bietet auch Flotillensegeln an.
... für Kálymnos: *Kalymna Yachting,* P.O. Box 47, GR 85200 Kálymnos
✆ 02 43/24 08 34
Fax 02 43/2 91 25

Radfahren

Kos ist wegen seiner für griechische Verhältnisse geringen Steigungen eine der am besten für Radtouren geeignete Ägäis-Insel. Im Stadtbereich gibt es sogar ein paar gut ausgebaute Radwege. Fahrräder aller Art, auch Mountainbikes, werden von vielen Vermietern auf Kos angeboten.

Wandern

Alte Hirtenpfade und wenig befahrene Feldwege bieten gute, aber zumeist völlig schattenlose Wandermöglichkeiten. Es gibt weder genaue topographische Karten noch gekennzeichnete Wanderwege. Außerdem verstehen die meisten Griechen nicht so recht, daß jemand auf holprigen Pfaden zu Fuß gehen will, wo er doch auf relativ modernen Straßen mit dem

Auto oder Bus fahren könnte. Fragt man sie nach dem Weg, raten sie daher immer von der Benutzung der romantischen Wege ab und weisen den Fremden auf die Autostraße hin. Wer sich nicht davon irritieren läßt, nach dem alten Weg fragt *(Pu íne to paléo monopáthi, parakaló?)* oder aufs Geratewohl aufbricht, wird Landschaft, Dörfer und Menschen intensiv erleben.

Feste Schuhe, Sonnenöl, Wasserflasche und Kopfbedeckung sind für Wanderungen unerläßlich. Trotz der Temperaturen sind lange Hosen Shorts oder Röcken vorzuziehen, da man sich gelegentlich auch durch unwegsames Gelände mit dornigen Sträuchern schlagen muß und auf Schlangen achtgeben sollte. Wer das Risiko scheut, kann bei mehreren Wanderreiseveranstaltern in den deutschsprachigen Ländern auch gut organisierte und fachkundig geführte Wanderreisen buchen (Auskunft in Reisebüros).

Informationen von A–Z

Auskunft

Siehe die Praktischen Informationen der jeweiligen Inselkapitel: Kos, s. S. 87, 92; Níssyros, s. S. 125; Astypálea, s. S. 139; Kálymnos, s. S. 156; Léros, s. S. 173; Pátmos, s. S. 193; Lípsi, s. S. 206; Agathoníssi, s. S. 211. Allgemeine Auskünfte geben aber auch die zentralen Informationsstellen, s. S. 218.

Diplomatische Vertretung

Deutschland: Botschaft der Bundesrepublik Deutschland, Odós Karaóli-Dimítriou 3, Athen (in einer Seitenstraße der Váss. Sofías Avenue, gegenüber vom Byzantinischen Museum), ✆ 01/7 28 51 11.
Österreich: Österreichische Botschaft, Leofóros Alexándras 26, Athen, ✆ 01/8 21 10 36.
Schweiz: Schweizer Botschaft, Odós Jassíou 2, Athen, ✆ 01/7 23 03 64.

Eintrittsgelder

Die einzige, hier besprochene, archäologische Stätte, für deren Besuch ein Eintrittsgeld erhoben wird, ist das Asklípion auf Kos (400 Drs.). Des weiteren müssen Eintrittskarten für die Casa Romana, die Johanniterfestung und das Archäologische Museum in Kos (je 400 Drs.) gelöst werden. Kinder bis zu 12 Jahren zahlen ebenso wie Schüler und Studenten mit internationalem Studentenausweis die Hälfte. Videoaufnahmen sind kostenpflichtig

(600–1000 Drs.). Sonntags ist der Eintritt zum Asklípion und zu den oben genannten Museen frei.

Kostenpflichtig sind außerdem der Besuch der Schatzkammer im Johanneskloster auf Pátmos (500 Drs.) und der kleinen Heimatmuseen in Mandráki auf Níssyros, in Alínda auf Léros und auf Lípsi (100–200 Drs.).

Elektrizität

Überall 220 Volt Wechselstrom. Die deutschen Stecker passen meist.

Feste und Feiertage

An den nationalen Feiertagen sind Behörden und Geschäfte geschlossen, z. T. auch die staatlichen Museen. Reisebüros, Auto- und Mopedvermietungen sowie Souvenirgeschäfte sind geöffnet.

1. 1. Neujahr.

6. 1. Epiphanias: Fest der Wasserweihe.

25. 3. Nationalfeiertag: Beginn des Befreiungskampfes gegen die Türken im Jahr 1821; gefeiert mit Paraden, an denen neben Priestern und Soldaten auch viele Schüler in Nationaltrachten teilnehmen.

Rosenmontag *(Katherá Deftéra):* Kinder tragen Kostüme, Picknicks im Freien, bunt geschmückte Tavernen, mancherorts gibt es sogar Karnevalsumzüge: 1995 am 6. März, 1996 am 27. Februar, 1997 am 11. März.

Karfreitag *(Megáli Paraskeví):* 1995 am 21. April, 1996 am 13. April, 1997 am 25. April.

Ostern *(Páska):* 1995 am 23./24. April, 1996 am 15./16. April, 1997 am 27./28. April.

1. 5. Tag der Arbeit *(Protomajá)*

Pfingstmontag *(Deftéra tis Pendikósti):* 1995 am 12. Juni, 1996 am 4. Juni, 1997 am 16. Juni.

15. 8. Mariä Entschlafung *(Kímesis tou Theotókou):* nicht Mariä Himmelfahrt genannt, da die leibliche Himmelfahrt Mariens in der orthodoxen Kirche kein Dogma ist.

28. 10. Nationalfeiertag/›Ochi‹-Tag *(I méra tou óchi):* erinnert wird an das ›Historische Nein‹, das der griechische Diktator Jánnis Metaxás gegenüber Mussolinis Ultimatum 1940 aussprach. Der Einmarsch italienischer Truppen zog Griechenland an der Seite der Alliierten in den Zweiten Weltkrieg hinein.

24. 12. Heiligabend *(Paramoní Christoújennon):* Halbtägiger Feiertag.

25. 12. Weihnachten *(Christoújenna):* Anders als bei uns gibt es Geschenke erst in der Silvesternacht.

31. 12. Silvester *(Vrádi tis Protochronjás):* Halbtägiger Feiertag.

Kirchweihfeste *(panigíria):* In fast jeder Kirche und Kapelle wird am Patronatstag des Heiligen, dem sie geweiht ist, ein Gottesdienst gefeiert. Oft ist er mit einer kleinen Prozession verbunden, häufig mit anschließendem Kaffeetrinken, manchmal auch mit einem richtigen Fest.

Bewegliche Feiertage

Ostern und die anderen an den Ostertermin gebundenen Feiertage werden in Griechenland häufig später als bei uns gefeiert. Das liegt daran, daß in der Ostkirche noch immer der von Julius Caesar eingeführte Julianische Kalender gilt und nicht der bei uns seit dem 16. Jh. gültige Gregorianische Kalender.

Wie bei uns liegt Ostern am ersten dem ersten Frühlingsvollmond folgenden Sonntag. Der Frühlingsanfang verschiebt sich aber nach dem Julianischen Kalender immer weiter in den Sommer hinein, da er in 400 Jahren drei Schalttage mehr als der Gregorianische Kalender kennt. Zur Zeit beträgt die Differenz schon 13 Tage; Frühlingsanfang ist also für die Ostkirche zur Zeit der 3. April.

FKK

Unverhüllte Frauenbusen sind den Griechen inzwischen ein gewohnter Anblick. Nur auf der Heiligen Insel Pátmos ist ›Oben ohne‹ offiziell noch strikt verboten. FKK wird hingegen nur an solchen Stränden geduldet, an denen es weder Einheimische noch Tavernen gibt. Dort läßt sich dann auch nie die Polizei blicken, obwohl das Nacktbaden laut Gesetz außerhalb von – auf Kos und den Nachbarinseln nicht vorhandenen – Nacktbadezonen verboten ist.

Ohnehin gelten die ortsfernen Strände als exterritoriales Gebiet, auf dem die Fremden das Sagen haben. Viel beleidigender für ältere Griechen sind jene in- und ausländischen Urlauber, die in Strandkleidung durch ihre Dörfer bummeln.

Fotografieren

Filme sind in Griechenland teuer; spezielle Filme und selbst einfache Diafilme sind gar nicht oder erst nach längerem Suchen zu bekommen. Außerdem werden sie oft unsachgerecht gelagert. Man sollte deswegen einen ausreichenden Vorrat mitnehmen. Wer Farbbilder macht und die Ergebnisse nicht abwarten kann, findet in allen Städten und Urlaubszentren Geschäfte, die binnen 1 Std. Farbfilme entwickeln und Abzüge liefern. Wegen der hohen Lichtintensität gehört bei Farbaufnahmen grundsätzlich ein UV-Filter vor das Objektiv. Die besten Fotos schießt man morgens vor 11 Uhr und nach 17 Uhr.

Militärische Objekte dürfen prinzipiell nicht fotografiert werden. Entsprechende Hinweisschilder gelten aber meist nur im Umkreis von wenigen Metern. In den **Museen** ist das Fotografieren ohne Blitz und Stativ kostenlos; für Aufnahmen mit Stativ ist eine nur umständlich in Athen zu beantragende Genehmigung erforderlich.

Geld und Geldwechsel

Die griechische Währungseinheit ist die Drachme (Dr./Drs.). Es gibt Münzen zu 1, 2, 5, 10, 20, 50 und 100 Drachmen sowie Banknoten zu 50, 100, 500, 1000, 5000 und 10 000 Drachmen. Da die kleinen Münzen knapp sind, wird in Geschäften und Restaurants oft auf den nächsten Zehner aufgerundet, ohne daß dies ein Grieche als Betrugsversuch auffassen würde.

Devisen, Reise- und Euroschecks (Höchstbetrag pro Euroscheck 45 000 Drs., maximal zwei Schecks pro Bank und Tag) können in allen Banken und Postämtern eingelöst werden. Die Kurse sind überall gleich. Reisebüros und Hotels wechseln zwar ebenfalls zum Bankkurs, verlangen aber 2 % Provision. Abhebungen vom **Postsparbuch** sind in Griechenland nicht möglich; telegraphische Postanweisungen dürfen den Betrag von 7000 DM nicht überschreiten.

Bargeldautomaten findet man an vielen Banken. Die der *National Bank* zahlen auch auf EC-Karten bis zu 100 000 Drs. aus. Die Automaten der übrigen Banken akzeptieren nur *Visa* und *Eurocard* mit PIN-Code. Die Automaten sind je-

doch oft leer oder außer Betrieb, so daß man sich auf diese Geldquelle nicht allzusehr verlassen sollte.

Da es an den Flughäfen der Inseln keine Banken gibt, empfiehlt sich vor Reiseantritt der Umtausch eines geringen Drachmenbetrags für die erste Bus- oder Taxifahrt oder das erste Getränk. Grundsätzlich ist der Wechselkurs in Griechenland viel günstiger als bei uns. **Wechselkurs** (Stand Mai 1995):

1 DM = 160 Drs.
100 Drs. = 0,62 DM
100 öS = 2280 Drs.
100 Drs. = 4,39 öS
1 sfr = 195 Drs.
100 Drs. = 0,51 sfr

Die **Banken** (ΤΡΑΠΕΖΑ, *trápesa*) sind montags bis donnerstags von 8.30–14 Uhr geöffnet, freitags nur bis 13.30 Uhr; **Postämter** montags bis freitags von 7.30–15 Uhr (Bargeld und Reiseschecks werden auf Postämtern meist erst ab 8.30 oder 9 Uhr gewechselt, da man auf die Übermittlung der aktuellen Tageskurse aus Athen warten muß).

Kreditkarten (vor allem *Visa* und *Eurocard*, nur ungern andere) werden von vielen Reisebüros, Souvenirgeschäften und Autovermietern sowie von einigen Hotels und Restaurants akzeptiert. **Notrufnummer in Deutschland** bei Verlust von Scheck- und Kreditkarten:
Euroscheck und -karte
✆ 0 69/74 09 87
American Express ✆ 0 69/75 76 10 00
Diners Club ✆ 0 69/26 03 50
Eurocard ✆ 0 69/79 33 19 10
Visa ✆ 0 69/79 20 13 33

Gesundheit

Die ärztliche Grundversorgung ist auf allen größeren Inseln gesichert. Die Ärzte sind gut ausgebildet, verfügen aber nur über wenig modernes Gerät. Griechen werden bei ernsteren Erkrankungen und schwereren Unfällen nach Athen gebracht; Ausländer sollten in kritischen Fällen sofort den Heimflug antreten.

Krankenhäuser gibt es in den Inselhauptstädten von Kos und Kálymnos. Gesundheitszentren *(kéntra ygías)*, die kostenlos Erste Hilfe leisten und in denen Unfallbehandlungen durchgeführt werden, findet man auf Léros und Pátmos. Auf Astypálea, Níssyros, Lípsi und Agathoníssi gibt es einfache Landarztpraxen, auf den übrigen Inseln fehlt ein Arzt.

Kirchen- und Klosterbesuche

Beim Besuch von Kirchen und Klöstern wird geziemende Kleidung erwartet. Knie, Schultern und Oberkörper sollten bedeckt sein. Zu einigen Klöstern erhalten Frauen in Hosen keinen Zutritt. Da inzwischen aber auch viele Griechen diese grundlegenden Regeln mißachten, werden sie in den Kirchen der Haupttouristeninseln immer lascher gehandhabt; in Klöstern liegen am Eingang meist lange Röcke und Tücher bereit.

Wer den ›Anstand‹ wahren will, hält in Kirchen und Klöstern den Sonnenhut in der Hand und die Hände nicht auf dem Rücken. Steht man unmittelbar vor Ikonen, kehrt man ihnen nicht den Rücken zu. Bei Klosterbesuchen ist die Mittagsruhe von Mönchen und Nonnen unbedingt zu respektieren: meist sind Besucher zwischen 13 und 17 Uhr nicht willkommen.

In allen Kirchen liegen Kerzen aus, die auch Nicht-Orthodoxe gern kaufen und entzünden können. Man wundere sich aber nicht, wenn die Kerze von einer Kirchendienerin, einem Mönch oder einer Nonne schon nach wenigen Minuten wieder gelöscht wird: Sie tun das auch mit den Kerzen der Einheimischen, denn das Wachs wird wiederverwertet. Die Handlung des Entzündens ist entscheidend, nicht das vollständige Abbrennen der Kerze.

Notruf

Im Notfall wendet man sich an einen Taxifahrer, einen Hotelier oder den Wirt eines Kafeníon. Sie können helfen, den Arzt zu finden und den Notruf übernehmen.

Notruf Polizei: ✆ 1 00

Notruf Feuerwehr: ✆ 1 99

Rettungsnotrufnummern von Griechenland nach Deutschland :

ADAC-Notrufzentrale München: ✆ 00 49/89/22 22 22

Deutsche Rettungsflugwacht Stuttgart: ✆ 00 49/7 11/70 10 70

DRK-Flugdienst Bonn: ✆ 00 49/2 28/23 32 32

Öffnungszeiten

Die Ladenschlußzeiten werden in Griechenland weit weniger streng gehandhabt als in Mitteleuropa. Vor allem Geschäfte, Supermärkte und Souvenirhandlungen, in denen viele Urlauber einkaufen, haben während der Saison meist täglich von morgens bis spätabends geöffnet. Läden, die sich stärker an Einheimische wenden, sind meist montags, mittwochs und samstags von etwa 8.30–14.30 Uhr geöffnet; dienstags, donnerstags und freitags von 8.30–13.30 und von 17 bis 20 Uhr.

Zu den Geschäftszeiten von Banken und Postämtern s. S. 239. Die Öffnungszeiten von Museen und anderen Sehenswürdigkeiten variieren stark und sind daher jeweils in den einzelnen Inselkapiteln angegeben.

Polizei

Die griechische Polizei wirkt unauffällig und zurückhaltend. Verkehrskontrollen sind selten; Strafzettel für falsches Parken werden auf den Inseln kaum verteilt. Sucht man allerdings ein Polizeirevier auf, um einen Diebstahl anzuzeigen, wird man mit Formularen überhäuft, die erst gültig sind und aus der Hand gegeben werden, wenn auch die richtige Gebührenmarke gefunden und bezahlt ist. Da die Kriminalitätsrate auf den Inseln jedoch äußerst niedrig ist, erlebt kaum ein Urlauber die bürokratischen Exzesse der griechischen Polizei.

Post und Telefon

Post- und Telekommunikationsdienst sind in Griechenland zwei verschiedene, voneinander völlig unabhängige Einrichtungen. Ihre Ämter sind, von einigen kleinen Orten abgesehen, immer getrennt zu finden.

Die **Postämter** (ΤΑΧΥΔΡΟΜΕΙ–ΟΝ, *tachidromíon*) sind montags bis freitags von 7.30–15 Uhr geöffnet. Briefe und Postkarten nach Mitteleuropa werden grundsätzlich per Luftpost befördert; die Laufzeit nach Deutschland beträgt zwischen vier Tagen und zwei Wochen.

Die **Telefonämter** (OTE) haben je nach Ort unterschiedliche Öffnungszeiten. Hier kann man R-Gespräche anmelden, von Telefonen mit Gebührenzählern aus telefonieren oder Telefonkarten kaufen. **Kartentelefone** sind auf allen, mit Ausnahme der allerkleinsten, Inseln in großer Zahl installiert. Telefonkarten, die außer bei OTE auch an vielen Kiosken erhältlich sind, gibt es mit 100, 500 und 1000 Einheiten. Sie kosten 1300, 6000 und 11 500 Drs.

Telefonieren kann man aber auch von Kiosken, Reisebüros, Geschäften und Hotels aus. Hier sollte man jedoch zunächst immer fragen, wie teuer eine Einheit ist, da manchmal Aufschläge bis zu 50 % verlangt werden.

Die **Vorwahl** für Deutschland lautet 00 49, für Österreich 00 43 und für die Schweiz 00 41. Anschließend wählt man die Vorwahl der gewünschten Stadt ohne die Null. Die Vorwahl für Griechenland ist 00 30. Für die einzelnen Inseln gelten folgende Vorwahlnummern:

Kos, Níssyros	02 42
Astypálea, Kálymnos,	
Psérimos, Télendos	02 43
Agathoníssi, Arkí, Léros,	
Lípsi, Pátmos	02 47

Die **Postleitzahlen** für die jeweiligen Zustellbezirke lauten:

Kos	853 00
Kos (Kéfalos-Halbinsel)	853 01
Kos (Andimáchia,	
Mastichári, Kardámena)	853 02
Níssyros	853 03
Astypálea	859 00
Kálymnos, Télendos,	
Psérimos	852 00
Léros (ohne Lákki)	854 00
Léros (Lákki)	854 01
Pátmos	855 00
Lípsi, Arkí, Agathoníssi	850 01

Presse, Rundfunk und TV

Die größeren Hotels auf Kos haben Satellitenantennen installiert, so daß man dort auch einige deutschsprachige Fernsehprogramme empfangen kann. Das griechische Staatsfernsehen strahlt zwei Programme aus, ET1 und ET2. Außerdem gibt es viele private, landes-

weit sendende und kleinere, lokale Fernsehstationen.

Rundfunkprogramme werden vom griechischen Staatsrundfunk ER sowie von zahlreichen lokalen und nationalen Privatsendern ausgestrahlt. Türkische Rundfunksender, die auf den Kleinasien ja so nahe liegenden Inseln auch empfangen werden können, hört kein Grieche; zu türkischen Fernsehprogrammen wird nur dann ›gezappt‹, wenn dort ein spannendes Fußballspiel übertragen wird. Der Staatsrundfunk ER strahlt täglich von 7.40–8 Uhr Nachrichten in deutscher Sprache aus. Außerdem ist auf den Inseln auch das Programm der Deutschen Welle problemlos zu empfangen.

Deutschsprachige Zeitungen und Zeitschriften sind auf den größeren Inseln am Tag nach ihrem Erscheinen erhältlich. Außerdem bekommt man auf den größeren Inseln auch die *Athens News*, eine täglich außer montags erscheinende griechische Tageszeitung in englischer Sprache.

Souvenirs

Souvenirs werden überall dort angeboten, wo zumindest gelegentlich Urlauber vorbeikommen. Massenware und Kitsch überwiegen. Gute Juweliergeschäfte findet man auf Rhodos und Kos; inseltypische Mitbringsel sind Kräuter und Honig von Kos, Schwämme von Kálymnos und Bimsstein von Níssyros.

Toiletten

In allen besseren Hotels entsprechen die Toiletten westeuropäischem Standard. Anderswo sind sie zwar meist sauber, aber fast immer unvollständig: Sitzbrillen fehlen. Außerdem wirft man außerhalb der guten Hotels das benutzte Toilettenpapier grundsätzlich in einen neben der Toilette stehenden Eimer oder Papierkorb, da die Abflußrohre einen zu geringen Durchmesser haben und sehr leicht verstopfen.

Toilettentüren sind entweder durch die Aufschrift ΑΝΔΡΩΝ (Männer) und ΓΥΝΑΙΚΩΝ (Frauen) oder durch die üblichen Piktogramme gekennzeichnet.

Türkei-Ausflüge

Ausflüge in die Türkei werden während der Saison von Kos aus täglich, von Níssyros und Pátmos aus mehrmals wöchentlich angeboten. Von Kos und Níssyros aus wird Bodrum angesteuert, von Pátmos aus Kusadasi (mit Ausflugsmöglichkeit zum antiken Ephesos). Die Ausflüge sind unverhältnismäßig teuer, da die griechischen Behörden auf Wunsch der griechischen Laden- und Restaurantbesitzer eine hohe Hafensteuer erheben, die die Zahl der Ausflügler in die Türkei niedrighalten soll. So kostet z. B. ein Tagesausflug von Kos nach Bodrum ca. 100 DM, wovon allein fast 70 % auf Hafensteuern entfallen.

Die **Grenzformalitäten** sind in letzter Zeit stark vereinfacht worden. Man geht etwa $1/2$ Std. vor Abfahrt an Bord und zeigt dort seinen Personalausweis oder Paß. Man wird in eine Passagierliste eingetragen und verläßt das Boot wieder. Ca. 10 Min. vor Abfahrt gehen alle Passagiere gemeinsam zur Paßkontrolle und anschließend wieder an Bord. In der Türkei muß der Paß bei der Grenzpolizei abgegeben und vor Betreten des Schiffes wieder abgeholt werden. Zurück in Griechenland, gibt man seinen Paß zunächst wieder ab, geht dann zur Paßkontrolle und erhält dort seinen Paß zurück.

Achtung: Urlaubern, die per Charterflug in Griechenland eingereist sind und in der Türkei übernachtet haben, können die griechischen Behörden den Rückflug per Charter verweigern!

Wahlsonntage

An Wahlsonntagen sind in Griechenland die meisten Museen und archäologischen Stätten geschlossen. Nach Schließung der Wahllokale dürfen für den Rest des Tages offiziell keinerlei alkoholische Getränke mehr ausgeschenkt werden, um hitzige Diskussionen nicht noch heißer werden zu lassen.

Zeit

In Griechenland ist es ganzjährig 1 Std. später als bei uns.

Personen- und Sachregister

Ortsregister

Verzeichnis der Karten und Pläne

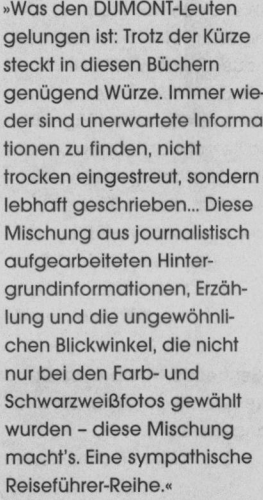